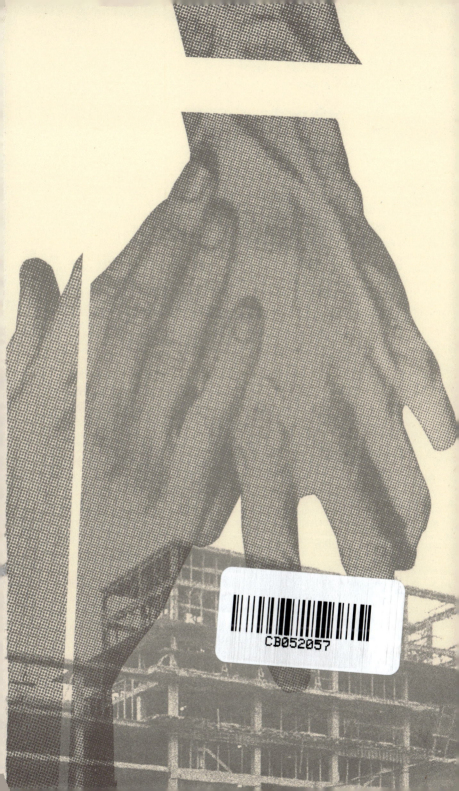

© Autonomia Literária, 2024.
© 2014, Mark Fisher.

Este livro foi publicado originalmente sob o título de *Ghosts of my life: Writings on Depression, Hauntology and Lost Futures*, pela John Hunt Publishing Ltd, 3, East Street, New Alresford, Hampshire SO24 9EE, UK.

Coordenação editorial
Cauê Seignemartin Ameni, Hugo Albuquerque, Manuela Beloni
Tradução: Guilherme Ziggy
Edição e preparação: Manuela Beloni
Revisão: Arthur Dantas
Revisão de provas: Lígia Magalhães Marinho
Capa: Rodrigo Côrrea/studiocisma
Diagramação: Manuela Beloni

Conselho editorial
Carlos Sávio Gomes (UFF-RJ), Edemilson Paraná (UFC/UNB), Esther Dweck (UFRJ), Jean Tible (USP), Leda Paulani (USP), Luiz Gonzaga de Mello Belluzzo (Unicamp-Facamp), Michel Lowy (CNRS, França) e Pedro Rossi (Unicamp) e Victor Marques (UFABC).

Dados Internacionais de Catalogação na Publicação (CIP)
(eDOC BRASIL, Belo Horizonte/MG)

F535f   Fisher, Mark.
   Fantasmas da minha vida: escritos sobre depressão, assombrologia e futuros perdidos / Mark Fisher; tradução Guilherme Ziggy. – São Paulo, SP: Autonomia Literária, 2022.
   294 p. : 14 x 21 cm

   Inclui bibliografia
   Título original: Ghosts of my life: Writings on Depression, Hauntology and Lost Futures
   ISBN 978-6587233-68-0

   1. Ciências sociais. 2. Depressão cultural. 3. Cultura pop. I.Ziggy, Guilherme. II. Título.
                                                              CDD 306.4

Elaborado por Maurício Amormino Júnior – CRB6/2422

Autonomia Literária
Rua Conselheiro Ramalho, 945
CEP: 01325-001 São Paulo – SP
autonomialiteraria.com.br

FANTASMAS DA MINHA VIDA

ESCRITOS SOBRE DEPRESSÃO, ASSOMBROLOGIA E FUTUROS PERDIDOS

MARK FISHER

TRADUZIDO POR GUILHERME ZIGGY

AUTONOMIA LITERÁRIA
2024

SUMÁRIO

APRESENTAÇÃO
por Amauri Gonzo **6**

AGRADECIMENTOS **17**

00: FUTUROS PERDIDOS

O lento cancelamento do futuro **19**

Fantasmas da minha vida: Goldie, Japan e Tricky **51**

01: O RETORNO DOS ANOS 1970

Nenhum prazer: Joy Division **73**

Quebra-cabeça de Smiley: *O espião que sabia demais* **91**

O passado é um planeta alienígena: o primeiro e último
episódio de *Life on Mars* **105**

"Pode o mundo ser tão triste quanto parece?":
as adaptações da obra de David Peace **109**

Agora, em seguida: Jimmy Savile e "o julgamento
dos anos 1970" **118**

02: ASSOMBROLOGIA

Londres depois do *rave*: Burial **127**

Anjo caído: entrevista com Burial **130**

Notas para *Theoretically pure anterograde amnesia*,
do The Caretaker **139**

Memória em desordem: entrevista com The Caretaker... **143**

Lar é onde mora o assombro: *O iluminado* **152**

Blues assombrológico: Little Axe............................. **161**

Nostalgia modernista: The focus group e Belbury poly... **167**

A dor da nostalgia: The Advisory Circle **174**

Memórias de outro: Asher, Philip Jeck, Black to Comm, G.E.S., Position Normal e Mordant Music **178**

"A velha luz solar de outros tempos e outras vidas": *Tiny colour movies* de John Foxx **188**

Eletricidade e fantasmas: entrevista com John Foxx **197**

Outro mundo cinza: Darkstar, James Blake, Kanye West, Drake e a "assombrologia festiva" **209**

03: LUGARES MANCHADOS

"Desejando sempre o tempo que acabou de nos iludir": introdução para *Savage Messiah*, de Laura Oldfield **223**

Nomadologia: *So this is goodbye*, dos Junior Boys **233**

Indefinições: *Content*, de Chris Petit **240**

Antiguidades pós-modernas: *Patience (After Sebald)* **244**

O inconsciente perdido: *A origem*, de Christopher Nolan... **251**

As canções de Handsworth e as revoltas inglesas **266**

"Vibrações de um futuro imperceptível": *Robinson in ruins*, de Patrick Keiller **270**

GLOSSÁRIO DE TERMOS MUSICAIS................. **279**

APRESENTAÇÃO
POR AMAURI GONZO

'SE VOCÊ PUDESSE VER O QUE VI COM MEUS OLHOS'

"Porque esse local, nos chamando para além da memória, é sempre outro lugar. O local não é o empírico e nacional Aqui de um território. É imemorial, e é também um futuro."

Jacques Derrida citado por Ian Penman
em *Black Secret Tricknology*

Um fantasma assombra a noosfera: o fantasma de Mark Fisher. Todos os poderes da nova face da velha ordem se uniram numa santa cruzada para exorcizá-lo: o presidente dos Estados Unidos e o secretário-geral do Partido Comunista da China, Dugin e Bezos, *tankies* do Twitter e o *deep state*.

Desde sua morte, em janeiro de 2017, a obra de Fisher, um filho da classe trabalhadora britânica, cuja formação inicial intelectual se deu pela imprensa musical dos semanários londrinos de música pop e por uma BBC ainda aberta ao pensamento dissidente (do qual hoje Adam Curtis figura como um resquício), tem alimentado os sonhos de vingança das novas gerações contra o que ele chamou de realismo capitalista.

Apesar de ter sido reconhecido em vida como um dos pensadores mais inspiradores do início do século XXI (até a sua morte, 55 mil cópias de *Realismo capitalista* já haviam sido vendidas), foi nos últimos cinco anos que sua interpretação única da ideologia paralisante do neoliberalismo global ganhou tração ampla. Se ainda não se tornou hegemônico entre a esquerda que sonha com o fim do capitalismo no lugar do fim do mundo, Fisher ganha novos leitores diariamente e, glória das glórias, foi memeficado – ainda não à exaustão.

Conciso e alusivo, *Realismo capitalista* é repleto de conceitos abertos, *insights* espantosos, e como um álbum de *rock*, convida à releitura, à apreciação específica de capítulos, atraindo o mesmo *fandom* com interesses obsessivos *cult* de muitos dos artistas que o influenciaram. Desse mergulho no intenso diagnóstico dos aspectos mais incisivos do "lento cancelamento do futuro", o leitor muitas vezes sai com mais perguntas que respostas: o que fazer contra o (e como fugir do) realismo capitalista? Por que alguém com uma visão tão clara do aspecto social da depressão acabaria tirando a própria vida? E o que diabos é "assombrologia"? Tais questões são respondidas em diferentes tomos da obra fisheriana, as duas últimas, mais especificamente, neste *Fantasmas da minha vida*.

Fantasmas da minha vida é talvez o livro mais pessoal de Fisher publicado até o momento. Lançado em 2012, cinco anos antes de seu suicídio, carrega o apropriado subtítulo de *Escritos sobre depressão, assombrologia e futuros perdidos*. Organizado pelo próprio autor, é uma tentativa de definir até então as dores pessoais – e seus bálsamos – que animaram e estimularam sua vida e pensamento.

Fisher, é importante lembrar, sempre se equilibrou entre a atividade acadêmica (muitas vezes precarizada) e o universo da crítica cultural (neste século, completamente precarizada). Os artigos aqui reunidos pertencem principalmente ao segundo tipo de produção. Em vida, Fisher nunca deixou de comentar o papel formador que os *inkies* (semanários britânicos sobre música pop, cujo apelido vem das manchas de tinta preta que deixava nas mãos dos leitores) teve no seu interesse por filosofia e teoria crítica. Como lembra Simon Reynolds, amigo, colega e inspiração, no prefácio de *Beijar o céu* (Conrad, 2006):

Os jornais de música cobriam um monte de coisas que não eram estritamente musicais – publicavam artigos sobre política e tendências culturais maiores, bem como matérias sobre cinema e literatura (sobretudo em se tratando de obras com um certo espírito "rock", como era o caso das de William Burroughs ou J. G. Ballard, autores que possuíam alguma afinidade com a cultura musical). Tudo, porém, era filtrado pelo prisma da música, que (assim como nos anos 1960) era o centro da cultura jovem, a cola que juntava tudo.

Se, diferente de Reynolds, Fisher não chegou a frequentar as páginas do *New Musical Express* ou da *Melody Maker* como autor, encontrou um tanto do seu espírito na revista mensal *The Wire*, periódico dedicado ao *jazz* e à música de improviso nos anos 1980 que se reinventou abraçando todas as franjas da cultura pop a partir de 1991. Além disso, Fisher se viu envolto também no mesmo tipo de jornalismo cultural militante e afeito a polêmicas no universo da blogosfera anglo-estadunidense dos anos 2000, na qual participou com sua característica intensidade com o blogue *k-punk* (cujo nome era uma corruptela de *cyberpunk*, adotando o "k" da raiz grega *kybernao*). Dali vieram, além de muitos artigos incluídos neste livro, a coletânea *k-punk: The Collected and Unpublished Writings of Mark Fisher*.

Fantasmas da minha vida traz em grande medida o Fisher comentarista cultural, para além do ensaio político-ideológico de *Realismo capitalista*. Os temas e artistas aqui destacados tentam delinear o caminho feito pelo autor em busca de alguns dos seus conceitos mais caros. No centro do livro está a "assombrologia", uma formulação ousada, baseada em um trocadilho criado pelo filósofo franco-argelino Jacques Derrida em seu *Espectros de Marx* (1994, Relume Dumará), onde debate a possível persistência das ideias marxistas após a queda do Muro de Berlim e do sistema soviético.

Juntando *hanter* ("assombrar", em francês) com "ontologia", a *hantologie* de Derrida procurava debater *aquilo que não é*, o contrário do *ser*, objeto de estudo da ontologia. Partindo do "espectro" que assombra a Europa na abertura do *Manifesto comunista*, Derrida desafiava os discursos triunfantes da morte de um outro mundo possível e do "fim da história".

Fisher se apropriou do termo lá pela metade dos anos 2000 para descrever um fenômeno novo na música eletrônica britânica, onde um punhado de artistas (boa parte reunida em torno do selo Ghost Box) experimentava com os "futuros perdidos" ao produzir faixas de estranho encantamento, contaminadas por uma melancolia bucólica e ao mesmo tempo retrofuturista.

Inspirados por nomes como Boards of Canada e pelo "banal" som do futuro do BBC Radiophonic Workshop – grupo de "técnicos" contratados pela BBC nos anos 1950 para criar as trilhas sonoras e chamadas para seus programas de rádio e TV, notabilizado pelo uso de música eletrônica, até então tida como experimental, para sonorizar uma programação em tese popular, como a notável faixa de abertura da série *Dr. Who* – os artistas da Ghost Box pareciam, mais do que fazer música, pincelar paisagens sonoras de um mundo que poderia ter existido caso a Grã-Bretanha não tivesse se enfiado no longo projeto do Partido Conservador de retrocolonização que faz da ilha e sua adjacência norte-irlandesa cada vez mais o 51º estado dos Estados Unidos.

Em paralelo à turma do Ghost Box, o artista londrino Burial retirava os graves anabolizados do *dubstep*, última parada do *hardcore continuum* de Simon Reynolds, e deixava à mostra um sublime esqueleto de anjo na pós-*rave* melancólica de *Untrue* em 2007. Para Fisher, tanto o *jungle* emocional de Burial quanto as lembranças melancólicas do Ghost Box dialogavam com o mesmo mal do século do capitalismo tardio, a sensação de que algo se perdeu no caminho e que a comodificação da vida cotidiana não responde às necessidades subjetivas (e, depois da crise de 2008, materiais) do ser humano.

É importante notar que, por mais útil e por vezes elusivo que pareça o conceito, "assombrologia" era utilizado inicialmente por Fisher e pela patota da *Wire* para se referirem exclusivamente a um fenômeno musical (e em menor grau, audiovisual, como no caso dos *edits* do Baron Mordant) profundamente britânico. Não à toa, quando artistas estadunidenses começaram a se aventurar pelo mesmo tipo de terreno, o escritor David Keenan cunhou o termo *hypnagogic pop* para se referir ao fenômeno. O argumento era de que, diferente das contrapartes britânicas, que lidavam com o legado "nobre" do modernismo popular das capas de livros da Penguin e da programação da BBC, gringos como James Ferraro e Daniel Lopatin estavam às voltas com a reciclagem do que era tido como "lixo" da cultura de massa estadunidense – um pop "hipnagógico", feito de lembranças do imediato período anterior ao sono, com a FM ligada em uma rádio estilo Alpha FM tocando ao fundo.

A assombrologia, porém, acabou se destacando do seu foco musical, e, como outros conceitos fisherianos, serviu para alimentar novos sonhos e táticas fantasmagóricas num mundo onde as cartas são dadas pelo desenraizado capital financeiro. A articulação inspirada pela arte assombrológica levou Fisher a conceitos como "modernismo popular" e mesmo ao seu acerto de contas com a contracultura em seu projeto de "Comunismo lisérgico" e no curso *Desejo pós-capitalista*, cujas poucas conferências, realizadas logo antes de sua morte, viraram livro, a ser lançado num breve futuro por esta Autonomia Literária.

Fisher não nega o caráter melancólico da assombrologia, mas o enxerga através de um prisma positivo, em contraste à "melancolia da esquerda" diagnosticada por Wendy Brown e a "melancolia pós-colonial" definida por Paul Gilroy. A ênfase no aspecto anti-pós-colonial é interessante de ser pensada em paralelo com as conexões que Fisher faz entre a assombrologia e o afrofuturismo, lembrando que ele foi instigado a procurar o espectro de Derrida a partir, principalmente, do ensaio-resenha do crítico musical Ian Penman (talvez uma influência maior mesmo que Nick Land) sobre o álbum de estreia de Tricky, *Maxinquaye* – ali, ao citar a reapropriação mágica de santos católicos pelo vodu haitiano, Penman abre um campo de trabalhos para os estudiosos do Atlântico Negro que quiserem ressignificar a assombrologia à luz das tradições espirituais afrodiaspóricas e sua relação de assombro dúbio com o mundo dos mortos.

A intensidade com a qual Fisher se engalfinhou com seus temas é muito bem representada em *Fantasmas da minha vida*. Sua análise ácida e cheia de minúcias da aclamada versão cinematográfica de *O espião que sabia demais* (2011), em comparação com a série britânica de mesmo nome de 1979, faz parecer que o filme foi um tremendo fracasso (foi a maior bilheteria britânica no ano, concorreu a três Oscar e levou o BAFTA de melhor filme). Por outro lado, é possível sair da leitura acreditando que artistas obscuros como Advisory Circle e Little Axe sejam os fenômenos musicais mais importantes do início do século XXI.

Um dos efeitos mais insidiosos de Fisher sobre seu crescente séquito de fãs é a frequente pergunta: o que Marquinho acharia de [insira aqui seu fenômeno cultural preferido do momento]? Afinal, há um mundo de fenômenos culturais por aí que parecem perfeitos para uma análise fisheriana: contemporâneos, como o Tumblr e o Clams Casino; *post-mortem*, como ASMR e Billie Eilish; *youtubers* de exploração urbana, como Dan Bell e Shiey; fenômenos-meme, como *analog horror* e *creepypasta*, a *vaporwave* da *alt-right* e os adolescentes comunistas que memeficam, bem, Mark Fisher. *Fantasmas da minha vida* não traz nenhuma dessas respostas, mas sim pistas de como observar o mundo através dessa lente.

No entanto, a pergunta mais terrível sobre Fisher, esse Walter Benjamin do século XXI, talvez tenha aqui sua mais bem acabada resposta: como que esse desgraçado resolveu se matar e deixar a gente aqui, lidando com esse apocalipse em câmera lenta? Fisher nunca escondeu o problema da depressão, e é importante lembrar que sua viúva, Zöe, creditava à precarização do sistema de saúde britânico o seu suicídio – impossibilitado de receber atendimento presencial, ele convenceu por telefone seu médico designado, um clínico geral, uma semana antes da sua morte, de que estava tudo bem e que não precisava de tratamento.

Quem lê o Fisher esperançoso de *Desejo pós-capitalista*, ou ralhando contra as causas sociais da depressão em *Realismo capitalista*, é capaz de se perguntar como este brilhante homem sucumbiu a um mal que enfrentava com tanta clareza. Mas o ensaio sobre o Joy Division, "Nenhum prazer", contido neste tomo, mostra como a realidade da depressão é bem mais complexa. Ao analisar a obra do grupo liderado Ian Curtis, morto também por suicídio aos vinte e três anos, Fisher oferece, num passeio entre Schopenhauer, Beckett e Poe, uma das mais completas racionalizações do processo depressivo: "a insaciabilidade estúpida da vontade de viver – o mote beckettiano 'eu preciso continuar' – (...) não é experimentada pelo depressivo como uma possibilidade redentora, mas como horror supremo, sua vontade de viver pressupondo paradoxalmente todas as propriedades repugnantes dos mortos-vivos".

Em 13 de janeiro de 2017, na cidade portuária de Felixstowe, lar do maior porto de contêineres da Inglaterra ("um gânglio nervoso do capitalismo"), Mark Fisher desistiu de tentar adivinhar a resposta da charada. Após sua morte, The Caretaker, artista analisado profundamente em *Fantasmas da minha vida*, lançou o álbum *Take care. It's a desert out there...* em sua homenagem, com a renda revertida para a ONG de saúde mental Mind. Em julho de 2019, o Hyperdub, selo responsável, entre outros, por revelar Burial ao mundo, lançou *On vanishing land*, um áudioensaio escrito e gravado em 2006 por Fisher e pelo filósofo e artista sonoro Justin Barton, retratando uma longa caminhada de outono pela costa de Felixstowe, contendo música de artistas como Baron Mordant, John Foxx e Ekoplekz. Fisher deixou nosso mundo para se tornar, ele mesmo, um espectro. Que para sempre seu pensamento assombre como um pesadelo o cérebro dos burocratas do capital que insistem em vampirizar a nossa frágil vida.

**PARA MINHA ESPOSA, ZÖE,
E MEU FILHO, GEORGE**

ULTIMAMENTE, TENHO ME SENTIDO COMO GUY PEARCE EM *AMNÉSIA* — DRAKE

AGRADECIMENTOS

Muitas das ideias elaboradas neste livro foram testadas e publicadas pela primeira vez em meu blogue, *k-punk*. Sou grato aos leitores que as responderam e facilitaram sua propagação. Agradeço também aos editores que gentilmente me permitiram reimprimir alguns escritos, em particular a Rob Winter, na revista *Sight & Sound*, e Tony Herrington, na revista *The Wire*. Os artigos publicados originalmente em outros lugares foram alterados para serem incluídos neste livro. Nem é preciso dizer que toda a responsabilidade pela edição de *Fantasmas* é minha.

Se eu fosse listar todos e todas que me inspiraram e apoiaram enquanto escrevia *Fantasmas da minha vida*, o livro nunca começaria. Então, vou me concentrar apenas naqueles que trabalham de perto no manuscrito: obrigado, portanto, a Tariq Goddard por sua paciência, Liam Sprod e Alex Niven pela cuidadosa preparação e revisão, Laura Oldfield Ford por me permitir usar suas ilustrações e Rob White por seus comentários incisivos e perspicazes.

PARTE 00:
FUTUROS PERDIDOS

O LENTO CANCELAMENTO DO FUTURO

"Não há tempo aqui, não mais".

A cena final da série britânica *Sapphire and Steel* parece ter sido projetada para assombrar a mente adolescente. Os dois protagonistas, interpretados por Joanna Lumley [Sapphire] e David McCallum [Steel], se encontram no que aparenta ser um café de beira de estrada nos anos 1940. No rádio está tocando um simulacro de uma *big band* à moda de Glenn Miller. Outro casal, um homem e uma mulher vestidos com roupas de época, está sentado na mesa ao lado. A mulher se levanta e diz: "Esta é uma armadilha. Aqui é e não é lugar nenhum e é para sempre". Ela e seu companheiro logo desaparecem deixando contornos espectrais. Sapphire e Steel entram em pânico. Eles vasculham alguns objetos no café, procurando alguma coisa que possam usar para escapar. Não há nada, e quando eles puxam a cortina, há apenas o vazio de estrelas além da janela. O café, ao que parece, é um tipo de cápsula em órbita no espaço profundo.

Assistindo mais uma vez a esta extraordinária sequência, é provável que a sobreposição do café com o cosmos nos leve a alguma associação mental à Edward Hopper e René Magritte. Eu não tinha acesso a nenhuma dessas referências na época; na verdade, quando conheci a obra de Hopper e Magritte alguns anos mais tarde, *Sapphire and Steel* logo me veio à cabeça. Era agosto de 1982 e eu tinha acabado de fazer quinze anos. Eu só voltaria a ver essas imagens mais de vinte anos depois. Na época, graças ao VHS, ao DVD e ao YouTube, parecia que praticamente tudo estava disponível para ser assistido novamente. Na era da memória digital, a própria perda está perdida.

Trinta anos se passarem só fez a série parecer mais estranha do que na época. Era uma ficção científica sem as armadilhas tradicionais do gênero, sem espaçonaves, armas laser ou inimigos antropomórficos: apenas o tecido que se desfaz no corredor do tempo junto com entidades maléficas que se arrastam explorando e expandindo lacunas e fissuras no *continuum* temporal. Tudo o que sabíamos sobre *Sapphire and Steel* era que os protagonistas eram um tipo peculiar de "detetives", provavelmente não-humanos, enviados de uma misteriosa "agência" para reparar fendas no tempo. P. J. Hammond, o criador da série, explicou que "a base de *Sapphire and Steel* partiu do meu desejo de escrever uma história de detetive que incorporasse o tempo. Sempre me interessei pelo assunto, particularmente pelas ideias de J. B. Priestley e H. G. Wells, mas queria uma abordagem diferente para o tema. Então, em vez de viajar para frente e para trás no tempo, o enredo seria sobre suas fendas. A partir daí percebi o potencial que a história tinha, com dois personagens cujo trabalho principal era impedir que as fendas se rompessem".[1]

Hammond já havia sido roteirista de dramas policiais como *The gentle touch* [O toque gentil] e *Hunter's walk* [O caminhar do caçador] e em séries infantis de fantasia, como *Ace of wands* [Ás de paus] e *Dramarama*. Com *Sapphire and Steel* ele obteve uma espécie de autoridade criativa que nunca mais conseguiu repetir. As condições visionárias para esse tipo de transmissão pública desapareceriam durante a década de 1980, à medida que a mídia foi tomada por uma força que Dennis Porter, outro roteirista de televisão, chamou de "poderes ocupantes" do neoliberalismo. O resultado dessa ocupação é que hoje em dia é quase impossível acreditar que um programa como esse foi

---

[1] O'Brien, Steve. "The story behind Sapphire & Steel". The Fan Can. Disponível em: http://www.thefancan.com/fancandy/features/tvfeatures/steel.html.

exibido em horário nobre, especialmente no que era então a única rede comercial de televisão da Grã-Bretanha, a ITV. Havia apenas três canais de TV no país: BBC1, BBC2 e ITV; o Canal 4 faria sua primeira transmissão alguns meses mais tarde.

Comparada às expectativas criadas por *Star wars*, *Sapphire and Steel* parecia muito barata e alegre. Mesmo em 1982, o *chroma-key* e os efeitos especiais não eram convincentes. O fato de que os cenários eram mínimos e o elenco modesto (a maioria das "missões" apresentava apenas Lumley, McCallum e alguns outros) dava a impressão de ser uma produção teatral. No entanto, em seu propósito não havia nada da *simplicidade* naturalista; *Sapphire and Steel* tinha muito em comum com a opressão enigmática do diretor Harold Pinter, cujas peças eram frequentemente transmitidas na BBC durante os anos 1970.

Muitas coisas sobre a série são particularmente impressionantes na perspectiva do século XXI. A primeira é a absoluta recusa em "encontrar o público no meio do caminho" como estamos acostumados. Em parte, trata-se de uma questão conceitual: *Sapphire and Steel* era enigmática, suas histórias e seu mundo nunca eram revelados, menos ainda explicados. A série se aproximava mais da adaptação da BBC dos romances "Smiley", de John le Carré – *O espião que sabia demais* foi transmitido em 1979; sua sequência, *A vingança de Smiley*, começaria a ser transmitida um mês após o fim de *Sapphire and Steel* – do que de *Star wars*. Foi também uma questão de tenacidade: a série e seus dois protagonistas eram desprovidos de calor humano e de senso de humor, um recurso agora tão comum no entretenimento. McCallum Steel possuía uma indiferença técnica em relação à vida que se tornou relutantemente enredada; embora nunca perdesse o sentido do dever, ele era irritado e impaciente, frequentemente exasperado pela forma como os humanos "bagunçavam suas vidas". Se Lumley Sapphire parecia mais simpática, sempre houve a suspeita de que sua aparente afeição pelos humanos fosse uma fascinação benigna como a de um dono com seus animais de estimação. A austeridade emocional que caracterizou a série desde o início assume uma qualidade pessimista em sua missão final. Os paralelos com le Carré são reforçados pela forte suspeita de que, assim como em *O espião que sabia demais*, os protagonistas foram traídos por seu próprio lado.

E havia algo na música incidental de Cyril Ornadel. Como explicou Nick Edwards, ela foi "arranjada para um pequeno conjunto de músicos (predominantemente instrumentos de sopro) e com uso abundante de tratamentos eletrônicos (modulação em anel, eco/atraso) para intensificar o drama e a *sugestão* de terror, as entradas de Ornadel são muito mais arrepiantes e evocativas do que qualquer coisa que se possa ouvir no entretenimento hoje".[2]

Um dos objetivos de *Sapphire and Steel* era transpor histórias de fantasmas do contexto vitoriano para lugares contemporâneos, ainda habitados ou recentemente abandonados. Em sua última missão, os detetives chegam a uma pequena loja de conveniências. Logotipos corporativos – Access, 7Up, Castrol GTX, LV – estão colados nas janelas e paredes do café e do posto de gasolina. Esse lugar "no meio do caminho" é um protótipo do que o antropólogo Marc Augé chamaria em 1995 de "não-lugares" – zonas genéricas de trânsito (parques comerciais, aeroportos) que passariam a dominar cada vez mais os espaços urbanos no capitalismo tardio. Na verdade, o modesto posto de gasolina da série é curiosamente idiossincrático em comparação com os monólitos genéricos clonados que se proliferaram pelas estradas nos trinta anos seguintes.

---

[2] Edwards, Nick. "Sapphire and Steel". Gutter Breakz, 2009. Disponível em: gutterbreakz.blogspot.co.uk/2009/05/sapphire-steel.html.

O problema que Sapphire e Steel precisam resolver tem, como sempre, a ver com o tempo. Na loja de conveniências, há um sangramento temporal de períodos anteriores: imagens e figuras de 1925 e 1948 continuam aparecendo, e como diz Silver, colega do casal, "o tempo apenas se misturou, confundiu, juntou, não fazendo sentido algum". O anacronismo, deslizamento de períodos distintos entre si, foi ao longo da série o principal sintoma do colapso do tempo. Em uma das primeiras missões, McCallum se queixa que essas anomalias temporais são desencadeadas pela predileção humana em misturar artefatos de diferentes épocas. Na missão final, o anacronismo levou à estagnação: o tempo parou. A loja de conveniência está em "um buraco, no vácuo". Ainda há trânsito, mas não está indo a lugar algum: o som dos carros está travado em um *loop* de ruídos. Silver diz: "não há tempo aqui, não mais". É como se a cena fosse uma literalização das falas de *Terra de ninguém*, de Harold Pinter: "Terra de ninguém, que nunca se move, nunca muda, nunca envelhece, que permanece para sempre gelada e silenciosa". P. J. Hammond disse que não pretendia necessariamente que a série terminasse aí. Ele pensou que ela ficaria descansando, para retornar em algum ponto no futuro. Não haveria retorno – pelo menos não na rede de televisão ITV. Em 2004, *Sapphire and Steel* voltaria como uma série de aventuras em áudio; embora Hammond, McCallum e Lumley não estivessem envolvidos e o público já não fosse mais um público consumidor de televisão, desenvolvendo um nicho de interesses facilmente atendido na cultura digital. Eternamente suspenso para nunca mais ser libertado, sua situação – e de fato sua procedência – nunca será totalmente explicada; a prisão de Sapphire e Steel nesse café de lugar nenhum é profética: a condição de que a vida continua, mas o tempo, de alguma forma, parou.

"O LENTO CANCELAMENTO DO FUTURO"

A tese deste livro é que a cultura do século XXI é marcada pelo mesmo anacronismo e inércia que afligiu Sapphire e Steel em sua última aventura. Mas essa estase foi sepultada, enterrada embaixo de um frenesi superficial no movimento perpétuo da "novidade". A "desordem do tempo", a combinação de outras eras, não é mais digna de comentário; prevalece tanto que deixou de ser notada.

Em seu livro *Depois do futuro*, Franco "Bifo" Berardi se refere ao "lento cancelamento do futuro, que começou entre os anos 1970 e 1980". "Mas ao falar de 'futuro'", diz ele,

> não estou me referindo à direção do tempo. Em vez disso, estou pensando na percepção psicológica que surgiu na situação cultural da modernidade progressiva; as expectativas culturais que foram criadas durante o longo período da civilização moderna que atingiram seu pico após a Segunda Guerra Mundial. Essas expectativas foram criadas em molduras conceituais de um desenvolvimento sempre progressivo, embora por meio de diferentes metodologias: a mitologia hegeliana-marxista de *aufhebung* [suprassunção] e a fundação de uma nova totalidade no comunismo; a mitologia burguesa de desenvolvimento linear do bem-estar e da democracia; a mitologia tecnocrática do poder abrangente do conhecimento científico; e assim por diante.
>
> Minha geração cresceu no auge dessas temporalizações mitológicas, e é muito difícil, talvez impossível, nos livrarmos delas e olharmos a realidade sem alguma lente temporal. Eu nunca vou conseguir viver de acordo com a nova realidade, não importa o quanto estas tendências sociais planetárias sejam evidentes, inconfundíveis ou até mesmo deslumbrantes.[3]

---

[3] Berardi, Franco. *After the future*. Chico: AK Press, 2011, p. 18-19.

Bifo é da geração anterior à minha, mas estamos lado a lado nesta divisão temporal. Eu também nunca vou ser capaz de me ajustar aos paradoxos dessa nova situação. Minha tentação imediata é conseguir encaixar o que estou dizendo em uma narrativa cansada e familiar: que o problema são os velhos que não conseguem entrar em um acordo com os mais novos, afirmando sempre que antigamente era melhor. No entanto, essa imagem – com a suposição de que os jovens estão automaticamente na vanguarda das mudanças culturais – se tornou antiquada.

Em vez de recuar frente ao "novo" com medo e incompreensão, aqueles cujas expectativas se formaram em uma época anterior são mais propensos a se assustar com a persistência absoluta das formas reconhecíveis. Em nenhum outro lugar isso é mais evidente do que na cultura da música pop. Foi por meio de suas mutações que muitos de nós que crescemos nas décadas de 1960, 1970 e 1980 aprendemos a medir a passagem do tempo cultural. E quando somos confrontados com as músicas do século XXI, vemos que foi a própria sensação de choque futuro que desapareceu. Isso é rapidamente estabelecido executando uma simples experiência de raciocínio. Imagine um disco lançado nos últimos dois anos sendo alçado para trás no tempo, para 1995, por exemplo, e colocado para tocar no rádio. É difícil pensar em um grande impacto nos ouvintes. Pelo contrário, o que mais poderia chocar nosso público de 1995 seria o quão reconhecível é o próprio som: teria realmente a música mudado tão pouco nestes últimos dezessete anos? Compare isso com a rápida mudança de estilos entre os anos 1960 e 1990: um disco de *jungle* de 1993 escutado por alguém em 1989 teria soado como algo tão novo que ele seria desafiado a repensar o que é música, ou o que ela poderia vir a ser. Enquanto a cultura experimental do século XX foi dominada por um delírio de recombinações, o que fez parecer que a novidade estava sempre disponível, o século XXI é oprimido por uma esmagadora sensação de finitude e exaustão. Não parece o futuro. Ou, alternativamente, parece que o século XXI não começou ainda. Continuamos presos ao século XX, assim como Sapphire e Steel estavam presos naquele café de beira de estrada.

O lento cancelamento do futuro foi acompanhado por uma deflação de expectativas. São poucos os que acreditam que no próximo ano um disco tão bom quanto *Funhouse*, do Stooges, ou *There's a riot going on*, de Sly Stone, será lançado. Menos ainda são os que esperam uma ruptura como a provocada pelos Beatles ou pela música *disco*. A sensação de estar atrasado, de viver após os anos dourados, é tão onipresente quanto repudiada. Se você comparar o pousio musical do presente com épocas mais produtivas, rapidamente será acusado de "nostalgia". Mas a confiança dos artistas atuais em estilos que foram estabelecidos há muito tempo sugere que o agora está nas garras de uma nostalgia *formal*.

Não é que nada tenha acontecido durante este período. Pelo contrário, os últimos trinta anos foram absolutamente plenos de mudanças traumáticas. No Reino Unido, a eleição de Margaret Thatcher pôs fim ao inquieto consenso do compromisso social do pós-guerra. O programa político neoliberal de Thatcher foi reforçado por uma reestruturação da economia transnacional capitalista. Essa guinada ao pós-fordismo – com a globalização, a onipresença da informatização e a precarização do trabalho – resultou em uma transformação completa no modo como o trabalho e o lazer estavam organizados. Enquanto isso, nos últimos dez ou quinze anos, a internet e a tecnologia móvel modificaram significativamente a textura da experiência cotidiana para além do que imaginávamos ser possível. Ainda, e talvez *por causa* disso tudo, existe uma sensação cada vez maior de que a cultura perdeu sua capacidade de compreender e articular o presente. Ou pode ser também que não exista mais um presente a ser compreendido ou articulado.

Considere o curso do conceito "futurista" na música: há muito ele deixou de se referir a qualquer futuro que esperamos ser diferente; tornando-se um estilo estabelecido, muito próximo a uma fonte tipográfica específica. Convidados a elaborar o futurismo, ainda poderíamos criar algo como o som do Kraftwerk, mesmo que agora ele soe tão antiquado quanto o *jazz* de Glenn Miller soava quando o grupo alemão começou a experimentar com sintetizadores no início dos anos 1970.

Onde está o equivalente do século XXI ao Kraftwerk? Se a música do Kraftwerk surge de uma intolerância casual ao que estava estabelecido, então o presente é marcado por um extraordinário comodismo com relação ao passado. Mais que isso, a própria distinção entre passado e presente está se desfazendo. Em 1981, a década de 1960 parecia muito mais distante do que parece atualmente. Desde então, o tempo cultural se dobrou em si mesmo, e as impressões lineares de desenvolvimento deram lugar a estranhas simultaneidades.

Dois exemplos serão suficientes para introduzir essa temporalidade peculiar. Quando assisti pela primeira vez ao clipe de "I bet you look good on the dancefloor", do Arctic Monkeys, em 2005, acreditei genuinamente ser algum artefato perdido saído diretamente de 1980. Tudo no vídeo – a iluminação, os cortes de cabelo, as roupas – foi feito para dar a impressão de que aquela performance era no *The Old Grey Whistle Test*, o "programa de *rock* sério" da BBC2. Além disso, não havia desacordo algum entre o visual e a música. Para o ouvinte casual, poderia facilmente ser um grupo pós-*punk* do início dos anos 1980. Certamente não é preciso se esforçar muito para imaginar "I bet you look good on the dancefloor" sendo exibido no *The Old Grey Whistle Test* em 1980 sem causar desorientação no público. Como eu, eles poderiam imaginar que a referência na letra ao ano de 1984 estivesse apenas falando sobre o futuro.

Há algo de surpreendente sobre isso. Subtraia vinte e cinco anos no passado a partir de 1980 e você chegará ao início do *rock and roll*. Um disco que lembrasse Buddy Holly ou Elvis Presley nos anos 1980 soaria completamente fora de seu tempo. É claro que discos com essa sonoridade foram lançados nesse período, mas eram divulgados como "retrô". Se o Arctic Monkeys não foi posicionado inicialmente como uma banda retrô, é parcialmente porque, em 2005, não havia um "agora" com que essa retrospecção fosse comparada. Nos anos 1990 era possível comparar o revivalismo do *britpop* com o experimentalismo subterrâneo da cena *dance* do Reino Unido ou com o R&B dos Estados Unidos. Por volta de 2005, a taxa de inovação de ambos estava enormemente esgotada. A *dance music* britânica continuou a ser muito mais vibrante do que o *rock*, mas as mudanças pelas quais ela passou, pequenas e com alguns poucos incrementos, são detectadas apenas por iniciados – não existe a mesma sensação de deslocamento identificada na transição do *rave* para o *jungle* e do *jungle* para o *garage* na década de 1990. Enquanto escrevo este texto, um dos gêneros dominantes no pop (a música eletrônica globalizada que suplantou o R&B) não é nada mais que o *eurotrance* – um agradável coquetel europeu saído direto de 1990 e gerado com alguns dos componentes mais incipientes do *house* e do *techno*.

Segundo exemplo: a primeira vez que ouvi a versão de Amy Winehouse para "Valerie" eu estava num shopping center, talvez o melhor lugar para consumi-la. Até então, eu acreditava que "Valerie" era da insossa banda *indie* The Zutons. Apesar disso, por um momento, o *soul* envelhecido dos anos 1960 e a voz (a qual, em uma escuta casual, não reconheci como sendo a de Winehouse) me levaram a acreditar temporariamente que a música dos Zutons era na realidade um *cover dessa* música "antiga" que eu ainda não havia escutado. Naturalmente, não demorei muito tempo para perceber que o envelhecimento era uma simulação; que a música era com certeza um cover dos Zutons, composta em uma sopa de referências retrô na qual o produtor do disco, Mark Ronson, é um especialista.

As produções de Ronson podem ter sido projetadas para ilustrar o que Fredric Jameson chamou de "modo nostalgia". Jameson identifica essa tendência em seus escritos sobre pós-modernidade a partir dos anos 1980. O que torna "Valerie" e os Arctic Monkeys típicos do retrô pós-moderno é a forma como o anacronismo é executado. Enquanto eles soam suficientemente "históricos" – parecendo pertencer ao período imitado quando ouvidos pela primeira vez – alguma coisa ali não parece certa. As discrepâncias nas texturas – resultado de estúdios e técnicas modernas de gravação – significam que eles não pertencem ao presente nem ao passado, mas a alguma era "atemporal" implícita, os eternos anos 1960 ou 1980. Os elementos do "som clássico", tão serenamente libertos das pressões por se tornar história, agora são desenvolvidos periodicamente por novas tecnologias.

É importante descomplicar o que Jameson quer dizer com "modo nostalgia". Ele não está se referindo à nostalgia psicológica – na realidade, o modo nostalgia como Jameson teoriza impossibilita a nostalgia psicológica, uma vez que surge apenas quando o senso coerente de tempo histórico se desfaz. Na verdade, o tipo de figura capaz de exibir e expressar um anseio pelo passado pertence a um momento paradigmático modernista – pense, por exemplo, nos exercícios engenhosos de Marcel Proust e James Joyce *recuperando o tempo perdido*. O modo nostalgia de Jameson é compreendido melhor nos termos de um apego *formal* às técnicas e fórmulas do passado, consequência do recuo no desafio modernista de inovar formas culturais adequadas para a experiência contemporânea. O exemplo de Jameson é o filme meio esquecido de Lawrence Kasdan, *Corpos ardentes* (1981), que, embora aconteça *oficialmente* na década de 1980, parece que pertence aos anos 1930. "Tecnicamente, *Corpos ardentes* não é um filme nostálgico", aponta Jameson,

> uma vez que essa história acontece no presente, num pequeno vilarejo na Flórida, próximo a Miami. Contudo, a contemporaneidade técnica é muito ambígua... Os objetos em cena (os carros, por exemplo) são produtos dos anos 1980, mas tudo no filme conspira para obscurecer essa referência imediata, para possibilitá-lo também ser recebido como um trabalho de nostalgia – ou uma narrativa inserida em algum tipo de nostalgia indefinível, uma eterna década de 1930, digamos, além da história. Me parece extremamente sintomático observar o gênero nostálgico invadindo e colonizando inclusive os filmes que se passam no presente, como se, por alguma razão, não fôssemos capazes de focar no agora e alcançar uma representação estética da nossa própria experiência. Se for isso, é um indício terrível do capitalismo de consumo – ou no mínimo um sintoma patológico muito preocupante de uma sociedade que agora se apresenta incapaz de lidar com o tempo e com a história.[4]

O que impede diretamente *Corpos ardentes* de ser considerado uma produção nostálgica é sua completa rejeição ao passado. O resultado é o anacronismo, e o paradoxo é que esse "declínio de historicidade", o "obscurecimento da contemporaneidade oficial", se torna cada vez mais típico da nossa experiência com produtos culturais. Outro exemplo do "modo nostalgia" apresentado por Jameson é *Star wars*:

---

[4] Jameson, Fredric. "Postmodernism and consumer society" em *The cultural turn: selected writings on the postmodern*, 1983-1998. Londres: Verso, 1998, p. 9-10.

uma das experiências culturais mais importantes das gerações que cresceram entre os anos 1930 e os anos 1950 foi a da "série de sábado à tarde", no estilo Buck Rogers – vilões alienígenas, verdadeiros heróis estadunidenses, heroínas em perigo, raios da morte ou o fim do mundo, com o gancho final, cuja solução milagrosa seria testemunhada no sábado seguinte. *Star wars* reinventa essa experiência na forma de um pastiche; não faz sentido ser uma paródia de tais séries, uma vez que estão extintas há muito tempo. Longe de ser uma sátira sem sentido de tais formas mortas, *Star wars* satisfaz um desejo profundo (quem sabe até reprimido?) de experimentá-las novamente: é um objeto complexo no qual, em alguns primeiros níveis, crianças e adolescentes podem acompanhar as aventuras, enquanto o público adulto é capaz de satisfazer um desejo mais profundo e mais propriamente nostálgico de retornar àquele período anterior e de reviver estranhos artefatos estéticos antigos.[5]

Não existe aqui uma nostalgia por um período histórico (ou, se houver, é apenas indireto): o anseio sobre o qual Jameson escreve é um anseio por uma forma. *Star wars* é um exemplo particularmente ressonante do anacronismo pós-moderno pelo modo como usou a tecnologia para ofuscar sua forma arcaica. Ocultando sua origem nessas formas empoeiradas de séries de aventura, *Star wars* poderia parecer novo porque seus efeitos especiais sem precedentes dependiam da tecnologia mais recente disponível. Se, de uma forma paradigmática modernista, o Kraftwerk usou a tecnologia para permitir que novas formas surgissem, o modo nostalgia subordinou a tecnologia à tarefa de repaginar o velho. O efeito foi dissimular o desaparecimento do futuro com o seu oposto.

---

[5] *Ibid*, p. 8.

O futuro não desapareceu da noite para o dia. A frase de Berardi "o lento cancelamento do futuro" é muito apropriada porque captura a gradual, mas implacável, corrosão do futuro nos últimos trinta anos. Se o final dos anos 1970 e o início dos anos 1980 foram o momento em que a atual crise de temporalidade cultural pôde ser sentida pela primeira vez, foi só na primeira década do século XXI que o que Simon Reynolds chama de "discronia" se tornou endêmico. A discronia, essa disjunção temporal, deve parecer estranha, mas a predominância do que Reynolds chama de "retromania" mostra que ela perdeu qualquer carga de *unheimlich*:[6] o anacronismo agora é dado como certo. A pós-modernidade de Jameson – com suas tendências para a retrospecção e o pastiche – foi naturalizada. Considere o sucesso estupendo de Adele: embora sua música não seja comercializada como retrô, não há nada que indique que seus discos pertencem ao século XXI. Como grande parte da produção cultural contemporânea, as gravações de Adele estão saturadas com um sentimento vago, mas persistente, do passado, sem relembrar nenhum momento histórico específico.

Jameson iguala o "declínio da historicidade" pós-moderna à "lógica cultural do capitalismo tardio", mas ele comenta pouco sobre por que os dois são sinônimos. Por que a chegada do capitalismo neoliberal pós-fordista levou a uma cultura de retrospecção e pastiche? Talvez possamos arriscar algumas conjecturas provisórias aqui. O primeiro diz respeito ao consumo. Será que a destruição da solidariedade e da segurança pelo capitalismo neoliberal trouxe uma fome compensatória para o bem estabelecido e familiar? Paul Virilio escreveu sobre uma "inércia polar" que é uma espécie de efeito e contrapeso à aceleração massiva da comunicação. O exemplo de Virilio é Howard Hughes, que viveu em um quarto de hotel por quinze anos, reven-

---

[6] N. da T.: em Freud, *unheimlich* significa "o estranho familiar".

do *Estação polar zebra*.[7] Hughes, um ex-pioneiro da aeronáutica, tornou-se um dos primeiros exploradores do terreno existencial que o ciberespaço vai abrir, em que não será mais necessário mover-se fisicamente para acessar toda a história da cultura. Como argumentou Berardi, a intensidade e a precariedade da cultura do trabalho do capitalismo tardio deixam as pessoas em um estado simultâneo de exaustão e superestimulação. A combinação de trabalho precário e comunicações digitais leva a um cerco de atenção. Nesse estado insone e inundado, a cultura perde seu erotismo. A arte da sedução é lenta e, de acordo com Berardi, algo como o Viagra responde não a um déficit biológico, mas cultural: com a falta de tempo, energia e atenção, exigimos desesperadamente soluções rápidas. A pornografia, e sua promessa rápida e fácil de uma variação mínima de uma sensação já familiar, é um outro exemplo usado por Berardi.

A outra explicação para a ligação entre o capitalismo tardio e a retrospecção centra-se na produção. Apesar de toda a sua retórica de novidade e inovação, o capitalismo neoliberal gradualmente, e sistematicamente, privou os artistas dos recursos necessários para produzir o novo. No Reino Unido, o estado de bem-estar do pós-guerra e as bolsas de incentivo para o ensino superior constituíram uma fonte indireta de financiamento para a maioria dos experimentos na cultura popular entre os anos 1960 e 1980. O subsequente ataque ideológico e prático aos serviços públicos significou a circunscrição de um dos espaços no qual os artistas poderiam estar protegidos da pressão para produzir algo que fosse imediatamente bem-sucedido. À medida que o serviço público de radiodifusão tornou-se "mercantilizado", houve uma tendência crescente de criar produções culturais que se assemelhavam ao que já fazia sucesso. O resultado disso tudo é que o tempo social disponível para se retirar

---

[7] N. da E.: filme de 1968 dirigido por John Sturges.

do mundo do trabalho e imergir na produção cultural diminuiu drasticamente. E se há um fator predominante que contribui para o conservadorismo cultural é a vasta inflação no custo do aluguel e das hipotecas. Não é por acaso que a florescência da invenção cultural em Londres e Nova York nos anos 1970 e início dos anos 1980 (nas cenas *punk* e pós-*punk*) coincidiu com a disponibilidade de propriedades ocupadas e baratas nessas cidades. Desde então, o declínio da habitação social, os ataques às ocupações e o delirante aumento dos preços dos imóveis significaram que a quantidade de tempo e energia disponível para a produção cultural diminuiu maciçamente. Mas talvez o estágio terminal da crise tenha sido atingido somente com a chegada do capitalismo comunicativo digital. Naturalmente, o cerco de atenção descrito por Berardi se aplica tanto aos produtores quanto aos consumidores. Produzir o novo depende de certos tipos de afastamento – da sociabilidade, de formas culturais pré-existentes –, mas a forma atualmente dominante de sociabilidade em redes no ciberespaço, com suas infinitas oportunidades de microcontratos e seu dilúvio de *links* do YouTube, tornou esse afastamento mais difícil que nunca. Ou, como Simon Reynolds disse vigorosamente, nos últimos anos a vida cotidiana se acelerou, mas a cultura desacelerou.

Não importa quais sejam as causas dessa patologia temporal, é claro que nenhuma área da cultura ocidental está imune a elas. Os antigos redutos do futurismo, como a música eletrônica, não oferecem mais uma fuga da nostalgia formal. A cultura musical é, em muitos aspectos, paradigmática do destino da cultura sob o capitalismo pós-fordista. No nível da forma, a música está presa ao pastiche e à repetição. Mas sua infraestrutura está sujeita a mudanças imprevisíveis e sólidas: os velhos paradigmas de consumo, varejo e distribuição estão se desintegrando, com o *download* eclipsando o objeto físico, lojas de discos estão fechando, e as artes de capa desaparecendo.

POR QUE ASSOMBROLOGIA?[8]

O que o conceito de assombrologia tem a ver com tudo isso? De fato, foi com certa relutância que a assombrologia começou a ser aplicada à música eletrônica em meados da década de 1990. Eu costumava achar Jacques Derrida, inventor do termo, um pensador frustrante. Assim que se fixou em certas áreas da academia, a desconstrução, projeto filosófico que Derrida fundou, instalou-se como um culto piedoso da indeterminação que, em sua pior faceta, constituiu uma virtude jurídica em evitar qualquer reivindicação definitiva. A desconstrução era uma espécie de patologia do ceticismo, que induzia à proteção, enfermidade de propósito e à dúvida compulsória de seus seguidores. Elevou os modos particulares de prática acadêmica – a opacidade sacerdotal de Heidegger, a ênfase da teoria literária na instabilidade final de qualquer interpretação – a imperativos quase-teológicos. As circunlocuções de Derrida pareciam uma influência enfraquecedora.

Não é irrelevante apontar aqui que meu primeiro encontro com Derrida ocorreu no que agora é um meio desaparecido, uma revista. Ele apareceu nas páginas da *New Musical Express* [NME] na década de 1980, mencionado pelos escritores mais in-

---

[8] N. da T.: para esta tradução, optei pela definição do vocábulo "assombrologia". Contudo, em versões anteriores – tanto em Jacques Derrida quanto Mark Fisher – é possível encontrar variações como "espectrologia", "assombrontologia", "rondologia" e "obsidiologia". No idioma francês, a *hantologie* de Derrida foi pensada como um trocadilho sonoro com o conceito filosófico greco-latino *ontologie*. A fim de apresentar uma solução de sentido literal, mas que permanecesse fiel às ideias do autor, decidi por não manter ou procurar caminhos que solucionassem a sonoridade do trocadilho. Portanto, em uma leitura mais ampla, a assombrologia pode ser definida e compreendida como *a ciência dos assombros*.

teressantes. (E, na verdade, parte da minha frustração veio do desapontamento. O entusiasmo de autores da NME como Ian Penman e Mark Sinker por Derrida, e a inventividade formal e conceitual que parecia provocar em sua escrita, criaram expectativas que o trabalho de Derrida não deu conta quando acabei lendo.) É difícil acreditar nisso agora, mas, junto com o serviço público de radiodifusão, a NME constituiu uma espécie de sistema de ensino informal suplementar, no qual a teoria adquiriu um *glamour* estranho e brilhante. Eu também tinha visto Derrida no filme *Ghost dance* [Dança fantasma], de Ken McMullen, exibido de madrugada nos primórdios do Canal 4, em uma época anterior ao videocassete, quando eu tinha que recorrer a lavar o rosto com água fria para tentar me manter acordado.

Derrida cunhou o termo "assombrologia" em *Espectros de Marx: o estado da dívida, o trabalho de luto e a nova internacional.* "Assombrar não significa estar presente e é necessário introduzir a assombração na própria construção de um conceito",[9] escreveu. A assombrologia era esse conceito, ou um jogo de palavras conceitual. O trocadilho era com o conceito filosófico de ontologia, o estudo do que pode ser dito que existe. A assombrologia foi a sucessora de conceitos prévios de Derrida, como o *traço* e a *diferença*; assim como esses termos anteriores, ele referia-se a como nada goza de uma existência puramente positiva. Tudo o que existe só é possível a partir de toda uma série de ausências, que o precedem e o circundam, permitindo-lhe possuir a consistência e a inteligibilidade que possui. No famoso exemplo, qualquer termo linguístico particular ganha seu significado não por suas próprias qualidades positivas, mas por sua diferença de outros termos. Daí a engenhosa desconstrução de Derrida da "metafísica da presença" e do "fonocen-

---

[9] Derrida, Jacques. *Specters of Marx: the state of the debt, the work of mourning and the new international.* Abingdon: Routledge, 1994, p. 202.

trismo", que expõe a maneira pela qual determinadas formas de pensamento dominantes tinham (incoerentemente) privilegiado a voz sobre a escrita.

Mas a assombrologia explicitamente põe em jogo a questão do tempo de uma forma que não era exatamente o caso com o *traço* e a *diferença*. Uma das frases repetidas em *Espectros de Marx* é de Hamlet, "o tempo está descompassado", e Martin Hägglund, em seu *Radical atheism: Derrida and the time of life* [Ateísmo radical: Derrida e o tempo da vida] (2008), argumenta que é possível olhar toda a obra de Derrida a partir deste conceito de tempo interrompido. "O objetivo de Derrida", argumenta Hägglund, "é formular uma 'assombrologia' geral (*hantologie*), em contraste com a 'ontologia' tradicional que pensa o ser em termos de presença autoidêntica. O que é importante sobre a figura do espectro, então, é que ela não pode estar totalmente presente: ela não tem que ser em si mesma, mas marca uma relação com o que *não mais é*, ou *ainda não é*".[10]

A assombrologia é, então, uma tentativa de reviver o sobrenatural ou apenas uma figura de linguagem? A saída para essa oposição inútil é pensar na assombrologia como a agência do virtual, entendendo o espectro não como algo sobrenatural, mas como aquilo que age sem (fisicamente) existir. Os grandes pensadores da modernidade, tanto Freud quanto Marx, descobriram diferentes modos para essa causalidade espectral. O mundo no capitalismo tardio, governado pelas abstrações financeiras, é claramente um mundo em que as virtualidades são eficazes, e talvez o "espectro de Marx" mais sinistro seja o próprio capital. Mas, como Derrida sublinha em suas entrevistas no filme *Ghost dance*, a psicanálise também é uma "ciência

---

[10] Hägglund, Martin. *Radical atheism: Derrida and the time of life.* Stanford: Stanford University, 2008, p. 82.

dos fantasmas", um estudo de como eventos reverberantes na psique se tornam assombrações.

Referindo-nos à distinção de Hägglund sobre o que *não mais é* e o que *ainda* não é, podemos distinguir provisoriamente duas direções na assombrologia. A primeira se refere ao que (na realidade) *não mais é*, mas que *permanece* eficaz como uma virtualidade (a traumática "compulsão de repetir", um padrão fatal). O segundo sentido da assombrologia se refere àquilo que (na realidade) ainda *não aconteceu*, mas que *já é* efetivo no virtual (uma antecipação que molda o comportamento atual). O "espectro do comunismo" sobre o qual Marx e Engels haviam alertado nas primeiras linhas do *Manifesto comunista* era exatamente esse tipo de fantasma: uma virtualidade cuja ameaça de chegada já estava contribuindo para minar o presente estado de coisas.

Além de ser outro momento no próprio projeto filosófico de desconstrução de Derrida, *Espectros de Marx* também foi um engajamento específico decorrente do contexto histórico imediato da desintegração do Império Soviético. Ou melhor, foi um engajamento com o suposto desaparecimento da história alardeado por Francis Fukuyama em *O fim da história e o último homem*. O que aconteceria agora que o socialismo realmente existente havia entrado em colapso, e o capitalismo poderia assumir o domínio de todo o espectro e suas reivindicações de domínio global fossem frustradas não mais pela existência de um outro bloco, mas por pequenas ilhas de resistência como Cuba e Coreia do Norte? A era que chamei de "realismo capitalista" – a crença generalizada de que não há alternativa ao capitalismo – foi assombrada não pela aparição do espectro do comunismo, mas por seu desaparecimento. Como escreveu Derrida:

Hoje existe no mundo um discurso dominante... Esse discurso frequentemente tem a forma maníaca, jubilatória e encantatória que Freud atribuiu à chamada fase triunfante do trabalho de luto. O encantamento se repete e se ritualiza, apresenta e se apega a fórmulas, como qualquer magia animista. No ritmo de uma marcha cadenciada, ele proclama: Marx está morto, o comunismo está morto, muito morto, e com ele suas esperanças, seu discurso, suas teorias e práticas. Ele diz: viva o capitalismo, viva o mercado, aqui está a sobrevivência do liberalismo econômico e político![11]

O livro *Espectros de Marx* também foi uma série de especulações sobre as tecnologias de mídia (ou pós-mídia) que o capital havia instalado em seu território global. Nesse sentido, a assombrologia não era de forma alguma rarefeita; na época da "tecno-telediscursividade", "tecno-teleiconicidade", dos "simulacros" e das "imagens sintéticas" ela era endêmica. Essa discussão sobre o "tele" mostra que a assombrologia diz respeito a uma crise de espaço e também de tempo. Como teóricos como Virilio e Jean Baudrillard há muito reconheceram – e *Espectros de Marx* também pode ser lido como um acerto de contas de Derrida com esses pensadores – as "teletecnologias" colapsam tanto o espaço quanto o tempo. Os eventos que são distantes espacialmente se tornam disponíveis instantaneamente para o público. Nem Baudrillard, nem Derrida viveriam para ver os efeitos completos – e, sem dúvidas, os efeitos totais até agora – da "teletecnologia" que mais radicalmente contraiu o espaço e o tempo, o ciberespaço. Mas aqui temos uma primeira razão pela qual o conceito de assombrologia deveria ter sido anexado à cultura popular na primeira década do século XXI. Foi nesse momento em que o ciberespaço desfrutou de um domínio sem

---

[11] *Ibid* p. 64.

precedentes sobre a recepção, a distribuição e o consumo da cultura – especialmente da cultura musical.

Quando foi aplicada à cultura musical – nos meus próprios escritos e nos de outros críticos, como Simon Reynolds e Joseph Stannard –, a assombrologia, em primeiro lugar, nomeou uma confluência de artistas. A palavra *confluência* é fundamental aqui. Pois esses artistas – William Basinski, o selo Ghost Box, The Caretaker, Burial, Mordant Music, Philip Jeck, entre outros – convergiram para um determinado terreno sem realmente se influenciarem. O que eles compartilhavam não era tanto um som, mas uma sensibilidade, uma orientação existencial. Os artistas que passaram a ser rotulados como assombrológicos foram inundados por uma melancolia avassaladora; eles estavam preocupados com como a tecnologia materializa a memória – daí seu fascínio com a televisão, os discos de vinil, as fitas cassete e com o som dessas tecnologias colapsando. Essa fixação com a memória materializada levou ao que talvez seja a principal assinatura sonora da assombrologia: o uso do estalo, o ruído da superfície feita pelo disco de vinil. O estalo nos faz perceber que estamos ouvindo um momento que está fora do agora; não vai nos permitir cair na ilusão da presença. Como disse Ian Penman, isso inverte a ordem normal da escuta na qual, como estamos acostumados, o *rec* da gravação é inibido. Não somos apenas informados de que os sons que ouvimos são gravados, também tomamos conhecimento dos sistemas de reprodução que usamos para acessar essas gravações. E pairando por trás da assombrologia sônica está a diferença entre o analógico e o digital: muitas músicas assombrológicas tratam de revisitar a fisicalidade da mídia analógica na era do éter digital. Os arquivos MP3 permaneceram materiais, é claro, mas sua materialidade é ocultada de nós, em contraste com a materialidade tátil dos discos de vinil e até dos CDs.

Sem dúvidas, o anseio por esse antigo regime de materialidade desempenha um papel na melancolia que satura a música assombrológica. Quanto às causas mais profundas dessa melancolia, não precisamos ir além do título do álbum de Leyland Kirby: *Sadly, the future is no longer what it was* [Infelizmente, o futuro não é mais o mesmo]. Na música assombrológica há um reconhecimento implícito de que as esperanças criadas pela música eletrônica do pós-guerra ou pela euforia da *dance music* dos anos 1990 evaporaram – não apenas o futuro não chegou, ele já não é mais possível. Mas, ao mesmo tempo, a música constitui uma recusa em desistir do desejo pelo futuro. Essa recusa dá à melancolia uma dimensão política, porque se acomodar aos horizontes fechados do realismo capitalista equivale a um grande fracasso.

NÃO DESISTIR DO FANTASMA

Nos termos freudianos, tanto o luto quanto a melancolia têm a ver com a perda. Mas, enquanto o luto é o lento e doloroso desligamento entre a libido e o objeto perdido, na melancolia a libido permanece ligada ao que desapareceu. Para que o luto comece de forma adequada – diz Derrida em *Espectros de Marx* – os mortos devem ser conjurados: "a conjuração deve garantir que os mortos não retornem: faça o que for necessário para manter o cadáver bem localizado, em um local seguro, se decompondo exatamente onde foi sepultado, ou mesmo embalsamado, como gostavam de fazer em Moscou".[12] Não obstante, há aqueles que se recusam a permitir que o corpo seja enterrado, assim como há o perigo de matar algo a tal ponto que se torne um espectro, uma virtualidade pura. "As sociedades capitalis-

---

[12] Derrida, Jacques. *Specters of Marx: the state of the debt, the work of mourning and the new international*. Abingdon: Routledge, 1994, p. 120.

tas", escreve Derrida, "podem sempre dar um suspiro de alívio e dizer a si mesmas: o comunismo acabou, não aconteceu, foi apenas um fantasma. Eles não fazem mais do que repudiar o próprio inegável: um fantasma nunca morre, ele sempre permanece para ir e voltar".[13]

Assombrar, então, pode ser interpretado como um luto fracassado. Trata-se de se recusar a desistir do fantasma ou – e isso às vezes pode significar a mesma coisa – à recusa do fantasma em desistir de nós. O espectro não permitirá que nos acomodemos pelas satisfações medíocres que podemos colher em um mundo governado pelo realismo capitalista.

O que está em jogo na assombrologia do século xxi não é o desaparecimento de um objeto específico. O que desapareceu é uma tendência, uma trajetória virtual. Um nome para essa tendência é "modernismo popular". A ecologia cultural a que me referi anteriormente – a imprensa musical e as partes mais desafiadoras do serviço público de radiodifusão – fazia parte de um modernismo popular no Reino Unido, assim como o pós-*punk*, a arquitetura brutalista, os livros da Penguin e a BBC Radiophonic Workshop. No modernismo popular, o projeto elitista do modernismo foi justificado retrospectivamente. Ao mesmo tempo, a cultura popular estabeleceu definitivamente que não precisava ser populista. Técnicas modernistas particulares não foram apenas disseminadas, mas coletivamente retrabalhadas e ampliadas, e a tarefa modernista de produzir formas adequadas ao momento presente foi retomada e renovada. O que quer dizer que, embora eu não tenha percebido na época, a cultura que moldou a maioria das minhas expectativas iniciais era essencialmente o modernismo popular, e os escritos que estão em *Fantasmas da minha vida* são uma ten-

---

[13] *Ibid.*, p. 123.

tativa de lidar com o desaparecimento das condições que lhe permitiram existir.

Aqui vale a pena fazer uma pausa para distinguir a melancolia assombrológica da qual estou falando de dois outros tipos de melancolia. A primeira é a que Wendy Brown chama de "melancolia de esquerda". Frente a isso, o que eu disse corre o risco de ser interpretado como uma espécie de resignação melancólica de esquerda: *embora não fossem perfeitas, as instituições da social-democracia eram muito melhores do que qualquer coisa que possamos esperar agora, talvez o melhor que pudemos esperar até hoje...* Em seu ensaio "Resisting left melancholy" [Resistindo à melancolia de esquerda], Brown ataca "uma esquerda que opera sem uma crítica profunda e radical do *status quo* e sem uma alternativa convincente para a ordem existente das coisas. Mas, talvez, ainda mais preocupante, seja uma esquerda que se tornou mais apegada à sua impossibilidade do que ao seu potencial frutífero, uma esquerda que está mais em casa, vivendo não em esperança, mas em sua própria marginalidade e fracasso, presa a uma estrutura de apego melancólico por um fio de seu passado morto, cujo espírito é fantasmático, cuja estrutura do desejo está olhando para trás se punindo".[14] No entanto, muito do que torna a análise sobre a melancolia de Brown tão perniciosa é sua qualidade rejeitada. Para Brown, o melancólico de esquerda é um depressivo que acredita ser realista; alguém que não tem mais expectativas de que seu desejo de transformação radical seja alcançado, mas que não reconhece que desistiu. Ao discutir o ensaio de Brown em *The communist horizon* [O horizonte comunista] (2012), Jodi Dean se refere à fórmula de Jac-

---

[14] Brown, Wendy. "Resisting left melancholy", em *Boundary 2, vol. 26, nº* 3. Durham: Duke University Press, 1999. Disponível em: https://www.commonhouse.org.uk/wp-content/uploads/2014/04/brown-melancholia-of-the-left.pdf.

ques Lacan: "a única coisa pela qual alguém pode ser culpado é por ceder espaço em relação ao desejo de alguém", e a mudança que a autora descreve – de uma esquerda que assumiu com confiança que o futuro a pertencia a uma esquerda que faz da própria incapacidade de agir uma virtude – parece exemplificar a passagem do desejo (que em termos lacanianos é o desejo de desejar) à pulsão (gozo pelo fracasso). O tipo de melancolia de que estou falando, pelo contrário, consiste não em desistir do desejo, mas em recusar-se a ceder. Consiste, assim, em uma recusa a se ajustar ao que as condições atuais chamam de "realidade" – mesmo que o custo dessa recusa seja que você se sinta um desajustado em seu próprio tempo...

O segundo tipo de melancolia do qual a melancolia assombrológica deve ser distinguida é a que o historiador Paul Gilroy chamou de "melancolia pós-colonial". Gilroy define essa melancolia em termos de evasão; trata-se de evitar as "dolorosas obrigações de trabalhar os detalhes sombrios da história imperial e colonial e de transformar a culpa paralisante em uma vergonha produtiva que levaria à construção de uma nacionalidade multicultural que não é mais fóbica sobre a perspectiva da exposição a estranhos ou à alteridade".[15] Ela surge da "perda de uma fantasia de onipotência". Assim como a melancolia de esquerda de Brown, a melancolia pós-colonial é uma forma rejeitada de melancolia: sua "combinação característica", escreve Gilroy, é a "euforia maníaca com a miséria, aversão e ambivalência sobre si mesmo".[16] O melancólico pós-colonial não (apenas) se recusa a aceitar as mudanças; em algum nível, ele se recusa a aceitar que a mudança tenha acontecido. Ele se apega incoerentemente à fantasia da onipotência vivendo a mudança apenas como de-

---

[15] Gilroy, Paul. *Postcolonial melancholia*. Nova York: Columbia University Press, 2005, p. 99.

[16] *Ibid.*, p.104.

clínio e fracasso, pelo qual, naturalmente, o imigrante deve ser culpado (a incoerência aqui é óbvia: se o melancólico pós-colonial fosse realmente onipotente, como ele poderia ser prejudicado pelo imigrante?). À primeira vista, pode ser possível ver a melancolia assombrológica como uma variante da melancolia pós-colonial: um outro exemplo de menino branco reclamando dos privilégios perdidos... Ainda assim, isso seria se agarrar ao que foi perdido com o pior tipo de ressentimento, ou com o que Alex Williams chamou de solidariedade negativa, na qual somos convidados a celebrar não um avanço na libertação, mas o fato de que outro grupo foi transformado em miserável; e isso é especialmente triste quando o grupo em questão era predominantemente da classe trabalhadora.

NOSTALGIA COMPARADA A QUÊ?

Isso novamente levanta a questão da nostalgia: é a assombrologia, como muitos de seus críticos sustentam, só um nome para nostalgia? Trata-se de desejar a social-democracia e suas instituições? Dada a onipresença da nostalgia formal que descrevi anteriormente, a questão tem que ser: *nostalgia comparada a quê?* Parece estranho ter que *defender* que comparar o presente desfavoravelmente com o passado não é, de forma alguma, automaticamente nostálgico, mas o poder das pressões desistoricizantes do populismo e das relações públicas é tão grande que essa afirmação deve ser feita de forma explícita. O populismo e as relações públicas difundem a ilusão relativística de que a intensidade e a inovação são distribuídas igualmente durante todos os períodos culturais. É a tendência de falsamente superestimar o passado que torna a nostalgia notória: mas, uma das lições da história da Grã-Bretanha na década de 1970 que Andy Beckett relata em *When the lights went out: Britain in the seventies* [Quando as luzes se apagaram: a Inglaterra nos anos

1970], é que, de muitas maneiras, falsamente subestimamos um período como os anos 1970 – Beckett mostra efetivamente que o realismo capitalista foi construído sob a mitologia dessa década. Por outro lado, somos induzidos pelas relações públicas onipresentes a falsamente superestimar o presente, e aqueles que não conseguem se lembrar do passado estão condenados a revendê-lo para sempre.

Se os anos 1970 foram em muitos aspectos melhores do que o neoliberalismo deseja que lembremos, devemos também reconhecer que distopia capitalista da cultura do século XXI não é algo que foi simplesmente imposto a nós – ela foi construída a partir de nossos desejos capturados. "Quase tudo que eu temia que acontecesse nos últimos trinta anos aconteceu", observou Jeremy Gilbert. "Tudo o que meus mentores políticos avisaram que poderia acontecer, desde quando eu era um menino crescendo em um bairro pobre (um conjunto habitacional) no norte da Inglaterra no início dos anos 1980, e alguns anos depois, quando eu era um estudante de ensino médio lendo as denúncias contra o thatcherismo na imprensa de esquerda, foi tão ruim quanto disseram que seria. E, no entanto, eu não gostaria de estar vivendo quarenta anos atrás. A questão parece ser: este é o mundo do qual todos tínhamos medo; mas também é o tipo de mundo que queríamos".[17] Não deveríamos ter que escolher entre a internet e a segurança social. Uma maneira de pensar a assombrologia é que seus futuros perdidos não forçam essas escolhas falsas; em vez disso, o que assombra é o espectro de um mundo no qual todas as maravilhas da tecnologia comunicativa podem ser combinadas com um senso de solidariedade muito mais forte do que qualquer coisa que a social-democracia possa reunir.

---

[17] Gilbert, Jeremy. "Moving on the market society: culture (and cultural studies) in a post-democratic age". Open Democracy, 2012.

O modernismo popular não era de forma alguma um projeto concluído, um zênite primitivo que não precisava de mais melhorias. Na década de 1970, certamente, a cultura foi aberta à inventividade da classe trabalhadora de uma forma que agora dificilmente é imaginável; mas essa também foi uma época em que o racismo, o sexismo e a homofobia eram características casuais e rotineiras do *mainstream*. É desnecessário dizer que as lutas contra o racismo e o (hétero)sexismo não foram vencidas, mas fizeram avanços hegemônicos significativos mesmo com a corrosão, pelo neoliberalismo, da infraestrutura social-democrata que permitiu uma maior participação da classe trabalhadora na produção cultural. A desarticulação de classes a partir da raça, do gênero e da sexualidade tem sido realmente central para o sucesso do projeto neoliberal – fazendo grotescamente com que o neoliberalismo pareça uma pré-condição das vitórias obtidas nas lutas antirracistas, antissexistas e anti-heteronormativas.

O que se almeja com a assombrologia não é um período particular, mas a retomada dos processos de democratização e pluralismo pelos quais Gilroy clama. Talvez seja útil nos lembrarmos de que a social-democracia só se tornou uma totalidade resolvida em retrospecto; na época, era uma formação de compromisso que a esquerda via como uma cabeça de ponte temporária da qual ganhos adicionais poderiam ser obtidos. O que deveria nos assombrar não é o *não mais é* da social-democracia realmente existente, mas o *ainda não é* dos futuros que o modernismo popular nos treinou para esperar e que nunca se materializaram. Esses espectros – os espectros dos futuros perdidos – reprimem a estrutura da nostalgia no realismo capitalista.

A cultura musical foi fundamental para a projeção dos futuros perdidos. O termo *cultura* musical é crucial aqui, porque a cultura constelada em torno da música (moda, discurso, artes de capa) tem sido tão importante quanto a própria música na evocação de mundos sedutoramente desconhecidos. O *desestranhamento* da cultura musical no século XXI – o retorno terrível dos magnatas da indústria e dos meninos com uma disposição para o pop *mainstream*, o prêmio dado à "realidade" no entretenimento popular, a tendência crescente daqueles na cultura musical de se vestir e se parecer com versões digitais e cirurgicamente aprimoradas do *folk*, a ênfase colocada na emoção ginástica do cantar – desempenhou um papel importante em nos condicionar a aceitar o modelo de normalidade do capitalismo de consumo. Michael Hardt e Antonio Negri têm razão quando afirmam que a abordagem revolucionária das lutas de raça, gênero e sexualidade vão muito além da exigência de reconhecimento de diferentes identidades. Em última análise, trata-se do desmantelamento da identidade. "Devemos ter em mente que o processo revolucionário de abolição da identidade é monstruoso, violento e traumático. Não tente salvar a si mesmo – na verdade, o seu eu deve ser sacrificado! Isso não significa que a libertação nos lança em um oceano de indiferença, sem objetos de identificação, mas que as identidades existentes não servirão mais como âncoras".[18] Enquanto Hardt e Negri têm razão em alertar para as dimensões traumáticas dessa transformação, como eles bem sabem, ela também tem seus aspectos alegres. Ao longo do século XX, a cultura musical foi uma sonda que desempenhou um papel fundamental na preparação da população para um futuro que não era mais branco, masculino ou heterossexual, um futuro em que a renúncia de identidades, que eram em todo caso ficções pobres, seria um alívio abençoado. Em contraste, no século XXI – e a fusão do pop com os *reality shows* é absolutamente indicativa disso – a

---

[18] Hardt, Michael; Negri Antonio. *Commonwealth*. Cambridge: Harvard University Press, 2011, p. 339.

cultura musical popular foi reduzida a um espelho sustentado pela subjetividade do capitalismo tardio.

A esta altura, já deve estar muito claro que existem diferentes sentidos em jogo para a palavra assombrologia em *Fantasmas da minha vida*. Existe o sentido específico em que foi aplicado à cultura musical, e um sentido mais geral, onde se refere a persistências, repetições e prefigurações. Também existem versões mais ou menos benignas da assombrologia. *Fantasmas da minha vida* vai transitar entre esses diferentes usos do termo.

O livro é sobre os fantasmas da *minha* vida, então necessariamente há uma dimensão pessoal no que se segue. No entanto, meu compromisso com o velho ditado "o pessoal é político" tem sido procurar as condições (culturais, estruturais, políticas) da subjetividade. A maneira mais produtiva de ler "o pessoal é político" é interpretá-lo dizendo: o pessoal é impessoal. É lamentável para qualquer um ter que *ser si mesmo* (e ainda mais, ser forçado a se vender). A cultura e a análise da cultura são valiosas na medida em que permitem uma fuga de nós mesmos.

Essas percepções foram duramente conquistadas. A depressão é o espectro mais maligno que tem perseguido minha vida – e eu uso o termo depressão para distinguir o solipsismo sombrio do estado das desolações mais líricas (e coletivas) de melancolia assombrológica. Comecei meu blogue em 2003, enquanto ainda estava em um estado de depressão no qual a vida cotidiana era quase insuportável. Alguns desses escritos fizeram parte da elaboração desse quadro, e não é por acaso que minha (até agora bem-sucedida) fuga da depressão coincidiu com uma certa externalização da negatividade: o problema não era (apenas) eu, mas a cultura ao meu redor. É claro para mim que o período aproximado entre 2003 até o presente será reconhecido – não em um futuro distante, mas muito em breve – como o pior período para a cultura (popular) desde a década de 1950. Dizer que a cultura estava devastada não é dizer que não havia vestígios para outras possibilidades. *Fantasmas da minha vida* é uma tentativa de dialogar e se envolver com alguns desses traços.

FANTASMAS DA MINHA VIDA: GOLDIE, JAPAN E TRICKY

Deve ter sido em 1994 quando vi pela primeira vez *Ghosts of my life*, de Rufige Kru, nas prateleiras de uma loja de discos. O EP de quatro faixas foi lançado em 1993, mas nessa época – antes da ascensão da internet e das discografias *on-line* – os traços do *underground* demoravam mais para aparecer. O EP foi um excelente exemplo de *darkside jungle*. O *jungle* foi um ponto que existiu dentro daquilo que Simon Reynolds viria a chamar de *hardcore continuum*: uma série de mutações na *dance music* do *underground* britânico desencadeada pela introdução do *breakbeat* no *rave*, passando do *rave hardcore* para o *jungle*, *speed garage* e *2-step*.

Vou sempre preferir o nome *jungle* em vez do termo pálido e confuso *drum and bass*, porque muito do fascínio do gênero veio do fato que nenhuma bateria ou baixo foram tocados. Em vez de simular as qualidades já existentes de instrumentos "reais", a tecnologia digital foi explorada para produzir sons que não tinham correlatos pré-existentes. A função do *time-stretching* – que permite que a fórmula de compasso de um som fosse alterada, sem que sua afinação fosse modificada – transformava os *breakbeats* sampleados em ritmos que nenhum ser humano poderia tocar. Os produtores também usariam a estranha excrescência metálica que era produzida quando os *samples* eram desacelerados e o software tinha que preencher as lacunas. O resultado foi uma explosão de sentimentos abstrata que fez as substâncias químicas parecerem supérfluas: acelerava nosso metabolismo, aumentava nossas expectativas, reconstruía nosso sistema nervoso.

Também vale a pena se agarrar ao nome *jungle* porque evoca um terreno: a selva urbana, ou melhor, o avesso de uma metrópole que estava em processo de digitalização. Às vezes, parece que o uso da palavra "urbano" é um sinônimo formal para música "negra". No entanto, é possível ouvir "urbano", não como uma recusa da raça, mas como uma invocação dos poderes do convívio cosmopolita. Ao mesmo tempo, porém, o *jungle* não era de forma alguma uma *celebração* inequívoca do urbano. Se o *jungle* celebrou alguma coisa, foi o poder *das trevas*. Ele liberou a libido reprimida no impulso distópico, liberando e ampliando o gozo que vem de antecipar o aniquilamento de todas as certezas atuais. Como argumentou Kodwo Eshun, no *jungle* houve uma libidinização da própria ansiedade, uma transformação dos impulsos de luta e de fuga em prazer.

Isso foi profundamente ambivalente: em um nível, o que estávamos ouvindo era uma espécie de intensificação e extrapolação ficcional sonora da destruição da solidariedade e da segurança pelo mundo neoliberal. A nostalgia pela familiaridade da vida nas pequenas cidades foi rejeitada no *jungle*, mas sua cidade digital era desprovida do conforto de estranhos: aqui ninguém era confiável. O *jungle* inspirou-se em muitos dos cenários hobbesianos dos filmes dos anos 1980, como *Blade runner*, *O exterminador do futuro* e *Predador* 2. Não é por acaso que todos os três filmes são sobre caça. O mundo do *jungle* era aquele em que entidades – tanto humanas quanto não-humanas – perseguiam umas às outras por esporte e também por sustento. No entanto, o *darkside jungle* era tanto sobre a emoção dos perseguidos, sobre a euforia-ansiedade do videogame de escapar de predadores implacáveis, quanto sobre a satisfação de capturar uma presa.

Em outro nível, o *darkside jungle* projetou um futuro que o capital só pode repudiar. O capital não pode admitir abertamente que é um sistema baseado na rapacidade desumana; o exterminador do futuro nunca pode remover sua máscara humana. O *jungle* não apenas arrancou a máscara, ele se identificou ativamente com o circuito inorgânico escondido por ela: daí o androide/caveira que Rufige Kru usou como logotipo. A identificação paradoxal com a morte e a equiparação da morte com o futuro desumano foi mais do que um gesto niilista barato. A certa altura, a negatividade implacável da pulsão distópica tropeça em um gesto perversamente utópico, e a aniquilação torna-se a condição do radicalmente novo.

Eu era um estudante de pós-graduação em 1994 e não tinha nem coragem, nem dinheiro para ficar em lojas de discos para comprar todos os últimos lançamentos. Então, eu acessava as faixas do *jungle* da mesma maneira intermitente que tinha seguido os quadrinhos estadunidenses nos anos 1970. Eu os pegava onde e quando pudesse, geralmente em compilações lançadas em CD muito depois de seu frescor no disco de acetato passar. Em sua maioria, era impossível impor qualquer narrativa ao fluxo implacável do *jungle*. Apropriados para um som tão despersonalizado e desumanizado, nomes dos artistas tendiam a ser jargões *cyberpunks* enigmáticos, desconectados de qualquer biografia ou lugar. O *jungle* foi mais apreciado com uma corrente eletro-libidinal anônima que parecia *atravessar* os produtores, como uma série de afetos e efeitos desvinculados dos autores. Parecia alguma forma de não-vida de áudio, uma inteligência artificial feroz e selvagem que havia sido involuntariamente chamada no estúdio, os *breakbeats* eram como cães geneticamente modificados se esforçando para se livrar da coleira.

Rufige Kru era um dos poucos artistas do gênero sobre o qual eu sabia um pouco. Por conta dos artigos evangelizadores de Simon Reynolds sobre *jungle* na agora extinta revista *Melody Maker*, eu sabia que Rufige Kru era um dos apelidos usados por Goldie, que, quase exclusivamente no anonimato da cena *jungle*, já estava se tornando alguém reconhecível. Se deveria haver um rosto para essa música sem rosto, Goldie – um ex-grafiteiro mestiço com dentes de ouro – era um forte candidato. Goldie foi formado pela cultura *hip hop*, mas irrevogavelmente alterado pelo delírio coletivo do *rave*. Sua carreira se tornou uma parábola de uma série de impasses. A tentação de qualquer produtor emergente do cenário do *hardcore continuum* sempre foi a de renunciar ao caráter essencialmente coletivo das condições de produção. Tentação à qual Goldie não conseguiu resistir, mas, reveladoramente, suas gravações declinaram no momento em que ele parou de usar nomes coletivos e impessoais para seus projetos e começou a lançá-los sob o (já assumido) nome Goldie. Seu primeiro álbum, *Timeless*, suavizou os ângulos anorgânicos do *jungle* com o uso de instrumentos analógicos e um *jazz-funk* de alarmante bom gosto. Goldie se tornou uma pequena celebridade, participou da novela da BBC *EastEnders*, e só em 2008 lançou o tipo de álbum que Rufige Kru deveria ter lançado quinze anos antes. A lição foi clara: os artistas urbanos britânicos só podem ter sucesso se se afastarem da cena, se deixarem o coletivo para trás.

Os primeiros discos de Goldie e seus colaboradores lançados sob os nomes de Rufige Kru e Metalheadz ainda estavam em alta no panteão do *rave*. "Terminator", de 1992, foi a música mais marcante: agitada com a pegada do *rave*, seus *beats* faseados e esticados no tempo sugerem geometrias aberrantes e impossíveis, enquanto seus *samples* de voz – da atriz Linda Hamilton em *O exterminador do futuro* – falavam de paradoxos de tempo e estratégias fatais. A gravação soou como um comentário sobre si mesmo: como se as anomalias temporais que Hamilton descreveu – "você está falando sobre coisas que eu ainda não fiz no passado" – fossem tornadas físicas em um som que está implodindo vertiginosamente.

Conforme Rufige Kru progredia, seu som se tornava mais suave. Enquanto as primeiras gravações faziam alguém pensar em uma montagem de órgãos desmembrados que haviam sido grosseiramente costurados, os lançamentos posteriores se assemelhavam mais a mutantes geneticamente modificados. Os elementos indisciplinados e voláteis do *rave* foram gradualmente drenados para serem substituídos por texturas que eram mais nítidas e taciturnas. As faixas – "Dark Rider", "Fury", "Manslaughter" – contavam sua própria história. Enquanto você as ouvia, sentia como se estivesse sendo perseguido dentro de um fliperama brutalista em um futuro próximo. *Samples* vocais foram cortados e se tornaram mais suaves e sinistros. "Manslaughter" apresenta uma das falas mais eletrizantes do replicante amotinado de *Blade runner*, Roy Batty: "Se ao menos você pudesse ver o que eu vi, através dos seus olhos" – o *slogan* perfeito para os novos mutantes do *jungle*, projetados pela ciência das ruas para ter os sentidos expandidos, mas uma vida útil mais curta.

Comprei todos os discos do Rufige Kru que apareceram na minha frente, mas *Ghosts of my life* me intrigou de um jeito especial e arrepiante por causa de seu título, fazendo sugestão à obra-prima de *art pop* da banda Japan, de 1981, a música "Ghosts". Quando toquei o vinil de doze polegadas de *Ghosts of my life*, percebi rapidamente, com um arrepio de alegria, que a voz aguda que repetia a frase-título realmente pertencia ao vocalista da Japan, David Sylvian. Mas esse não era o único vestígio de "Ghosts". Depois de algumas lavagens atonais e *breakbeats* espasmódicos, a faixa parou repentinamente e – em um momento que ainda me tira o fôlego quando ouço – um breve fragmento instantaneamente reconhecível de uma música eletrônica abstrata e complexa do disco da Japan saltou no abismo, antes de ser imediatamente consumida por um baixo viscoso e gosmento e pelas inserções sintéticas que eram assinaturas sônicas do *darkside jungle*.

O tempo se dobrou sobre si mesmo. Uma das minhas primeiras fixações pop havia retornado, justamente em um contexto inesperado. O novo *synthpop* romântico do início dos anos 1980, insultado e ridicularizado na Inglaterra, mas reverenciado nas cenas da *dance music* de Detroit, Nova York e Chicago, estava finalmente voltando para casa para se hospedar no *underground* britânico. Kodwo Eshun, então trabalhando no livro *More brilliant than the sun: adventures in sonic fiction* [Mais brilhante que o sol: aventuras na ficção sônica], argumentaria que o *synthpop* desempenhou o mesmo papel fundador para o *techno*, o *hip hop* e o *jungle* que o *delta blues* para o *rock*, e era como se uma parte de mim – um fantasma de outra parte da minha vida – estivesse sendo recuperada, embora de uma forma permanentemente alterada.

"E QUANDO ACHO QUE ESTOU GANHANDO"

Em 1982, gravei "Ghosts" do rádio e a ouvi repetidamente: apertava o play, rebobinava a fita, tocava de novo. "Ghosts" é uma gravação que, mesmo agora, obriga a repetição. Em parte, isso se deve à maneira como está repleta de detalhes: você nunca sente que compreendeu tudo totalmente.

Nada mais que a Japan gravou era como "Ghosts". É uma anomalia, não só pelo seu aparente confessionalismo, excepcional no trabalho de um grupo que privilegiava as posturas estéticas em detrimento da expressão emocional, mas também pelo seu arranjo, pela sua textura. Em outro lugar do disco *Tin Drum* – o álbum de 1981 de onde a música veio – a banda desenvolveu um etno-*funk* plástico, onde a eletrônica fluía através da arquitetura rítmica elástica criada pelo baixo e pela bateria. Em "Ghosts", no entanto, não há bateria e nem linha de baixo. Existe apenas uma percussão que soa como vértebras metálicas sendo tocadas suavemente, e um conjunto de sons tão austeramente sintéticos que poderiam ser de [Karlheinz] Stockhausen.

"Ghosts" começa com sinos que fazem você se sentir como se estivesse dentro de um relógio metálico. O ar é carregado, um campo elétrico por meio do qual passam ruídos ininteligíveis de frequências de rádio. Ao mesmo tempo, a trilha é permeada por uma imensa quietude, um equilíbrio. Assista à extraordinária performance ao vivo da música no programa de televisão *Old Grey Whistle Test*. Eles parecem estar cuidando de seus instrumentos ao invés de tocá-los.

Apenas Sylvian parece vivo, e é apenas seu rosto, meio oculto pela franja, que se move. A angústia bem-educada de seu vocal combina estranhamente com a austeridade eletrônica da música. Sua sensação de pressentimento enervado é quebrada pelo único traço de melodrama na música – as punhaladas de sintetizador que, simulando o tipo de cordas que você ouviria em uma trilha de filme de suspense, dão a deixa para o refrão: "E quando acho que estou ganhando/ depois de quebrar todas as portas/ os fantasmas da minha vida/ sopram mais forte/ que o vento"...[19]

Quais são, exatamente, os fantasmas que assombram Sylvian? A música deriva muito de sua potência de recusa à resposta, de sua falta de especificidade: podemos preencher as lacunas com nossos próprios espectros. O que está claro é que não são as contingências externas que arruinaram seu bem-estar. Algo de seu passado – algo que ele queria ter deixado para trás – continua retornando. Ele não pode superar isso porque carrega esse algo com ele. Ele está antecipando a destruição de sua felicidade ou a destruição já aconteceu? O tempo presente – ou melhor, a hesitação entre o tempo passado e o tempo presente – cria uma ambiguidade, sugerindo uma eternidade fatalista, uma compulsão para repetir – uma compulsão que pode

---

[19] N. da T.: just when I think I'm winning/ when I've broken every door/ the ghosts of my life/ blow wider/ than the wind.

ser uma profecia autorrealizável. Os fantasmas voltam porque ele teme que voltem...

É difícil não ouvir "Ghosts" como uma espécie de reflexo da carreira da Japan até aquele ponto. O grupo foi resultado de uma certa abordagem inglesa da *art pop* que começou com Bowie e a Roxy Music no início dos anos 1970. Eles vieram de Beckenham, Catford e Lewisham, a conurbação nada glamorosa onde Kent converge com o sul de Londres – o mesmo interior suburbano de onde vieram David Bowie, Billy Idol e Siouxsie Sioux. Como acontece na maioria da *art pop* inglesa, a Japan encarou seu ambiente apenas como uma inspiração negativa, algo do qual fugir. "Houve um afastamento consciente de tudo que a infância representava", observou Sylvian. O pop foi o portal para fora do prosaico. A música era apenas parte disso. A *art pop* foi uma escola de acabamento para autodidatas da classe trabalhadora, onde, seguindo as pistas deixadas pelos pioneiros anteriores – alusões secretas nas letras, nos títulos das faixas ou referências de entrevistas – você poderia aprender sobre coisas que não estavam no currículo formal para jovens da classe trabalhadora: belas-artes, cinema europeu, literatura de vanguarda... Mudar seu nome foi o primeiro passo, e Sylvian trocou seu nome de batismo (Batt) por um que se referia a Sylvain Sylvain do New York Dolls, o grupo cujo estilo a Japan começou a imitar.

Na época de "Ghosts", toda a pompa arrogante estadunidense dessa fase dos Dolls estava há muito esquecida, e Sylvian havia aperfeiçoado sua cópia falsa de Bryan Ferry, da Roxy Music, produzida em massa. Em sua análise da voz de Ferry, Ian Penman argumenta que sua qualidade peculiar veio de uma tentativa parcialmente bem-sucedida de fazer com que seu sotaque *geordie*[20] forjasse um inglês clássico e atemporal. A voz de

---

[20] N. da E.: *geordie* é o nome usado para designar uma pessoa da área

Sylvian cantando é a falsificação de uma farsa. A qualidade do lamento angustiante de Ferry é mantida, mas transposta para um estilo puro desprovido de conteúdo emocional. É cultivado, nada natural; puritano, ultra-afetado e, por isso mesmo, estranhamente desprovido de afeto. Na época, não poderia contrastar mais com a voz falada de Sylvian – estranha, hesitante, carregando fortemente todos os vestígios de classe e do sul de Londres que sua voz cantante tinha tentado remover. "Filhos de pioneiros/ são homens famintos".[21]

"Ghosts" ficou paralisado por ansiedades muito inglesas: você poderia imaginar Pip [Philip Pirrip] de *Grandes esperanças* (1861) cantando. Na Inglaterra, a fuga da classe trabalhadora é sempre assombrada pela possibilidade de ser descoberta, de ter suas raízes expostas. Você não conhece alguma regra de etiqueta crucial que deveria. Vai pronunciar algo errado – a pronúncia incorreta é uma fonte constante de ansiedade para o autodidata, porque os livros não dizem necessariamente como *falar* as palavras. É em "Ghosts" o momento em que a *art pop* enfrenta esse medo – que a classe vai aparecer, que o passado de alguém nunca poderá ser transcendido, que os espectros rudes de Lewisham[22] retornarão não importa o quão longe você viaje para o Oriente?

A Japan perseguiu a *art pop* em uma superficialidade pura, que excedeu até mesmo suas inspirações em uma estética profunda. *Tin Drum*, o álbum de 1981 do qual "Ghosts" saiu, era *art pop* como o pop de Barthes, um jogo conspícuo com si-

---

de Tyneside, no nordeste da Inglaterra, e para o dialeto usado por seus habitantes, também conhecido na linguística como inglês de Tyneside ou inglês de Newcastle.

[21] N. da T.: sons of pioneers/ are hungry men.

[22] N. da E.: Lewisham é um bairro de Londres situado perto do centro. Como acontece com muitos bairros de Londres, a comunidade de Lewisham ainda sofre com altos níveis de pobreza e desigualdade.

nais para sua própria sorte sedutora. A capa do álbum atraia imediatamente para um mundo fortemente confeccionado: Sylvian, com sua franja descolorida cheia de laquê caindo artisticamente sobre os óculos ao estilo Trevor Horn, sentado em uma simulação de uma casa chinesa simples, pauzinhos na mão, enquanto um pôster de Mao Tse-Tung se solta da parede atrás dele. Tudo é posicionado, cada signo selecionado com uma meticulosidade fetichista. Veja como sua sombra dá às suas pálpebras um peso quase opiáceo – mas, ao mesmo tempo, tudo é tão dolorosamente frágil; seu rosto é uma máscara Noh, anemicamente ultrabranco, sua postura é a de um ragdoll decrépito. Aqui está ele, um dos últimos príncipes *glam*, e talvez o mais magnífico – seu rosto e corpo, raras e delicadas obras de arte, não extrínsecas ou inferiores à música, mas formando um componente integral do conceito geral. Todo o significado – social, político, cultural – parece ter sido sugado dessas referências. Quando Sylvian canta "O Exército Vermelho precisa de você" na faixa final, "Cantonese boy", é no mesmo espírito do orientalismo semiótico: os impérios dos signos chineses e japoneses são reduzidos a imagens, exploradas e cobiçadas por seu *frisson*.

Na época de *Tin Drum*, a Japan aperfeiçoou sua transição de New York Dolls-vira-lata para cavalheiros intelectualizados, de jovens da classe trabalhadora de Beckenham para homens cosmopolitas da cidade. (Ou o máximo que eles conseguiram disso: "Ghosts" sugere que a transição nunca será tão bem-sucedida a ponto de eliminar a ansiedade, quanto mais você maquia seu passado, mais ele doerá quando for exposto.) A superficialidade de *Tin Drum* é a da fotografia (brilhante), o distanciamento do grupo pelo fotógrafo. As imagens são descontextualizadas e, em seguida, remontadas para formar um panorama "oriental" que é estranhamente abstrato: um extremo Oriente como o romancista surrealista Raymond Roussel poderia ter imaginado.

Como Ferry, Sylvian continua sendo sujeito e objeto: não apenas uma imagem congelada, mas também aquele que monta as imagens, não em qualquer sentido patológico, de *voyeur*, mas de uma forma friamente distanciada. O desapego, naturalmente, é uma performance, ocultando a ansiedade ao mesmo tempo que a sublima. As palavras são pequenos labirintos, enigmas sem solução possível – ou aparentes enigmas, talvez – tolos e falsos decorados com uma temática chinesa e japonesa.

A voz de Sylvian pertence a esse baile de máscaras. Mesmo em "Ghosts", sua voz não pede para ser tomada por um valor nominal. Não é uma voz que revela, ou que mesmo finge revelar, é uma voz que esconde, assim como sua maquiagem, os signos notavelmente usados. Não é apenas a fixação pela geografia que faz Sylvian parecer um turista, um observador externo, mesmo em sua própria vida "interior". Sua voz parece vir inteiramente de sua cabeça, não de seu corpo como um todo.

E depois disso? A Japan desmoronaria, enquanto o Duran Duran já estava mais que encaminhado para levar a versão lúmpen da banda ao estrelato. Para Sylvian, havia uma busca pela "autenticidade", que era conotada por duas coisas: o afastamento do ritmo e a adoção de instrumentos "reais". O enxugamento dos elementos digitais, a busca pelo significado, a descoberta de um Eu real. No entanto, até *Blemish*, de 2003, os discos solos de Sylvian pareciam estar se esforçando para uma autenticidade emocional que sua voz nunca poderia entregar, só que agora ele não tinha mais a estética como álibi.

Tin Drum foi o último álbum de estúdio da Japan, mas também foi um dos últimos momentos da *art pop* inglesa. Um futuro havia morrido silenciosamente, mas outros viriam à tona.

"SEUS OLHOS SE PARECEM COM OS MEUS..."

Um fragmento de "Ghosts" apareceu quatorze anos depois, no primeiro *single* de Tricky, "Aftermath". Não foi *sampleado*, mas citado pelo mentor de Tricky e conterrâneo de Bristol, Mark Stewart. No plano de fundo cíclico das camadas rítmicas *shanty*[23] da faixa, você pode ouvir Stewart cantando "Logo quando acho que estou ganhando/ logo quando acho que não posso ser impedido...".[24] O uso da referência ao Japan e a presença de Stewart – uma figura importante no pós-*punk* de Bristol desde seu tempo com o The Pop Group nos anos 1970 – já eram pistas poderosas de que posicionar Tricky como um artista de "*trip-hop*" era reducionista e enganoso. Muitas vezes, o rótulo *trip-hop* era aplicado ao que era na verdade uma música negra com a negritude silenciada ou extirpada (*hip hop* sem *rap*, por exemplo). A "viagem" [*trip*] na música de Tricky tinha menos a ver com psicodélicos e mais a ver com a indolência conturbada da maconha. Mas Tricky perseguiu a inércia da ganja para muito além da lassidão chapada, incorporando uma condição visionária na qual a agressão e a prepotência do *rap* não eram tão removidas quanto refratadas na névoa de calor de uma umidade sonhadora e hidropônica.

Diante disso, o *rap* de Tricky podia ser ouvido como a resposta britânica ao *hip hop*, mas em um nível mais subterrâneo, e o que ele também estava assumindo e renovando eram as ver-

---

[23] N. da E.: também grafado *chantey*, ou *chanty* (do *chanter* francês, "cantar"), é uma canção rítmica *a cappella* cantada por pessoas enquanto trabalham em uma tarefa repetitiva, é muito associada ao canto dos marinheiros. No Brasil é conhecida como celeuma, canção de trabalho ou canto de trabalho.

[24] N. da T.: just when I thought I was winning/ just when I thought I could not be stopped.

tentes do pós-*punk* e do *art pop*. Tricky considera como seus precursores artistas como Blondie, The Banshees e o The Cure ("a última grande banda pop, eu acho", ele diz). Não é tão simples contrastar esta linhagem com as referências *soul*, *funk* e *dub* que eram tão óbvias nas primeiras músicas dele. O pós-*punk* e o *art pop* já haviam se baseado substancialmente no *funk* e no *dub*. "Eu cresci em um gueto branco", disse Tricky, quando o entrevistei em 2008. "Meu pai é jamaicano, minha avó é branca. Quando eu estava crescendo, até os dezesseis anos, tudo era normal. Quando me mudei para um gueto com várias etnias, tinha amigos lá e eles diziam: 'Por que você anda com aqueles *skinheads* brancos?'. E meus amigos *skinheads* perguntavam: 'Por que você anda com aqueles negros?'. Eu não conseguia entender, simplesmente não conseguia entender. Eu poderia sempre ir para os dois mundos, ir a um clube de *reggae* e depois a um clube de brancos e nem perceber porque minha família é toda de cores diferentes, tons diferentes. Então, no Natal, tínhamos brancos, negros, africanos, asiáticos... Nós não percebíamos, minha família é daltônica. Mas, de repente, as coisas começaram a mudar, os maus hábitos são aprendidos, pessoas sussurram para você, tipo: 'Por que você anda com aqueles caras brancos?'. Esses são os garotos com quem eu cresci desde os cinco anos de idade, os caras com quem eu cresci que dizem 'por que você anda com aqueles negros?'. Então eu vi o The Specials na TV, esses caras brancos e negros tocando todos juntos".

Tricky apareceu no exato momento em que a pantomima reacionária do *britpop* – um *rock* que havia branqueado as influências negras contemporâneas – estava caminhando para o topo. O falso confronto entre Blur e Oasis, que preocupou a mídia, foi uma distração das verdadeiras falhas da cultura musical britânica da época. O conflito que realmente importava era entre uma música que reconheceu e acelerou o que era novo nos anos 1990 – tecnologia, pluralismo cultural, inovações de gênero – e uma música que se refugiou em uma versão mono-cultural do britanismo: um *rock* arrogante de meninos brancos construído quase inteiramente de formas que foram estabeleci-das nas décadas de 1960 e 1970. Esta era uma música destinada a tranquilizar homens brancos ansiosos em um momento em que todas as certezas com que contavam antes – no trabalho, nas relações sexuais, na identidade étnica – estavam sob pres-são. Como sabemos agora, o *britpop* venceria a luta. Tricky des-lizava para a margem para se tornar o arauto de um futuro que nunca se materializou na música britânica. (Uma reaproxima-ção entre Tricky e o *britpop* foi – felizmente – perdida. Damon Albarn, do Blur, foi convidado no álbum de Tricky gravado sob o nome de *Nearly God* – ao lado de Terry Hall, dos Specials, entre muitos outros – mas a música que a dupla gravou junto foi removida do disco antes de seu lançamento.)

Quando *Maxinquaye* foi lançado em 1995, Tricky foi ime-diatamente ungido como a voz de uma geração muda e despo-litizada, o profeta ferido que absorveu e transmitiu a poluição psíquica de uma década. A extensão dessa adulação pode ser avaliada pela origem do nome *Nearly God* [Quase Deus]: um jornalista alemão lhe perguntou "como é ser Deus? Bem, quase Deus?". Em vez de assumir o papel que lhe foi atribuído como o demônio da perversidade[25] do pop *mainstream* dos anos 1990, Tricky ficou à margem, uma figura meio esquecida. Tan-to que, quando ele apareceu como convidado na apresentação de Beyoncé no Festival de Glastonbury em 2011, provocou um

---

[25] N. da E.: o autor faz referência à metáfora que representa a situação onde há o desejo de fazer exatamente uma coisa considerada errada simplesmente por ela ser considerada errada. O impulso é comparado a um diabrete que leva uma pessoa decente a causar danos e, ocasionalmente, a sua morte. O termo tem uma longa história na literatura, mas foi popularizado por Edgar Allan Poe no conto "O demônio da perversidade".

suspiro de choque – como se, por um momento, tivéssemos tropeçado em alguma realidade alternativa onde Tricky estava onde merecia estar, um gárgula glamouroso no topo do edifício pop do século XXI. Tudo muito simbolicamente, é claro, pois o microfone de Tricky não parecia estar ligado, e ele mal podia ser ouvido.

"Em *Maxinquaye*", escreve Ian Penman em seu ensaio histórico de março de 1995 para a revista *The Wire*, "Tricky parece um fantasma de outro sistema solar". A espectralidade da música de Tricky, a maneira como ela se recusava a se intensificar ou a atuar, a forma como se arrastava entre a lucidez e a inarticulação, criava um forte contraste com a ousadia multicolorida do que Penman chamou de "o nexo boas vibes, 'estamos no mesmo planeta' compreendido pelas capas da revista *Face*, o selo Talkin Loud e o DJ Jazzie B". O que há de tão significativo na versão multiculturalista que Tricky e Goldie proferiram foi sua recusa em se ajustar e ser sérios. A música deles não pedia para ser incluída em qualquer tipo de norma. Em vez disso, ele se deleitou com seu outro mundo, seu glamour de ficção científica. Como o primeiro pioneiro da *art pop,* David Bowie, sua música era sobre uma identificação com o alienígena, onde representava o tecnologicamente novo e cognitivamente estranho – e, em última instância, formas de relações sociais que ainda eram vagamente imagináveis. Bowie não foi de forma alguma o primeiro a fazer essa identificação: amar o alienígena foi um gesto que a automitologização dos grandes magos negros – para Kodwo Eshun, os cânones "sônico" Lee Perry, George Clinton e Sun Ra – fez muito antes de Bowie. Identificar-se com o alienígena – não tanto falar pelo alienígena, mas deixá-lo falar através de você – foi o que deu à música popular do século XX muito de sua carga política. A identificação com o alienígena significava a possibilidade de fuga da identidade, para outras subjetividades e outros mundos.

Havia também uma identificação com o androide. "Aftermath" inclui um trecho de um diálogo do filme *Blade runner*: "Vou te contar sobre a minha mãe", a provocação antiedipiana que o replicante Leon lança ao seu interrogador-torturador antes de matá-lo. "É apenas coincidência que a citação de Sylvian e o trecho de *Blade runner* convergem na mesma música?", pergunta Penman.

> "Fantasmas"... Replicantes? A eletricidade nos fez anjos. A tecnologia (da psicanálise à vigilância) transformou todos nós em fantasmas. O replicante ("SEUS OLHOS SE PARECEM COM OS MEUS...") é um vazio falante. O que é assustador sobre "Aftermath" é que sugere que hoje em dia TODOS NÓS SOMOS. Vazios falantes, compostos apenas de recados e citações... Contaminados pelas memórias de outras pessoas... À deriva...

Quando eu conheci Tricky, em 2008, ele se referiu espontaneamente à linha de "Aftermath" citada por Penman. "Minha primeira composição foi 'seus olhos se parecem com os meus, você verá como ninguém'.[26] Na época eu ainda não tinha filhos, então do que estava falando? De quem estou falando? [Minha filha] Maisie não havia nascido. Minha mãe costumava escrever poesia, mas, em sua época, ela não poderia ter feito nada com isso, não havia oportunidades. É quase como se ela tivesse se matado para me dar a oportunidade, minhas letras, nunca consigo entender por que escrevo minhas letras como uma mulher; acho que tenho o talento da minha mãe, sou um veículo dela. Então, preciso que uma mulher cante isso".

Assombrologia, então, telepatia, a persistência do *não mais*... Você não precisa acreditar no sobrenatural para reconhecer que a família é uma estrutura mal-assombrada, um Hotel Overlook

---

[26] N. da T.: your eyes resemble mine/ you'll see as no others can.

cheio de pressentimentos e repetições misteriosas, algo que fala à nossa frente, e não a nós... Desde o início – como todos nós – Tricky foi assombrado, e a textura de estalos da assombrologia do século XXI já estava sendo testada em suas primeiras gravações. Quando eu ouvi *Burial* pela primeira vez, uma década depois, eu imediatamente peguei o primeiro álbum de Tricky, *Maxinquaye*, como um ponto de comparação. Não foi apenas o uso do estalo de vinil, uma assinatura tanto de *Maxinquaye* quanto de *Burial*, que sugeriu a afinidade. Era também o clima predominante, a maneira como a tristeza sufocante e a melancolia murmurante se transformavam em erotismo apaixonado e uma fala sonhadora. Ambos os discos parecem estados emocionais transformados em paisagens, mas enquanto a música de Burial evoca cenas urbanas sob a garoa permanente de *Blade runner*, o disco de Tricky parece se passar em um deserto tão delirante e dalíesco quanto o espaço pelo qual passam os personagens de *A longa caminhada*, de Nic Roeg: a terra está chamuscada, rachada e estéril, mas há explosões ocasionais de exuberância verdejante (na erótica e nauseante "Abbaon fat tracks", por exemplo, poderíamos ter vagado pelo pasto arruinado de *Spirit of Eden*, do Talk Talk).

"Seus olhos se parecem com os meus..." Desde o início, com o eu-lírico de sua mãe morta, um Norman Bates semibenigno, Tricky estava ciente de sua (des)possessão por espectros femininos. Com sua predileção por maquiagem e *cross-dressing*, ele parecia um dos últimos vestígios da energia *glam* no pop britânico: sua ambivalência de gênero era um antídoto bem-vindo para a masculinidade lúmpen do *britpop*. É claro que a indeterminação de gênero não é uma pantomima para ele, mas algo que vai direto ao cerne de sua música. Dizer que Tricky "escreve do ponto de vista feminino" falha em capturar a estranheza do que ele faz, uma vez que ele também induz as mulheres a cantar daquela que parece ser uma perspectiva masculina. "Gosto de colocar as mulheres em um papel masculino, para que a mulher seja a força e o homem seja a fraqueza. Enquanto eu era criado, um dos meus tios ficou por trinta anos na prisão e outro por quinze anos. Eu não vi meu pai, fui criado por minha avó e minha tia, eu vi minha avó brigar na rua. Eu vi minha tia e minha avó brigando, vi minha avó agarrar o braço da minha tia, fechá-lo na porta e quebrá-lo lutando por carne. Então, vejo as mulheres como duronas. Elas me alimentaram, me vestiram, minha avó me ensinou a roubar, minha tia me ensinou a lutar, ela me mandou para o boxe quando eu tinha quinze anos. Quando os homens vão para a guerra, cada um está de um lado do campo de batalha, e nós atiramos uns nos outros, mas o mais difícil é quando você está em casa, tem que ouvir as crianças chorando e precisa alimentá-las. Isso é difícil, não vi nenhum homem por perto, vi meu tio ir para a cadeia por sete anos, depois meu outro tio por dez anos; meu pai nunca nos ligou. As mulheres se mantêm juntas, mantêm a comida na mesa, nos defendem, defendem as crianças, se alguém nos fodesse, estaria fodido. Nunca vi homem algum fazer isso por mim, nunca vi homens lá para mim assim. Tudo que eu conheço são as mulheres".

Aqui o gênero não se dissolve em um mingau unissex; em vez disso, ele se resolve em um espaço instável no qual a subjetividade está continuamente deslizando da voz masculina para a feminina. É uma arte de dividir e também de duplicar. Por meio das mulheres que cantam para/como ele, Tricky se torna menos que uma unidade, um sujeito dividido que nunca pode ser restaurado à totalidade. No entanto, a manifestação de sua incompletude também o torna mais do que um; um duplo em busca de uma outra metade perdida que nunca vai recuperar. De qualquer forma, o que Tricky anseia – tanto como vocalista quanto como escritor/produtor que persuade cantando como um Outro – é a ideia da voz como um garantidor sólido de presença e identidade. Sua voz enfraquecida e recuada, todos aqueles grunhidos, resmungos e murmúrios sempre sugerem uma presença que mal existe, algo suplementar em vez de centrado. Mas a voz principal – geralmente feminina – em suas canções também soa ausente e abstraída. O que as vozes de suas cantoras – monótonas, esgotadas, destituídas de cadências afetivas comuns – mais se assemelham é ao som de um médium, uma voz sendo emitida por outra coisa.

"Então esta é a consequência [aftermath]..." Não é que Tricky opere uma possessão sob as cantoras; mais do que isso, ele as induz a compartilhar seus estados de transe. As palavras que vêm para ele de uma fonte feminina perdida são devolvidas a uma boca feminina. "Já estou do outro lado", como cantou Martina Topley-Bird em "I be the prophet", do LP *Nearly God*. A criação de Tricky foi particularmente gótica. "Minha avó costumava cuidar de mim porque seu marido trabalhava fora, e ela assistia a todos esses filmes de terror em preto e branco, filmes de vampiros, era como crescer em um filme. Ela me colocava sentado no meio do chão, porque ela perdeu minha mãe, sua filha. Ela cantava Billie Holiday, fumava um cigarro e dizia coisas como 'você se parece com a sua mãe', me observando. Sempre fui o fantasma da minha mãe. Eu cresci em um estado de sonho. Uma vez eu vi um suicídio em um estacionamento do NCP e a polícia me levou para testemunhar, no dia seguinte meu nome estava no *Evening Post*. Acordei e o jornal estava na geladeira, minha avó colocou na geladeira como se eu fosse famoso".

Aquele que está possuído também é despossuído – de sua própria identidade e voz. Mas esse tipo de expropriação é, sem dúvidas, uma pré-condição para uma escrita e performance mais potentes. Os escritores precisam sintonizar outras vozes; os intérpretes devem ser capazes de ser controlados por forças externas – e Tricky pode ser um grande artista ao vivo por causa da sua capacidade de chegar a um estado xamânico de *apa-*

gamento do eu ao sacudir a cabeça. Como o oculto, a religião fornece um repertório simbólico que lida com a ideia de uma presença alheia usando a linguagem, dos mortos tendo influência sobre os vivos, e a fala de Tricky sempre foi saturada de imagens bíblicas. A paisagem purgatória de *Maxinquaye* estava repleta de sinais religiosos, enquanto o *Pre-millennium tension* exibia algo como uma mania religiosa: "Eu vi um cristão em Christiansands, um diabo em Helsinque"; "Aí vem o nazareno/ está bonitão na capa de uma revista... Maria Madalena, esse será meu primeiro pecado".

Quando entrevistei Tricky, ele tinha acabado de lançar o single "Council estate". Nele, os espectros de classe se manifestaram – não era a primeira vez que isso aparecia em sua obra. O ódio de classe pode ser detectado latente em muitas de suas músicas desde o início. "Dominarei sua língua/ e até lá, vou criar a minha própria", ele alertou em "Christiansands", de 1996, se apresentando como um Calibã proletário tramando sua vingança contra seus supostos superiores. Ele está perfeitamente ciente da maneira como a classe determina o destino. "Arrombar uma casa ou um carro equivale a chaveiros, seguros, todos eles estão fazendo dinheiro comigo. Quanto mais tempo fico na prisão, mais dinheiro eles ganham. Escravidão moderna: em vez de escravos, eles os transformam em criminosos".

Tricky chamou o álbum da música "Council estate" de *Knowle West*, em homenagem à área de Bristol na qual ele cresceu. "Quando eu estava na escola, um certo professor disse: 'quando você for procurar emprego, assim que escrever seu endereço e eles descobrirem que você é de Knowle West, você não vai consegui-lo. Portanto, minta, se for preencher formulários de inscrição, minta'".

"Council estate" concebeu o ressentimento como uma força motivadora e o sucesso como vingança. Não se tratava de deixar seu passado para trás, como Sylvian queria, mas de ter sucesso para que suas origens de classe pudessem ser forçadas goela abaixo daqueles que disseram que você não teria sucesso. Como tantas estrelas pop da classe trabalhadora antes dele – incluindo Sylvian – o sucesso proporcionou a vingança de Tricky e lhe deu acesso a um mundo que o atraiu e o horrorizou. A faixa "Tricky kid", de 1996, foi sua opinião sobre o tema do deslocamento de classe que preocupou o pop britânico desde, pelo menos, o The Kinks. Era a melhor música sobre um homem da classe trabalhadora projetado para fora de seu ambiente, para os jardins do prazer do hipersucesso, desde "Club country", da banda The Associates ("Uma viagem para lugar nenhum deixa você no frio... Cada respiro que você dá pertence a alguém lá").[27] Com sua visão febril de um hedonismo malicioso à la Jacob Ladder – "coca no nariz... Todo mundo quer ficar nu e famoso" – "Tricky kid" antecipou o modo como, na primeira década do século XXI, as ambições da classe trabalhadora seriam subornadas pelo ouro dos tolos da cultura, das celebridades e dos *reality shows*. "Agora eles me chamam de *superstar*", proclamou satanicamente uma das linhas do refrão de "Council estate". Por que "*superstar*" é uma palavra tão importante para ele? "Porque, de certa forma, é uma palavra muito estúpida. O que acontecia é que você fazia um álbum, e, se ele fosse bem-sucedido, a fama era parte do jogo. Quando eu estava começando, eu só queria gravar um disco, fazer algo que ninguém tivesse ouvido antes – não estava interessado em mais nada".

---

[27] N. da E.: a drive from nowhere leaves you in the cold... Every breath you breathe belongs to someone there.

01: O RETORNO DOS ANOS 1970

NENHUM PRAZER: JOY DIVISION

Adaptado de um post *no blogue k-punk de 9 de janeiro de 2005*

Se o Joy Division importa hoje mais do que nunca, é porque eles capturaram o espírito deprimido dos *nossos* tempos. Ouça agora e você terá a impressão inevitável de que o grupo estava canalizando a catatonia do nosso presente, o futuro deles. Desde o início, seu trabalho foi ofuscado por um profundo pressentimento, uma sensação de futuro encerrado, a dissolução de todas as certezas, apenas uma escuridão crescente à frente. Está cada vez mais claro que os anos de 1979-1980, época com que o grupo será sempre associado, foi um momento limiar – quando todo um mundo (social-democrata, fordista, industrial) se tornou obsoleto e os contornos de um novo mundo (neoliberal, consumista, informático) começaram a se manifestar. É claro que este é um julgamento retrospectivo; as rupturas raramente são experimentadas como tais no momento em que acontecem. Mas os anos 1970 exercem um fascínio particular agora que estamos presos nesse novo mundo – um mundo que Deleuze, usando uma palavra que se tornaria associada ao Joy Division, chamou de "sociedade de controle". Os anos 1970 são a época antes da mudança, uma época ao mesmo tempo mais bondosa e dura do que agora. As formas de segurança (social) então tidas como certas foram destruídas, mas os preconceitos perversos que eram livremente divulgados se tornaram inaceitáveis. As condições que permitiram a existência de um grupo com o Joy Division evaporaram; e com elas uma certa textura cinza e sombria da vida cotidiana na Grã-Bretanha, um país que parecia relutantemente ter desistido do racionamento pós-guerra.

No início dos anos 2000, os anos 1970 já eram distantes o suficiente para se tornar cenário de época de produções dramáticas, e o Joy Division fazia parte disso. Foi assim que eles apareceram em *A festa nunca termina* (2002), de Michael Winterbottom. A banda teve uma pequena participação especial no filme, no primeiro capítulo da história da Factory Records e de seu empresário gênio-bufão Tony Wilson. O Joy Division assume o protagonismo em *Control* (2007), de Anton Corbijn, mas o filme não agradou. Para quem conhecia a história, foi uma viagem familiar; no entanto, para não iniciados, o filme foi insuficiente para transmitir o poder mágico da banda. A história nos conduz, mas não nos atrai para o redemoinho, não cria uma sensação de que isso era importante. Talvez fosse inevitável. O *rock* depende crucialmente de um corpo e uma voz específica e da misteriosa relação entre os dois. O filme *Control* nunca poderia compensar a perda da voz e do corpo de Ian Curtis, e assim acabou como um naturalismo artístico de karaokê; os atores podiam simular os acordes, imitar os movimentos de Curtis, mas não podiam forjar seu carisma vórtico, não podiam reunir a arte necromântica involuntária que transformava as estruturas musicais simples em um expressionismo feroz, um portal para outros mundos. Para isso, você precisa de arquivos em vídeos das apresentações da banda ou das músicas nos discos. Por essa razão que, dos três filmes sobre eles, o documentário *Joy Division* (2007), de Grant Gee, uma colagem a partir de filmes de Super-8, aparições na TV, novas entrevistas e imagens antigas da Manchester pós-guerra, foi o mais eficaz em nos transportar de volta a um tempo que desapareceu. O filme de Gee começa com uma epígrafe do livro de Marshall Berman, *Tudo que é sólido desmancha no ar* (1982): "Ser moderno é encontrar-se em um ambiente que promete aventura, poder, alegria, crescimento, autotransformação e transformação das coisas ao redor – mas ao mesmo tempo ameaça destruir tudo o que temos, tudo o que sabemos, tudo o que somos".[28] *Control* tentou invocar a presença do grupo, mas nos deixou apenas um rascunho, um esboço; o filme *Joy Division* se dispõe em torno de uma sensação vívida de perda. É um estudo autoconsciente de um tempo e um lugar que não existem mais. *Joy Division* chama lugares e pessoas desaparecidas – muitas já estão mortas; não apenas Curtis, mas também o empresário do grupo Rob Gretton, seu produtor Martin Hannett e, claro, Tony Wilson. O ápice do filme, seu momento mais elétrico, é o som de um homem vagando na terra dos mortos: uma velha gravação em fita cassete de Ian Curtis sendo hipnotizado em uma "regressão a vidas passadas". *Eu viajei por toda parte, através de períodos muito diferentes.* Uma voz lenta e arrastada, canalizando algo frio e remoto pergunta: "Quantos anos você tem?", "vinte e oito", uma fala ainda mais assustadora, porque sabemos que Curtis morreria aos vinte e três anos.

UM MANICÔMIO COM AS PORTAS BEM ABERTAS

Não ouvi o Joy Division até 1982, então, para mim, Curtis sempre esteve morto. Quando os ouvi pela primeira vez, aos catorze anos, foi como aquele momento em *À beira da loucura* (1995), de John Carpenter, em que Sutter Cane obriga John Trent a ler o romance, a hiperficção em que ele já está imerso: todo o meu futuro, intensamente compactado nessas imagens sonoras – Ballard, Burroughs, *dub*, *disco*, gótico, antidepressivos, enfermarias psiquiátricas, overdoses, pulsos cortados. Muitos estímulos para começar a assimilar. Eles mesmos não entendiam o que estavam fazendo. Como diabos eu poderia, então?

---

[28] Berman, M. *Tudo que é sólido desmancha no ar: a aventura da modernidade*. São Paulo: Cia das Letras, 1986.

O New Order, mais do que qualquer outra banda, estava fugindo do mausoléu do Joy Division, e finalmente se descolou em 1990. A música da Copa do Mundo da Inglaterra, as brincadeiras com cerveja, o desconfiado ator Keith Allen, que mais do que qualquer outro homem personifica o masculinismo cotidiano da cultura britânica do final dos anos 1980 e 1990, foi um ato de dessublimação. No fim, isso foi o que Kodwo Eshun chamou de "o preço para escapar da ansiedade da influência (influência de si mesmo)". No disco de estreia, *Movement* (1981), o grupo ainda estava vivendo o estresse pós-traumático, congelado em um transe mal comunicativo ("O barulho que me cerca/ tão alto na minha cabeça...")[29]

Ficou claro, em uma das melhores entrevistas que a banda já deu – para Jon Savage, uma década e meia após a morte de Curtis – que eles não tinham ideia do que estavam fazendo e nenhum desejo em aprender. Das perturbações-compulsivas hipercarregadas dos espasmos em transe de Curtis no palco, e de suas palavras catatônicas deprimentes perturbadoramente convincentes, eles nada disseram e nada pediram, por medo de destruir a magia. Eles eram necromantes involuntários que haviam tropeçado em uma fórmula para canalizar vozes, aprendizes sem a feitiçaria. Eles se viam como um Golem sem mente, animados pelas visões de Curtis. (Assim, quando ele morreu, eles disseram que sentiram que tinham perdido os olhos...).

É muito óbvio que, acima de tudo, – e mesmo que apenas por causa da recepção do público – eles eram mais do que um grupo pop, mais do que entretenimento. Conhecemos todas as palavras como se as tivéssemos escrito nós mesmos, seguimos dicas perdidas nas letras para entrar em todos os tipos de câmaras escuras, e ouvir os álbuns agora é como colocar uma roupa confortável e familiar... Mas quem é este "nós"? Bem, pode ter

---

[29] N. da T.: the noise that surrounds me/ so loud in my head.

sido o último "nós" do qual uma geração inteira de quase-homens poderia se sentir parte. Havia uma estranha universalidade disponível para os devotos do Joy Division (desde que você fosse homem, é claro).

Desde que você fosse homem, é claro... A religião do Joy Division era, conscientemente, coisa de meninos. Como disse Deborah Curtis: "Quer tenha sido intencional ou não, as esposas e namoradas foram gradualmente banidas de todos os shows, exceto os mais locais, e uma curiosa ligação masculina aconteceu. Os meninos pareciam se divertir uns com os outros".[30] As meninas não eram permitidas...

Como esposa de Curtis, Deborah foi impedida de entrar no jardim das delícias do *rock* e no culto à morte que estava além do princípio do prazer. Para ela, sobrou a responsabilidade de limpar a bagunça.

Se o Joy Division era um grupo de garotos, sua música-tema, "She's lost control" trazia um Ian Curtis vivendo a abjeção de sua própria doença, a "doença sagrada" da epilepsia, de um Outro feminino. Freud inclui acessos epiléticos – junto, incidentalmente, com um corpo dominado pela paixão sexual – como exemplos do *unheimlich*, do pouco familiar, do estranho familiar. Aqui, o orgânico é escravizado pelos ritmos mecânicos do inorgânico; o inanimado dá o tom, como sempre fez com o Joy Division. "She's lost control" é um dos encontros mais explícitos do *rock* com a magnetismo mineral do inanimado. A gélida e espinhosa discografia subterrânea do Joy Division soa como se tivesse sido gravada dentro das vias sinápticas danificadas do cérebro de alguém passando por uma convulsão, os vocais sepulcrais anedônicos de Curtis são enviados de volta para ele – como se fossem a voz de um outro, ou de outros – em lon-

---

[30] Curtis, Deborah. *Touching from a distance: Ian Curtis and Joy Division*. Londres: Faber & Faber. p. 77.

gos e maliciosos ecos expressionistas que perduram como uma ácida névoa acre. "She's lost control" perpassa buracos negros cataléticos semelhantes à subjetividade de Edgar Allan Poe, faz suas viagens à terra dos mortos e volta para confrontar os "limites sem saída", vendo nessas convulsões pequenas mortes (*petit mals* como *petit morts*)[31] que oferecem liberações aterrorizantes, porém estimulantes, da identidade, mais poderosas que qualquer orgasmo.

NESTA COLÔNIA

Agora tente imaginar a Inglaterra em 1979...

Pré-videocassete, pré-computadores, pré-Canal 4. Os telefones distantes de serem onipresentes (não tivemos um até meados de 1980, eu acho). O consenso pós-guerra se desintegrando na TV em preto e branco.

Mais do que qualquer outra banda, o Joy Division transformou essa severidade em um uniforme que, conscientemente, significava uma autenticidade absoluta; a formalidade deliberativamente funcional de suas roupas os separava do antiglamour tribal do *punk*, "roupas deprimentes para a depressão" (Deborah Curtis). Não foi à toa que eles se chamavam Warsaw [Varsóvia] quando começaram. Mas era nesse bloco oriental da mente, nesse pântano de desânimo, que você podia encontrar meninos da classe trabalhadora que escreviam canções impregnadas com Dostoievski, Conrad, Kafka, Burroughs, Ballard; meninos que, sem nem mesmo pensar nisso, eram modernistas rigorosos que teriam desdenhado repetir a si mesmos, sem falar

---

[31] N. da E.: *petit mal* é um termo que designa a crise de ausência, um tipo de convulsão que envolve breves lapsos repentinos de atenção. *Petit mort* é utilizado para se referir ao orgasmo e ao período refratário que ocorre depois do orgasmo.

em desenterrar ou imitar o que havia sido feito vinte ou trinta anos antes (em 1979, os anos 1960 eram um enfraquecido cinejornal de videoclube).

Em 1979, o *art rock* ainda tinha uma relação com a experimentação sônica do Atlântico Negro.[32] É impensável agora, mas o pop branco da época não era estranho à vanguarda, então uma troca genuína era possível. O Joy Division forneceu ao Atlântico Negro algumas ficções sonoras que poderiam ser reimplantadas – ouça o cover extraordinário de "She's lost control", de Grace Jones, ou "I've lost control", de Sleazy D, ou até mesmo *808s and Heartbreak,* de Kanye West (com sua capa que faz referência ao design de Peter Saville para "Blue Monday", os ecos do disco *Atmosphere* e da música "In a lonely place"). Por isso tudo, a relação do Joy Division com o pop negro era muito mais ocluída do que a de alguns de seus colegas. A ruptura do pós-*punk* com o *punk* lúmpen consistiu em grande parte de uma retomada do pop negro sinalizada ostensivamente: com o *funk* e o *dub* especialmente. O Joy Division, pelo menos na superfície, não tinha relação alguma com isso.

A pegada *dub* de um grupo como o Public Image Ltd. (PIL), agora, parece um pouco laboriosa, um pouco literal demais, enquanto o Joy Division, como o The Fall, saíram como um *equivalente* branco ao *dub*. Tanto o Joy Division quanto o The Fall eram "negros" nas prioridades e economias sonoras: baixo pesado e ritmado. Isso foi cunhado não como uma forma, mas como uma metodologia, uma legitimação para conceber a produção sonora como engenharia abstrata. Mas o Joy Division também tinha uma relação com outro som "negro" supersintético e ar-

---

[32] N. da T.: Paul Gilroy cunhou o termo Black Atlantic no livro homônimo de 1993. Gilroy narra a história de uma distinta cultura negra do Atlântico que incorpora elementos das culturas africana, estadunidense, britânica e caribenha.

tisticamente artificial: a *disco music*. Mais uma vez, foram eles, melhores do que o PIL, que apareceram com a batida de "*death disco*". Como Jon Savage adora ressaltar, a bateria sincrônica fervilhante em "Insight" parece ter sido emprestada de gravações da *disco music* como "Knock on wood", de Amii Stewart.

O papel de Martin Hannett – um dos melhores produtores do pop – em tudo isso, não pode ser subestimado. Foi Hannett, ao lado de Peter Saville, o designer das capas da banda, que garantiu que o Joy Division fosse mais arte do que *rock*. A névoa úmida ambiente insinua uma audição desconfortável com a qual Hannett permeou a mixagem, juntamente com os designs despersonalizados de Saville, isso significava que o grupo poderia ser abordado não como uma agremiação de assuntos individuais expressivos, mas como uma consistência conceitual. Foram Hannett e Saville que transmutaram a necromancia estropiante do Warsaw em *cyberpunks*.

DIA SIM, DIA NÃO

O Joy Division se conectou com as pessoas não apenas por quem eles eram, mas por *quando* eles eram. A Sra. Thatcher havia acabado de chegar, o longo inverno da economia da era Reagan estava a caminho, a Guerra Fria ainda alimentava nosso inconsciente com pesadelos perpétuos de retinas derretidas.

O Joy Division foi a trilha sonora de uma queda rápida na cultura britânica, um longo e lento desligamento neural gritante. Desde 1956, quando Sir Anthony Eden tomou anfetaminas durante a crise de Suez, passando pelo pop dos anos 1960, inaugurado pelos Beatles subindo as paredes loucos de estimulantes em Hamburgo, depois pelo *punk*, que consumia *speed* como se não houvesse amanhã, a Grã-Bretanha estava, em todos os sentidos, em alta velocidade. A anfetamina é uma droga de conectividade, que dava sentido a um mundo no qual as conexões eletrônicas proliferavam loucamente. Mas a ressaca é cruel.

Depleção maciça de serotonina.
Queda de energia.
Ligue sua tv.
Reduza seu pulso.
Afaste-se de tudo.
Está tudo ficando
Demais.[33]

A melancolia era a forma de arte de Curtis, assim como a psicose era a de Mark E. Smith, do The Fall. Nada poderia ter sido mais adequado do que o disco *Unknown Pleasures* (1979) começar com uma faixa chamada "Disorder", pois a chave para a música do Joy Division era a paisagem espinhal ballardiana, um vínculo que liga a psicopatologia individual com a anomia social. Os dois significados do colapso, os dois significados da depressão. Foi assim que [Bernard] Sumner viu, de qualquer maneira. Como ele explicou a Savage, "havia um grande senso de comunidade onde morávamos. Me lembro das férias de verão quando era criança: ficávamos acordados até tarde, brincávamos na rua e ao meio-dia havia velhinhas conversando. Eu acho que o que aconteceu nos anos 1960 foi que o governo decidiu que isso não era muito saudável e que alguma coisa precisava ir embora, e, infelizmente, foi o meu bairro que se foi. Fomos realocados para um bloco de torres do outro lado do rio. Na época eu achei fantástico; agora, é claro, percebo que foi um desastre absoluto. Vivi uma série de outras interrupções nesse período. Então, quando as pessoas comentam sobre a obscu-

---

[33] N. da T.: massive serotonin depletion/ energy crash/ turn on your TV/ turn down your pulse/ turn away from it all/ it's all getting/ too much.

ridade das músicas do Joy Division, aos vinte e dois anos eu já havia tido muitas perdas na minha vida. O lugar onde eu morava, onde tinha minhas lembranças mais felizes, tudo isso havia sumido. Tudo o que restou foi uma fábrica de produtos químicos. Percebi, então, que nunca mais poderia voltar para aquela felicidade. Existia esse vazio".

Becos sem saída no fim dos anos 1970. Havia o Joy Division, Ian Curtis fazendo o que a maioria dos homens da classe trabalhadora ainda fazia, um casamento precoce e um filho...

Sinta-o se aproximando

Sumner acrescenta: "Quando saí da escola e consegui um emprego, a vida real foi um choque terrível. Meu primeiro trabalho foi na prefeitura de Salford, distribuindo envelopes e enviando relatórios. Eu estava acorrentado nesse escritório horrível: todos os dias, semanas, anos, três semanas de férias ao ano com sorte. O horror me envolveu. Então, a música do Joy Division era sobre a morte do otimismo, da juventude".

Um réquiem para uma cultura jovem condenada. "Aqui estão os rapazes/ com o peso em seus ombros",[34] dizia o famoso verso em "Decades", de *Closer*. Os títulos "New dawn fades"[35] e *Unknown Pleasures*[36] podem se referir às promessas traídas dessa cultura. No entanto, o que é notável sobre a banda é sua total aquiescência a esse fracasso, a maneira como eles montaram, desde o início, um acampamento em uma geleira que ia além do princípio do prazer.

---

[34] N. da T.: here are the young men/ the weight on their shoulders.

[35] N. da T.: nova aurora que desaparece.

[36] N. da T.: prazeres desconhecidos.

DIRECIONE SEUS CONTROLES PARA
O CORAÇÃO DO SOL NEGRO

O que perturbava e impressionava no Joy Division era sua fixação pela negatividade. Incessante não é a palavra certa. Sim, Lou Reed, Iggy Pop, Jim Morrison e Mick Jagger se envolveram com o niilismo – mas, mesmo com Iggy e Reed, isso foi amenizado por um estranho momento de alegria, ou pelo menos alguma explicação para sua miséria (frustração sexual, drogas). O que separava o Joy Division de qualquer um de seus predecessores, mesmo os mais sombrios, era a falta de qualquer motivo aparente para sua melancolia. (As letras se fixam mais na melancolia do que no melancólico, o que até então era um deleite aceitável para homens saborearem, algo sutilmente sublime.) Desde seus primórdios (Robert Johnson, Sinatra), o pop do século xx tem sido mais sobre a tristeza de homens (e mulheres) do que sobre a felicidade. No entanto, tanto no caso do *bluesman* quanto no do cantor de baladas, há uma razão pelo menos aparente para a tristeza. Como a desolação do Joy Division não tinha nenhuma causa específica, eles cruzaram a linha azul do *blues* para a escuridão da depressão, passando pelo "deserto e terras devastadas", onde nada trazia alegria ou tristeza. Zero afeto.

Sem calor na essência do Joy Division. Eles vigiavam "os problemas e males deste mundo"[37] com o estranho distanciamento do neurastênico. Curtis cantou "eu perdi a vontade de querer mais"[38] em "Insight", mas não havia a sensação de que essa vontade existia em primeiro lugar. Faça uma escuta casual de suas primeiras canções, e você pode confundir facilmente seu tom com a boca enrugada de indignação do *punk*, mas é

---

[37] N. da T.: the troubles and evils of this world.
[38] N. da T.: I've lost the will to want more.

como se Curtis não estivesse protestando contra a injustiça ou a corrupção, e sim as empunhando como evidência para uma tese que estava, mesmo aí, firmemente estabelecida em sua cabeça. A depressão é, afinal e acima de tudo, uma teoria sobre o mundo, sobre a vida. A estupidez e venalidade dos políticos ("Leaders of men"), a idiotice e crueldade da guerra ("Walked in line") são apontadas como obras exibidas na galeria de um caso contra o mundo, contra a vida, que é tão avassalador, tão geral, que apelar para qualquer instância particular parece supérfluo. Em todo caso, Curtis não esperava mais de si mesmo do que dos outros, ele sabia que não podia condenar a partir de uma moral elevada: ele "deixa que te usem para seus próprios fins"[39] ("Shadowplay"), e vai deixar você assumir o lugar dele em um confronto ("Heart and soul").

É por isso que o Joy Division pode ser uma droga muito perigosa para os homens. Eles parecem estar apresentando *a verdade* – e se colocam assim. Afinal, o assunto deles é a depressão. Não a tristeza ou a frustração, os estados negativos padrões do *rock*, mas depressão: depressão cuja diferença da mera tristeza consiste em sua alegação em ter descoberto A Verdade (final, nua e crua) sobre a vida e o desejo.

O depressivo experiencia um isolamento do mundo da vida, de modo que o congelamento de sua própria vida interior – ou morte interior – oprime tudo; ao mesmo tempo, ele se sente evacuado, totalmente desnudado, uma concha: não há nada exceto o interior, mas o interior está vazio. Para o depressivo, os hábitos do antigo mundo da vida agora parecem ser, precisamente, um modo de encenação, uma série de gestos maquiados ("um circo completo com todos os tolos"),[40] que não são mais

---

[39] N. da T.: let them use you/ for their own ends.

[40] N. da T.: a circus complete with all fools.

capazes de representar e que não querem mais representar – não adianta, tudo é uma farsa.

A depressão não é uma tristeza, muito menos um estado de espírito, é uma (dis)posição (neuro)filosófica. Por trás da oscilação bipolar pop entre a emoção evanescente e o hedonismo frustrado, para além do mefistolismo miltoniano de [Mick] Jagger, de Iggy Pop e sua personalidade carnavalesca e da melancolia reptílica da Roxy Music, para muito além do princípio do prazer, o Joy Division era a mais schopenhaueriana das bandas de *rock*, tanto que mal pertencia ao *rock* efetivamente. Já que eles retiraram completamente o motor libidinal do gênero – seria melhor dizer que eles eram libidinalmente e sonoramente anti-*rock*. Ou talvez, como pensavam, fossem detentores da verdade do *rock*, despojada de todas as ilusões (o depressivo sempre confia em uma coisa: que não tem ilusões). O que torna o Joy Division tão schopenhaueriano é a disjunção entre o distanciamento de Curtis e a urgência de sua música, seu impulso implacável que substitui a insaciabilidade estúpida da vontade de viver, o mote beckettiano "eu preciso continuar" que não é experimentado pelo depressivo como uma possibilidade redentora, mas como o horror derradeiro, sua vontade de viver assumindo paradoxalmente todas as propriedades repugnantes dos mortos-vivos (e o que quer que você faça, não poderá extingui-los, porque sempre vão continuar voltando).

ACEITE UM MAU ACORDO COMO UMA MALDIÇÃO

O Joy Division seguiu Schopenhauer pela cortina de Maya, saiu do Jardim das Delícias de Burroughs e se atreveu a examinar as horríveis máquinas que produziam o mundo apenas como aparência. O que eles viram lá? Somente o que todos os depressivos, todos os místicos, sempre veem: a contração obscena dos mortos-vivos do querer enquanto buscam manter a ilusão de que este objeto, o que está fixado AGORA, este vai satisfazê-lo de uma forma que todos os outros objetos até agora não conseguiram. O Joy Division, com uma sabedoria ancestral ("Ian parecia velho, como se tivesse vivido uma vida inteira na juventude" – Deborah Curtis), uma sabedoria que parece pré-mamífera, pré-multicelular, pré-orgânica, enxergou através de todos aqueles truques de reprodução. Este é o "*insight*" que fez Curtis parar de sentir medo, o desespero calmo que subjugou qualquer vontade de seguir em frente. O Joy Division viu a vida como Poe a viu em *O verme vencedor* e como Ligotti a via: uma dança de marionetes automatizadas, que está "em um círculo que, sempre fechado, torna ao mesmo lugar", uma cadeia de eventos ultradeterminada que segue seus movimentos com uma inevitabilidade implacável. Você assiste ao filme pré-roteirizado como se estivesse de fora, condenado a assistir as bobinas chegando brutalmente, e sem pressa, ao fim.

Certa vez, um aluno meu escreveu em um ensaio que simpatizava com Schopenhauer quando seu time de futebol perdia. Mas os verdadeiros momentos schopenhauerianos são aqueles em que você atinge seus objetivos, ou talvez realize um desejo do seu coração há muito acalentado e se sente enganado, vazio, não, mais – ou será que é menos – do que vazio, anulado. A música sempre soou como se eles tivessem experimentado muito daqueles vazios desoladores, de modo que não poderiam mais ser atraídos de volta para a dança da realidade. Eles sabiam que a saciedade não era sucedida por tristeza, mas que ela própria era, imediatamente, uma tristeza. A saciedade é o ponto em que você deve enfrentar a revelação existencial de que você realmente não queria o que parecia tão desesperado para ter, que seus desejos mais urgentes são apenas um truque vitalista imundo para manter o show na estrada. Se você "não pode substituir o medo ou a emoção da perseguição",[41] por que se incitar a perseguir mais uma morte vazia? Por que continuar com a charada?

A ontologia depressiva é perigosamente sedutora porque, como gêmea zumbi de certa sabedoria filosófica, é uma meia verdade. À medida que o depressivo se retira das confecções vazias do mundo da vida, ele se encontra inconscientemente em concordância com uma condição humana que foi meticulosamente diagramada por filósofos como Spinoza: ele se vê como um consumidor em série de simulações vazias, um viciado em todo tipo de morfina, uma marionete das paixões. O depressivo não pode nem reivindicar os confortos dos quais um paranoico pode desfrutar, já que ele não consegue acreditar que as cordas estejam sendo puxadas por alguém. Sem fluxo, não há conectividade no sistema nervoso do depressivo. "Assistir das coxias enquanto as cenas se repetem"; como nas falas fatalistas em "Decades", Curtis escreveu com a certeza de aço depressiva sobre a vida como um filme pré-roteirizado. Sua voz – desde o início aterrorizante em seu fatalismo, em sua aceitação pelo pior – soa como a voz de um homem que já está morto, que entrou em um estado aterrador de animação suspensa, de morte dentro da vida. Parece algo sobrenaturalmente antigo, uma voz que não pode ser atribuída a nenhum ser vivo, muito menos a um rapaz com menos de vinte anos.

"UMA ARMA CARREGADA NÃO O LIBERTARÁ" — É O QUE VOCÊ DIZ

"Uma arma carregada não o libertará",[42] canta Curtis em "New dawn fades" de *Unknown Pleasures*, mas ele não parecia estar

---

[41] N. da T.: can't replace the fear or the thrill of the chase.

[42] N. da T.: a loaded gun won't set you free.

convencido. "Depois de ponderar sobre as palavras em 'New dawn fades'", escreveu Deborah Curtis, "abordei o assunto com Ian, tentando fazê-lo confirmar que eram apenas palavras e não tinham nenhuma relação com seus sentimentos reais. Foi uma conversa unilateral. Ele se recusou a confirmar ou negar qualquer um dos pontos levantados e saiu de casa. Fui deixada e comecei a me questionar, mas não me sentia suficientemente próxima de ninguém para expressar meus medos. Ele realmente teria se casado comigo sabendo que pretendia se matar aos vinte e poucos anos? Por que gerar um filho quando você não tem intenção de estar lá para vê-lo crescer? Eu estava tão alheia à sua infelicidade que ele foi forçado a escrever sobre isso?".[43] O desejo masculino pela morte sempre foi um subtexto no *rock*, mas antes do Joy Division ele havia sido contrabandeado para o gênero sob pretextos libidinais, um cachorro preto vestido de lobo – Thanatos disfarçado de Eros – ou um rosto escondido por uma maquiagem. O suicídio era uma garantia de autenticidade, o mais convincente dos sinais de que você era real. O suicídio tem poder para transfigurar a vida – com toda a sua confusão cotidiana, conflitos, ambivalências, decepções, trabalhos não acabados, "desperdício, febre, calor"[44] – em um mito frio, tão sólido, uniforme e permanente como o "mármore e a pedra" que Peter Saville simularia na capa do disco e Curtis acariciaria na letra de "In a lonely place". (Essa música era de Curtis, mas foi gravada pelo New Order em um estado zumbi de transtorno pós-traumático após a morte de Curtis. Parece que Ian é um intruso em seu próprio funeral, lamentando sua

---

[43] Curtis, Deborah. *Touching from a distance: Ian Curtis and Joy Division*. Londres: Faber & Faber. p. 85.

[44] N. da E.: Fisher faz uma alusão ao trecho da música "In a Lonely place", que diz "the waste in the fever I heat" [eu aqueço o desperdício na febre].

própria morte: "Como eu gostaria que você estivesse aqui comigo agora").[45]

Os grandes debates sobre o Joy Division – eles eram anjos caídos ou homens comuns? Eles eram fascistas? O suicídio de Curtis era inevitável ou não? – giram todos em torno da relação entre a arte e a vida. Devemos resistir à tentação de sermos atraídos por Lorelei, por estetas-românticos (em outras palavras: nós, como éramos) ou por empiristas lúmpen. Os estetas querem o mundo prometido pelas letras e pela música, um reino primitivo em preto e branco imaculado pelos compromissos e constrangimentos sujos do dia a dia. Os empiristas insistem exatamente no oposto: em enraizar as canções no cotidiano como algo minimamente elevado e, o mais importante, sério. "Ian era muito engraçado, a banda era composta por jovens rapazes que gostavam de ficar irritados, um pouco de diversão que escapava ao controle...". É importante manter esses dois Joy Divisions – o Joy Division da arte pura e o que era "apenas uma brincadeira" – ao mesmo tempo. Uma vez que a verdade é que eles eram *lads* [rapazes], então o Joy Division também deve ser a verdade do *laddism*.[46] E assim parece ser: por baixo de toda a juventude nas bochechas rosadas, nas duas últimas décadas as doenças mentais aumentaram cerca de 70% entre os adolescentes. O suicídio continua sendo uma das causas de morte mais comuns para os jovens do sexo masculino.

"Entrei na casa dos meus pais sem acordar ninguém e adormeci segundos após deitar minha cabeça no travesseiro. O próximo som que ouvi foi 'Este é o fim, lindo amigo. Este é o

---

[45] N. da T.: how I wish you were here with me now.

[46] N. da E.: a cultura *lad* (ou *laddish*) é uma subcultura britânica comumente associada ao movimento Britpop, foi marcada por uma forte desilusão pós-industrial e caracterizada por jovens rapazes que assumiam uma posição anti-intelectual, evitando a sensibilidade em favor da bebida, da violência e do sexismo.

fim, meu único amigo, o fim. Nunca mais vou olhar em seus olhos...'[47] Surpresa ao ouvir 'The end', do The Doors, lutei para me levantar. Mesmo enquanto dormia, eu sabia que era uma música improvável para a Radio One em uma manhã de domingo. Mas o rádio não estava ligado – foi tudo um sonho".[48]

---

[47] N. da T.: this is the end, beautiful friend/ This is the end, my only friend, the end/ I'll never look into your eyes again.

[48] Curtis, Deborah. *Touching from a distance: Ian Curtis and Joy Division*. Londres: Faber & Faber. p. 132.

QUEBRA-CABEÇA DE SMILEY:
O ESPIÃO QUE SABIA DEMAIS

Film Quarterly, *Vol.* 65, *N°* 2 (2011).

Qual o fascínio com o espião George Smiley? Por que ele consegue enganar até mesmo os telespectadores de esquerda que, diante dele, esperavam vê-lo tal qual sua descrição no romance de John le Carré de 1974: "o arquétipo de um flácido liberal ocidental"? O enigma do apelo de Smiley é um dos muitos espectros que assombram a adaptação cinematográfica de Tomas Alfredson para *O espião que sabia demais*. O fantasma que mais insistentemente se recusa a ser exorcizado é a versão da BBC de 1979 para a TV – lembrada justamente como uma das maiores séries da televisão britânica de todos os tempos. Readaptar um romance depois de uma versão tão bem-sucedida é muito arriscado, especialmente quando você tem apenas duas horas para criá-lo, ao contrário das cinco horas de fôlego da série.

O ritmo – o movimento inquieto durante a espera – foi central para a tensão da série de TV, que capturou os passos transversais e os compassos entrelaçados lentamente com a narrativa excepcionalmente boa de John le Carré. As limitações da produção de televisão na verdade beneficiaram a sensação de expansividade. Os cenários e a ação eram mínimos; o drama frequentemente estava nas feições dos atores, no rosto de Alec Guinness em particular, que poderia sugerir uma vida inteira de arrependimentos com a menor das alterações. O desempenho de Guinness foi uma aula magistral de concisão e nuance – palavras que nem sempre são associadas à Gary Oldman, escalado (equivocadamente) como Smiley na nova adaptação.

Quando um romance cria um mundo mítico tão rico quanto o de le Carré, nenhuma adaptação jamais o levará à exaustão. Sempre há a possibilidade de desvendar ângulos até então pouco explorados, e para nós que somos fãs do romance, a força de uma nova versão traria o benefício de libertar o livro (e Smiley) da figura de Guinness – uma perspectiva que pode explicar o entusiasmo do escritor pelo filme. Le Carré disse que sentiu que Guinness roubou seu personagem, tornando-o incapaz de seguir escrevendo suas histórias. Quando o novo filme foi anunciado como o próximo projeto de direção de Alfredson após o sucesso de *Deixe ela entrar* (2008), as esperanças por algo especial eram justificadamente altas. Sua brilhante reformulação da ficção de vampiros tinha um sentimento de melancolia, vidas violentamente vividas em segredo que carregavam de maneira eficaz as intrigas do mundo da espionagem britânica. E, por isso, é ainda mais decepcionante que esta nova adaptação falhe em imaginar a história de uma forma convincente, e sua incapacidade de tornar Smiley um personagem atraente é central para o fracasso.

No romance, le Carré contou com as revelações sensacionais que traumatizaram e excitaram a sociedade britânica na década de 1960, quando os agentes duplos soviéticos Guy Burgess, Donald Maclean e Kim Philby estavam operando no centro do sistema de inteligência. O livro começa quando Smiley, já aposentado, é chamado para procurar um agente duplo – na verdade, foi le Carré que popularizou esse termo – no Serviço de Inteligência Secreta (também conhecido como MI6). *O espião que sabia demais* acompanha a tortuosa perseguição de Smiley e a exposição do traidor, que no final das contas é revelado como sendo o amigo e rival de Smiley, Bill Haydon – um dos muitos homens que tiveram um caso com a recém ex-esposa do espião, Ann. A narrativa está impregnada daquilo que Paul Gilroy chamou de "melancolia pós-colonial". Smiley, Haydon e seus contemporâneos – notavelmente Jim Prideaux, o ex-chefe da seção de "caçadores de escalpes", baleado na operação desastrosa que acaba levando à descoberta do agente duplo, e Connie Sachs, a chefe de inteligência, demitida (para o desconforto de todos) a alguns passos de revelar a verdade – assistiram ao lento desaparecimento de todas as expectativas nascidas do privilégio imperial. "Treinada para o império, para controlar as marés. Tudo se foi, tudo foi levado embora",[49] lamenta Sachs.

A melancolia pós-colonial foi alimentada mais pela hostilidade aos Estados Unidos do que pelo medo dos soviéticos – Haydon e o chefe de Smiley, o irascível Control, estão unidos em sua aversão aos estadunidenses. Quando Control é tirado de sua posição pelo ambicioso (e muito pró-EUA) Percy Alleline, uma sensação de declínio irreversível que paira sobre o romance parece se consolidar. A glória da Inglaterra está no passado; o futuro é estadunidense. No romance e em suas sequências, é claro que a vitória de Smiley é temporária – seu mundo está à beira de desaparecer.

O espião traz à mente arquétipos ingleses antigos e modernos. Quem é esse Smiley perpetuamente traído, voltando para salvar seu reino enfermo, senão um Rei Arthur da Guerra Fria? No entanto, esse Arthur é desenhado ao estilo de Prufrock, de T. S. Eliot, cuja famosa autocaracterização como "um lorde assistente" se aplica de forma muito aguda também ao personagem de le Carré: "Diferente, feliz por ser útil/ Político, cauteloso e meticuloso/ Cheio de frases altas, mas um pouco obtuso/ Às vezes, na verdade, quase ridículo/ Às vezes, quase, o Tolo".[50]

---

[49] Le Carré, John. *O espião que sabia demais*. São Paulo: Record, 2012, p. 102.

[50] Eliot, T. S. "The love song of J. Alfred Prufrock", em *The complete poems and plays of T. S. Eliot*, Londres: Faber & Faber, 1969, p. 16.

Embora em alguns aspectos Smiley seja uma figura patologicamente cega, ele compartilha um pouco da autoconsciência de Prufrock; quando, em uma cena representada tanto na versão da BBC quanto no cinema, o espião relembra seu único encontro com seu arqui-inimigo, o chefe-espião soviético Karla, ele se descreve como um "tolo". Crucialmente, no entanto, ele acrescenta que prefere seu tipo de tolo ao de Karla.

Ao relatar a seu jovem protegido Peter Guillam o encontro com Karla em uma cela de prisão na Índia, ele se censura por ter falado demais naquela ocasião memorável. Karla vence a batalha por nunca falar, por se transformar na tela em branco que Smiley não conseguiu ser naquele momento – o que o fez cair na armadilha de projetar suas próprias ansiedades e preocupações no impassível espião muito mais facilmente. No romance, Smiley finge desdenhar da linguagem psicanalítica de "projeção", mas, de maneira significativa, ele não consegue resistir a usar esses termos para se descrever; apropriadamente, no curso normal das coisas, a arte da espionagem consiste em cultivar um tipo particular de silêncio – não a mera ausência da tagarelice, mas o silêncio autoritário e investigativo de um psicanalista. O rosto não pode revelar nada, mas, ao mesmo tempo, deve inspirar confiança. Aqueles que não querem falar devem ser levados a confidenciar. E não seria isso grande parte do apelo de Smiley para aqueles de nós, de um tempo mais adolescente e compulsivamente loquaz: sua capacidade madura de conquistar respeito e de solicitar silenciosamente nossa necessidade de sua aprovação? Depois de uma exibição do filme para os críticos em Londres, Oldman disse que, ao contrário da versão de Guinness, ninguém gostaria de abraçar seu Smiley. No entanto, a sugestão de que gostaríamos de abraçar o Smiley de Guinness é absurda. Certamente o que procuramos em Smiley é uma palavra, um gesto, um mero indício de aprovação. Mas é um erro ver as seduções avunculares do desempenho de Guinness como se estivessem em oposição à crueldade que

Oldman enfatiza em sua interpretação, pois a caça impiedosa de uma presa depende dessa mesma capacidade em atrair as pessoas.

A interpretação que Oldman faz do vazio de Smiley é muito menos sofisticada do que a de Guinness. O personagem de le Carré é notoriamente corpulento; Oldman é anguloso, rígido e indigesto. Uma máscara simplesmente inexpressiva: proibitiva, impassível e inflexível. Não conseguimos nem nos imaginar confiando nele. É como se Oldman estivesse nos dando uma leitura superficial da geração de seus avós: indiferentes, distantes e reprimidos. Eles engoliam tudo, não sabiam como se divertir. Para Oldman, a contenção de Smiley funciona como uma repressão e uma certa autossatisfação maliciosa – seu silêncio é uma simples falta de demonstrabilidade, ou uma demonstrabilidade meramente invertida.

Ao falar no programa *Today*, da BBC Radio 4, o próprio le Carré identificou o desempenho repressivo de Oldman como um dos destaques desta nova versão. "Você não poderia realmente imaginar Alec [Guinness] tendo uma vida sexual", disse ele. "Você não poderia imaginar um beijo na tela com Alec, não um em que você acreditasse. A interpretação de Oldman tem uma sexualidade masculina que ele reprime, como todos os seus outros sentimentos, nesta história. Vemos um Smiley esperando pacientemente para explodir. Acho que o ar de frustração e de solidão que ele consegue transmitir é algo que realmente me leva de volta ao romance que escrevi há trinta e sete anos". Infelizmente, essa observação sugere menos uma nova maneira de ver Smiley e mais uma rude compreensão produzida, sem dúvida, pela disseminação de uma sabedoria terapêutica que insiste que a verdade de um personagem deve ser encontrada em sua (estritamente definida) sexualidade.

Dizer que Smiley está esperando pacientemente para explodir é uma visão muito curiosa para um personagem definido pela falta de libido. Quando Oldman grita com Haydon "o que é você então, Bill?", no clímax do filme, vemos o abandono de um decoro emocional que está totalmente em desacordo com o personagem, para quem o hábito de transpor uma agressão para um discurso frio e superficialmente educado da classe dominante inglesa aparece como uma segunda natureza. A raiva é apenas uma das emoções que, no romance, o espião sente no momento da exposição de Haydon:

> [Smiley] viu, com dolorosa clareza, um homem ambicioso, nascido para grandes realizações, criado para mandar, para dividir e reinar, cujas visões e vaidades eram, todas elas, firmemente estabelecidas, como acontecia com Percy, no jogo da vida. Um homem para quem a realidade era uma pobre ilha onde mal haveria uma voz capaz de guiar alguém através das águas. Smiley sentiu, portanto, não apenas repugnância. No entanto, apesar de tudo o que aquele momento significava para ele, experimentou uma onda de ressentimento contra as instituições que deveria estar defendendo.[51]

Assim, o tom de triunfalismo com que o filme termina – Smiley gloriosamente restaurado ao seu lugar de honra no MI6 – atinge outra nota falsa.

O Smiley no filme de Alfredson é uma figura muito menos *queer* do que o Smiley do romance ou da série de televisão. O desejo homossexual é generalizado no romance – mais notavelmente no amor traído de Prideaux pelo extravagante e polissexual Haydon – mas não há nenhuma sugestão de que o protagonista compartilhasse dessas paixões. O Smiley do romance e da série é *queer* no sentido mais radical, uma sexualidade "normal" não pode ser atribuída a ele. Sua sexualidade não é fluida e

---

[51] Le Carré, John. *O espião que sabia demais*. São Paulo: Record, 2012, p. 232.

indeterminada como, por exemplo, a de Tom Ripley de Patricia Highsmith. Sua perversidade é a própria renúncia. Na exibição para os críticos, Oldman se referiu com aprovação aos comentários de le Carré sobre a falta de sexualidade de Guinness; mas também caracterizou seu personagem como masoquista (sujeitando-se repetidamente a humilhações adúlteras) e sádico (a forma como persegue sua presa vai muito além do dever profissional). No entanto, a ideia de que Smiley é sadomasoquista contradiz claramente a ideia de que ele é um reprimido. O sadomasoquismo envolve prazer, não repressão. Longe de ser reprimido, fica claro que Smiley é *movido* – movido por algo que não permitirá que ele se encoste em uma aposentadoria feliz mais do que ele poderia se acomodar nos prazeres da vida conjugal, estivessem eles disponíveis.

Desde suas primeiras aparições na ficção de le Carré – nos romances *O morto ao telefone* (1961) e *Um crime entre cavalheiros* (1962) – Smiley está sempre no limite. Na maioria das histórias que o apresentam, ele raramente aparece como um membro oficial do MI6. Ele é chamado para deixar a aposentadoria ou a farsa de estar aposentado; e quando, na sequência de *O espião que sabia demais*, ele não é apenas readmitido na organização, mas promovido a chefe, ele ocupa uma posição de um zelador temporário. Um dos paradoxos no caráter do personagem é que ele parece representar a solidez – e obstinação – atribuídas a um certo modelo de inglesidade, mas ele mesmo é um estranho, um intruso, um *voyeur*. Essa é a vocação do espião, e le Carré insiste nisso repetidamente, mas em nenhuma cena com tamanha paixão como na amarga explosão do agente Alec Leamas no final de *O espião que saiu do frio*, memoravelmente interpretado por Richard Burton na adaptação cinematográfica de 1965.

"O que você acha que são os espiões? Filósofos morais medindo tudo o que fazem contra a palavra de Deus e de Karl

Marx? Eles não são, eles são apenas um bando de bastardos miseráveis e esquálidos como eu", diz Leamas a sua amante, Liz, depois da revelação que eles eram peões em uma trama complexa desenhada por Control e por Smiley. É o agente para além do bem e do mal, aquele que age sem realizar cálculos morais complexos, aquele que não pode pertencer ao mundo "normal", que permite que as pessoas comuns durmam facilmente. No entanto, o dever é apenas o pretexto; há também a questão da profunda atração libidinal desta terra de ninguém para estranhos como Leamas e Smiley. Como os escritores, eles escutam e observam; como os atores, eles atuam em seus papéis.

Mas, para espiões, não há limites para essas funções; não se pode simplesmente sair disso e voltar para o seguro, porque tudo – inclusive a própria vida interior, todas as suas feridas e vergonhas particulares – começa a parecer uma cobertura, uma série de adereços. Há uma passagem reveladora sobre Smiley no final do segundo romance, *Um crime entre cavalheiros*, publicado em 1962. No final do romance – um estranho *thriller* policial – Smiley enfrenta o assassino, mas, como no confronto posterior com Karla, ele acaba falando sobre si mesmo:

> E há entre nós – não é verdade? – alguns que não são nada, que são tão instáveis que nos deixam espantados. São camaleões. Li certa vez a história de um poeta que se banhava em fontes frias a fim de reconhecer a própria existência no contraste... Os indivíduos que são assim não sentem nada dentro de si, nem prazer, nem dor, nem amor, nem ódio... Eles precisam sentir aquela água fria. Sem isso eles não são nada. O mundo os toma por histriões, fantasistas, mentirosos, sibaritas talvez, mas não pelo que eles são: mortos-vivos.[52]

---

[52] Le Carré, John. *Murder of quality*. Londres: Coronet Books, 1994, p. 174.

Há uma clara implicação neste recorte da primeira pessoa ("entre nós") para a terceira pessoa ("indivíduos que são assim"): Smiley, o guerreiro frio, é ele mesmo um dos "mortos-vivos". Em termos psicanalíticos, o protagonista é mais um neurótico obsessivo do que um "sadomasoquista" (Lacan de fato argumenta que a questão colocada pelo obsessivo é "estou vivo ou morto?"). No final de *A vingança de Smiley*, quando Karla é vencido e há a possibilidade de reconquistar Ann, Smiley está muito longe de se sentir exultante. Há pouco sentido no Smiley de Oldman: seu "sadomasoquismo" é muito rude para se aproximar dos mecanismos barrocos de autoengano e autotortura que governam a psique do personagem. No filme de Alfredson outra nota falsa é atingida quando Smiley vê Ann sendo abraçada por Haydon na festa de natal do MI6; ele se joga contra a parede em um espasmo de agonia. Em outros aspectos, a cena adiciona algo que não estava lá na versão da BBC, um senso de camaradagem dentro do departamento, mas é difícil imaginar Smiley se envolvendo em uma exibição tão pública e espontânea da emoção. Mais preocupante, sugerir que ele sentiria dor diretamente quando confrontado com a infidelidade de Ann é trair a própria ideia de que ele é um masoquista. Quando confrontado com Ann no romance e na adaptação para a TV, a reação habitual do espião é a resignação cansada; mas isso oculta uma satisfação secreta que ele experimenta quando Ann desempenha um papel de objeto impossível. Entretanto, a função de intangibilidade em torno deste objeto impossível, onde o masoquista organiza seu prazer, serve para Smiley manter Ann a uma distância segura. Sua satisfação – ou sexualidade – não se organiza em torno de Ann de forma alguma, e quando ela está seguramente inatingível, ela não pode incomodá-lo.

Ao contrário da série de TV, no filme nunca vemos os rostos de Ann ou Karla, o outro Outro de Smiley. Isso sugere com razão que ambas as figuras estão parcialmente ausentes para Smiley, que está imerso em suas fantasias. O que falta é um relato sobre como Smiley preenche essas telas de fantasia e qualquer senso de discrepância entre as figuras fantasiosas que projeta em suas contrapartes na vida real. No filme, ele não consegue se lembrar de como era a aparência de Karla; no romance, ele dá uma descrição detalhada de seu adversário. Definido externamente por sua luta contra o espião, a luta interna do protagonista consiste em suas tentativas necessariamente frustradas de recusar qualquer identificação com seu homólogo soviético. As tentativas em se distanciar do "fanático" Karla, as tentativas de se posicionar fora da própria política, são gestos exemplares de uma ideologia muito inglesa, que apela a uma noção pré ou pós-política de "humanidade comum". Ironicamente, o que Smiley e Karla têm em comum é sua desumanidade, seu exílio de qualquer mundo "normal" de paixões humanas. Quando eles se encontram em Délhi, Smiley fica perplexo, frustrado, mas também fascinado pela rejeição de Karla a um apelo, incapaz de compreender um compromisso com uma ideologia abstrata, especialmente quando – na sua visão – ela falhou por conta própria. "A ironia na ficção de le Carré", escreve Tony Barley, "é que sempre se busca uma base sólida para o compromisso ou lamenta-se sua ausência, e ainda quando o compromisso genuíno aparece (invariavelmente no comunismo) é tratado com o incompreensível. O comunismo se torna fanatismo, não uma força, mas uma fraqueza".[53] Barley argumenta corretamente que Smiley não pode ser lido como uma cifra para a ideologia liberal devido às incoerências e aos impasses de sua própria posição que nunca são resolvidos. Por trás do conteúdo manifesto das súplicas de ambos – junte-se a nós, desista de suas generalidades mortas, aproveite as particularidades do

---

[53] Barley, Tony. *Taking sides: the fiction of John le Carré*. Milton Keynes: Open University Press, 1986, p. 95.

mundo dos vivos – a mensagem latente é que tudo o que a Grã-
-Bretanha tem a oferecer é desilusão e a impossibilidade de acreditar em algo. (Smiley diz a Guillam que a ruína de Karla será o
"fanatismo": na verdade, quando Karla é derrotado em *A vingança de Smiley*, é por causa de seu fracasso em ser suficientemente "fanático".) Muito pouco disso aparece no filme despoli-
tizado de Alfredson, no qual Smiley é simplesmente um herói
injustiçado que finalmente obtém justiça, Haydon é simplesmente um traidor, e o comunismo é simplesmente uma referência a um período exótico. O apelido do MI6, "O Circo", de
fato reconhece abertamente a diversão aberrante disponível
para aqueles que cruzaram para este Mundo Frio[54] da ficção. A
origem multivalente do apelido – além de sugerir a maneira
como os espiões jogam seu jogo mortal em um espírito de ci-
nismo lacônico e mordaz, é também um quase homônimo para
o "serviço" e uma brincadeira com a localização dos escritórios
do MI6 no romance: Cambridge Circus, no centro de Londres
– isso fala muito sobre o mundo no qual Smiley opera. Muito do
poder da versão para a televisão derivou da maneira como ela
nos jogou dentro deste mundo. O Smiley de Alec Guinness en-
carnou um modelo paternalista da BBC: ele nos guiou por seu
mundo, mas esperava muito de nós. Pouco foi explicado – tivemos que pegar a nomenclatura inventada por le Carré (caçadores de escalpo, acendedores de lâmpadas) na hora. A linguagem
invocava o exotismo de uma forma rarefeita de trabalho, ao
mesmo tempo que sugeria a rotinização da espionagem para
seus envolvidos no cotidiano. Tudo contribuiu para a sensação
de que o Circo era um mundo vivido. Um dos maiores problemas do filme de Alfredson, por outro lado, é que seu mundo

---

[54] N. da E.: Fisher usa aqui o termo "*cold world*", que informalmente é
usado para demonstrar situações atuais ou passadas em que as coisas
não estão indo bem como esperado ou moralmente esperado na vida.

não parece de forma alguma vivido. Felizmente, o filme não subjuga o público; como na série de TV, somos obrigados a nos orientar pelas intrigas do Circo. Mas a combinação da inexpressividade de Oldman e a compressão provocada por ter que contar uma história tão complicada em tão pouco tempo, resulta em algo estranhamente pouco envolvente. O filme é quase totalmente desprovido de tensão ou paranoia; na série de TV, a cena em que Guillam rouba um arquivo do Circo é insuportavelmente tensa. No filme, a mesma cena se desenrola de uma forma curiosamente distante. Depois, há a questão do período e o esforço do filme para criar a sensação de uma Londres da década de 1970. Muitas vezes me lembrou a série *Life on Mars*, que evocava a década com uma série de significantes temporais posicionados de forma desajeitada. Tal como acontece com *Life on Mars*, grande parte do filme de Alfredson parece um parque temático dos anos 1970. No lugar de constituir discretamente um plano de fundo da época, produtos de marca (balas Trebor, produtos de limpeza Ajax) são colocados como distrações em primeiro plano, detalhes que somos convidados a observar com aprovação. Mas os detalhes que importam estão faltando nesta nova versão. Eras produzem certas vozes, certos rostos. O que está faltando na versão de Alfredson é algo como o *grão* da década de 1970. Em geral, os atores enfadonhamente parecem metrossexuais hidratados do século XXI em 1970 – um absoluto tédio. Apresentado com fotografias de pessoas da década de 1970, a observação clichê, mas precisa, é que as pessoas pareciam muito mais velhas naquele tempo. Mas os absurdamente jovens Benedict Cumberbatch (que interpreta Guillam) e Tom Hardy (no papel do agente desonesto Ricki Tarr) não são nem um pouco convincentes como agentes secretos dos anos 1970. A pele e o cabelo são muito bons. Os rostos não têm a aparência pálida, angustiada e atormentada que Michael Jayston e Hywel Bennett trouxeram para os papéis na produção da BBC; suas vozes são incapazes de transmitir em qualquer sentido os efeitos amargos e brutais da vida de um espião. John Hurt, no papel de Control, pelo menos tem a pele bronzeada certa e cadências lúdicas cínicas. Os sotaques também são um problema grave no filme. Oldman interpreta Smiley como genericamente elegante, mas ao mesmo tempo ele não soa como alguém que você tenha ouvido antes; em alguns momentos, há uma cadência estranhamente escocesa em seu sotaque. O sotaque de Percy Alleline para Toby Jones, entretanto – interpretado como um escocês, de acordo com o romance – continua indo para o sul. O de Kathy Burke para Connie Sachs é irremediavelmente maltratado: ela parece uma colegial interpretando uma mulher elegante em uma peça da escola. O problema aqui não é apenas o de autenticidade; é que sotaques irregulares mais uma vez minam a sensação de um mundo vivido. Há muito esforço conspícuo nesta simulação dos anos 1970. Durante todo o processo, você praticamente pode ouvir Gary Oldman se esforçando para conter seu sotaque do estuário.[55] Na versão da BBC, o Circo era um lugar nada atraente – corredores funcionais e sombrios que levavam a escritórios apertados. Na versão de Alfredson, o escritório de Control se parece mais com uma casa noturna, diferente de um escritório do MI6 que se possa imaginar. A vontade é de fugir da versão dos anos 1970, mas Alfredson não nos oferece o suficiente para fazer isso. Há muita coisa diferente, mas nada verdadeiramente forte para substituir a versão televisiva na memória. De qualquer modo, a escalação de Colin Firth como Haydon pelo menos nos permite ver o personagem de uma maneira diferente. O rosto de Ian Richardson – que mais

---

[55] N. da E.: o inglês do estuário é um sotaque associado à área ao longo do rio Tamisa e seu estuário, incluindo Londres. O foneticista John C. Wells propôs uma definição de inglês do estuário como o "inglês padrão falado com o sotaque do sudeste da Inglaterra".

tarde interpretaria o maquiavélico aristocrata conservador Francis na série da BBC *House of cards* – forneceu uma imagem eminente cinza do poder britânico nas décadas de 1970 e 1980. Não sei quem foi que disse que Colin Firth parece ser o ponto intermediário entre o primeiro-ministro britânico, David Cameron, e seu vice, Nick Clegg, mas a observação é muito astuta. O rosto do *establishment* britânico não é mais o do ranzinza Richardson; ele tem a juventude amarrotada e casual de Firth. Um dos maiores problemas do filme é que ele assume os valores dominantes do mundo neoliberal governado pela juventude e pelo consumismo (não é para isso que servem os códigos "estadunidenses" nos romances sobre Smiley?). Richard Sennett argumentou que o curto prazo crônico da cultura neoliberal resultou em uma "corrosão de caráter":[56] uma destruição da permanência, lealdade e a capacidade de fazer planos. O fascínio de Smiley não está ligado às possibilidades do próprio personagem? Na década de 1970, o espião mostrou todas as inadequações, compromissos esquálidos e brutalidades subterrâneas da social-democracia. Essas dúvidas e falhas nos levaram a imaginar um mundo melhor, mesmo enquanto lutávamos para resistir à inexpressiva e perversamente reconfortante familiaridade do personagem; agora, que aquele mundo melhor parece mais distante de nós, fazemos todo o esforço para resistir à atração nostálgica pelo mundo social-democrata do qual Smiley representava tanto a consciência quanto os segredos sujos.

---

[56] Sennett, Richard. *The corrosion of character: the personal consequences of work in the new capitalism*. Nova York: WW Norton, 1999.

O PASSADO É UM PLANETA ALIENÍGENA: O PRIMEIRO E ÚLTIMO EPISÓDIO DE *LIFE ON MARS*

Blogue k-punk, 10 de janeiro de 2007

A série de televisão *Life on Mars* [Vida em Marte] é suficientemente sintomática para ser interessante. Sintomática de quê? Bem, de uma cultura que perdeu a confiança não apenas de que o futuro será bom, mas de que qualquer futuro é possível. Ela também sugere que um dos principais recursos da cultura britânica recente – o passado – está se esgotando.

No enredo da história, Sam Tyler (John Simm), um detetive de 2006, é atropelado por um carro e acorda no ano de 1973. O jogo que o espectador se vê obrigado a jogar enquanto assiste é: quão convincente é essa simulação de 1973? Estamos sempre buscando algum anacronismo do período. A resposta é que ele não é muito convincente. Mas não por causa dos anacronismos. O problema é que este é um 1973 que não parece vivido. A decadência pós-psicodélica e o bloco quase-oriental dos anos 1970 é irrecuperável; papéis de parede cafonas e calças boca de sino são instantaneamente transformados em referências estéticas no instante em que a câmera cai sobre eles.

(Deve haver algum motivo técnico – talvez seja o banco de filmes que eles usam – que explica por que a TV britânica não é mais capaz de reproduzir com sentido qualquer mundo vivido. Não importa o que, tudo sempre parece ser espesso, habilmente pintado com brilho, como um vídeo corporativo. Na verdade, esse continua sendo meu problema com o novo *Dr. Who*: as cenas contemporâneas parecem um parque temático, um cenário muito teatral, muito bem iluminado.)

Filmes de informação pública na TV em preto e branco, palestrantes da Open University com bigodes absurdos e golas volumosas, as barras de cor... Tudo é tão icônico, e o que acontece com os ícones, afinal, é que eles não evocam nada. O ícone é o oposto de Madeleine, nome dado por Chris Marker – combinando Hitchcock e Proust – para aqueles gatilhos totêmicos que de repente nos sequestram para o passado. A questão é que Madeleine só consegue gerir essa função de tempo bloqueado porque evitou a museificação e a memorização, ficou de fora das fotografias, foi esquecida em um canto. Ouvir T-Rex agora não nos faz lembrar de 1973, mas sim da versão de um programa nostálgico sobre essa época.

Não faz parte do nosso problema que todo objeto cultural de 1963 em diante tenha sido tão meticulosamente gasto, quase que de forma forense, que nada mais pode nos transportar de volta? (É um problema de memória digital: Baudrillard observa em algum lugar que os computadores realmente não se lembram porque não têm a capacidade de esquecer).

Blogue k-punk, 13 de abril de 2007

No final, os elementos de ficção científica em *Life on Mars* consistiam apenas em uma hesitação ontológica: isso é real ou não? Como tal, a série caiu diretamente na definição de fantástico de Todorov como aquele que hesita entre o estranho (o que pode, em última análise, ser explicado de forma naturalíssima) e o maravilhoso (o que só pode ser explicado em termos sobrenaturais). A difícil situação que *Life on Mars* explorou foi: estaria Sam Tyler em coma, e todo o mundo dos anos 1970 em que ele está perdido seria algum tipo de fabulação inconsciente? Ou ele, de um modo ainda não compreendido, foi transportado de volta ao verdadeiro 1973? A série manteve o equívoco até o final (o último episódio foi ambivalente a ponto de ser enigmático).

[John Ronald] Simm ironicamente observou que o conceito principal da série isenta a produção de qualquer responsabilidade. Se Tyler estava em coma, então todas as imprecisões históricas de *Life on Mars* poderiam ser explicadas como lacunas do período nas lembranças do personagem. Sem dúvida, o prazer da série derivou de sua lembrança imperfeita, não do 1973 real, mas da televisão dos anos 1970. O programa era uma nostalgia contida, um programa policial disfarçado de "I love 1973"[57]. Digo programa policial porque é claro que os elementos de ficção científica da série eram um pouco mais que pretextos; *Life on Mars* foi um show metapolicial e não uma metaficção científica. A presunção da viagem no tempo permitia mostrar representações que de outra forma seriam inaceitáveis e, sob o enquadramento da questão ontológica (é real ou não?), havia uma questão sobre o desejo e a política: queremos que isso seja real?

Como um avatar do presente, Sam Tyler se tornou a má consciência dos programas policiais dos anos 1970, cujo descontentamento com o passado nos permitiu desfrutá-los novamente. Simm, como o esclarecido e moderno "policial bom", era menos a antítese do "policial mau" antediluviano Gene Hunt do que a recusa pós-moderna que possibilitou nosso gozo com a violência invectiva de Hunt. Interpretado por Philip Glenister, o personagem se tornou a verdadeira estrela do progra-

---

[57] N. da E.: "I love 1973" é um episódio da minissérie de televisão produzida pela BBC *I Love the '70s*, que examina a cultura pop dos anos 1970. Foi transmitido em diversos episódios, um dedicado a cada ano, sendo o primeiro "I Love 1970", estreando na BBC2 em julho de 2000, e o último, "I Love 1979", estreando em setembro de 2000. Nas transmissões originais, cada episódio foi seguido pela apresentação de um filme daquele ano específico.

ma, adorado pelos tabloides que adoravam citar suas torrentes de abuso, construídas cuidadosamente pelos roteiristas para que pudessem soar como cômicas em vez de inflamatórias. O "policiamento sutil" de Hunt foi apresentado com a "coragem" suficiente para nos fazer tremer, mas nunca com tanta violência que pudesse invocar repulsa. (Nesse aspecto, o programa era o equivalente cultural de um golpe em um suspeito que não apareceria no exame de corpo de delito.)

Sem dúvidas, embora talvez não intencionalmente, a mensagem final do programa foi reacionária: em vez de Tyler educar Hunt, ele se acomodou com seus métodos. Quando Tyler se depara com a escolha entre trair Hunt ou permanecer leal (neste ponto da narrativa, parece que a traição de Tyler a Hunt é o preço necessário que ele deve pagar para voltar a 2007), sua decisão também se torna uma escolha entre 1973 e os dias de hoje, uma decisão que dizia respeito não ao comprimento da gola das camisas ou outras referências culturais, mas às formas de policiamento. A simpatia do público é administrada de tal forma que, por mais que desaprovemos Hunt, nunca perdemos a fé nele, de modo que trair Tyler parecia muito pior do que qualquer uma de suas contravenções. O (aparente) retorno de Tyler a 2007 ressalta isso ao apresentar o ambiente moderno como estéril, terrivelmente digno, em última análise, muito menos real do que a justiça áspera da era de Hunt. A sabedoria moderna ("como você pode manter a lei infringindo a lei?") é contraposta à identificação heroica do renegado Hunt com a lei ("eu sou a lei, então como posso infringi-la?"). Seu profundo apelo libidinal deriva de sua dualidade impossível, de um lado, como defensor da lei e de outro, como aquele que desfruta do gozo ilimitado. As duas faces do Pai, o severo legislador e *père jouissance*, resolvidas: a figura perfeita do anseio reacionário, uma carismática encarnação de tudo que supostamente nos foi proibido pelo "politicamente correto".

"PODE O MUNDO SER TÃO TRISTE QUANTO PARECE?": AS ADAPTAÇÕES DA OBRA DE DAVID PEACE

A tetralogia de David Peace, *Red Riding*, foi um ato de exorcismo e de escavação do passado próximo, uma resposta sangrenta à nostalgia dos clipes de *I love the 1970's*. A narrativa percorre as ruas da West Yorkshire onde o autor cresceu, transformando eventos reais – o enquadramento e a intimidação a Stefan Kisco; a incompetente operação policial para pegar o Estripador de Yorkshire – em um pano de fundo para uma ficção implacável e brutal que possui um lirismo apocalíptico.

David Peace sempre foi prejudicado por comparações com James Ellroy. Não há dúvidas de que conhecer Ellroy libertou algo no autor, mas no final ele é o melhor escritor. Peace chamou a experiência de ler *Jazz branco* (1992) de seu "momento Sex Pistols". Ele se baseia nas conquistas de Ellroy da mesma forma como as bandas pós-*punk* ocuparam o espaço que os Pistols haviam deixado aberto. Ele extrapola a polpa da poética modernista e dos experimentos com compressão telegráfica, mas enquanto a prosa pugilista de Ellroy tem um impulso anfetamínico, a escrita de Peace é hipnótica e onírica; suas repetições encantatórias alongam e velam o enredo em vez de precipitar por uma resolução. Apesar de apresentar mundos aparentemente semelhantes – nos quais a polícia é rotineiramente corrupta, os jornalistas são cooptados e os ricos são exploradores vampíricos – suas orientações políticas são muito diferentes. Ellroy é um conservador hobbesiano, que evidencia um pragmatismo machista que aceita a violência, a exploração e a traição como inevitáveis. Os mesmos fenômenos são opressivamente onipresentes no mundo de Peace, mas não há senso de aceitação: em vez disso, seus romances parecem uivos de agonia e pedidos de retaliação, divinos ou não.

Peace, que disse que pretendia produzir uma ficção policial que não fosse mais só entretenimento, escreveu *thrillers* policiais que são assombrológicos em um triplo sentido. O gênero policial é, naturalmente, adequado para explorar os problemas (mais existenciais, teológicos) colocados pelo que Quentin Meillassoux chamou de "mortes odiosas": as mortes "daqueles que encontram seu fim prematuramente, cuja morte não é a conclusão adequada de uma vida, mas uma restrição violenta"; e à medida que elas se afastaram da combinação incômoda de adornos fantasiosos do gênero, significantes de um período, e da homenagem ao Angry Young Men[58] que caracterizou o romance 1974, a tetralogia *Red Riding* foi atraída simultaneamente para a realidade e a teologia, como se a proximidade daquela envolvesse a outra. Os leitores são colocados na posição de enlutados espectrais pelas vozes daqueles que morreram odiosamente, vítimas do Estripador, ouvidas nas "Transmissões" visionárias que precedem cada um dos capítulos no romance *1980*, seções que combinam o real (compilados de reportagens e biografias) com o espectral.

Os romances são assombrológicos em outro sentido, um sentido muito próximo da maneira como o usamos em relação à música, mas não exatamente o mesmo. Peace não está nada

---

[58] N. da E.: o Angry Young Men era uma nova geração de intelectuais, dramaturgos e romancistas majoritariamente provenientes da classe trabalhadora e da classe média baixa. Surgidos na década de 1950, expressavam desprezo e descontentamento com a ordem sociopolítica estabelecida em seu país. Sua impaciência e ressentimento eram especialmente despertados pelo que consideravam hipocrisia e mediocridade das classes alta e média.

interessado nos problemas de memória danificada que preocupam o The Caretaker, Burial ou Basinski. Seu passado é um passado sem estalos, reproduzido na primeira pessoa e em um tempo quase presente. As oclusões na narrativa são devidas não a dispositivos de gravação defeituosos ou distúrbios de memória (culturais ou pessoais), mas à autocegueira de seus personagens, que veem a si mesmos (e os eventos dos quais fazem parte) apenas por meio de um vidro obscuro. No final, tudo – narrativa, inteligibilidade – sucumbe à absoluta escuridão; conforme os personagens começam a se desassociar, torna-se difícil saber o que está acontecendo ou o que aconteceu; em um certo ponto, não está claro se adentramos a terra dos mortos.

Hunter, o detetive sênior de Manchester designado para investigar a força policial de West Yorkshire no romance 1980, se vê preso em um mundo *em que as coisas não combinam; elas não se encaixam*. É um terreno gnóstico. Os gnósticos pensavam que o mundo era feito de uma matéria corrupta caracterizada por um peso considerável e uma opacidade impenetrável: um lodo escuro e lamacento no qual anjos caídos – uma das imagens mais persistentes nos livros – estão presos. Não há dúvidas de que Hunter ou o advogado John Piggott do romance *1983* – ou mesmo Peace – seriam capazes de iluminar completamente o que aconteceu. Este é um mundo em que, como diz Tony Grisoni, o roteirista que adaptou os romances para o Canal 4, "as narrativas desaparecem no escuro".

A orientação libidinal em relação ao passado também é marcadamente diferente no caso de Peace e da assombrologia sônica: enquanto a música assombrológica enfatizou potenciais inexplorados prematuramente reduzidos em seus períodos invocados, os romances de Peace são impulsionados pelo sofrimento não-espiado da Yorkshire do final dos anos 1970. E a escrita do autor também é assombrológica em sua intuição de que lugares particulares são manchados por ocorrências particulares (e vice-versa). Como ele insistiu em muitas entrevistas, não foi por acaso que [Peter] Sutcliffe foi o Estripador de Yorkshire. Os livros de Peace são declaradamente antinostálgicos, anti-*Life on Mars*, com sua ambivalência em relação à brutalidade policial (e sua representação midiática). Não existe tal justificativa em seus romances, nenhum anseio reprimido por um tempo em que os policiais poderiam espancar suspeitos com impunidade. Afinal, é a corrupção, e não a criminalidade em si, que é o foco da tetralogia *Red Riding*.

A música nos romances de Peace funciona como um gatilho assombrológico. Ele pontuou que usa a música, inclusive as que não gosta, para retornar à sensação, ao cerne de um período específico. As referências musicais são incorporadas no texto diegeticamente, como som de fundo, ou mais esotericamente, como cifras criptoepigráficas e encantamentos repetidos: um efeito portal que ecoa gratificantemente (ao contrário) a musicalidade dos anos 1970, especialmente o pós-*punk*, conduzindo os ouvintes pela ficção. O romance *1980* é assombrado, em particular, pela banda Throbbing Gristle, em especial a frase que eles pegaram de outro assassino, Charles Manson: "pode ser o mundo tão triste quanto parece?". Nas mãos de Peace, essa questão se torna uma urgente investigação teológica, da própria implacabilidade da tristeza e da miséria que ele narra ao invocar um Deus ausente, que é experimentado como ausência, uma grande luz eclipsada pelas lágrimas intermináveis do mundo. O mundo, triste e desolado, está cheio de anjos cujas asas foram arrancadas, reduzidas a restos ou que se transformaram em monstros imensos e imundos... Espíritos alcoólatras, casuais mas luxuriosos, o lixo da sociedade de consumo que luta para nascer dos destroços do consenso social-democrata... Anjos incapazes de alçar voo, cuja resposta final para o mundo é vomitar (todos vomitam nos romances) doses de uísque e panquecas crocantes mal cozidas.

Os elementos religiosos nos livros caminham cada vez mais para o primeiro plano à medida que a tetralogia se desenvolve, até que o final profundamente ambíguo e alucinatório de 1983 se torna um tratado quase gnóstico sobre o mal e o sofrimento. A seção final do romance, "Total eclipse of the heart" (uma das técnicas de Peace é a transfiguração da referência pop em epígrafe), postula explicitamente a ideia de que, longe de minar a existência de um Deus, o mal e o sofrimento sugerem que Deus deve existir. Um eclipse implica algo que está encoberto, uma fonte oculta de luz que produz toda essa sombra. Na filosofia das religiões, o problema do mal sustenta que o sofrimento, particularmente o sofrimento infligido aos inocentes, significa que o Deus teísta não poderia existir, uma vez que um ser benevolente, onipotente e onisciente não toleraria o sofrimento imerecido. Com seu infeliz inventário de casos de abuso infantil, Ivan Karamazov de Dostoievski fez a mais famosa e apaixonada declaração sobre essa posição. Se não há um Deus, o sofrimento permanece, só que não existe possibilidade de expiação; se não há uma justiça porvir, o universo está permanentemente arruinado, irrevogavelmente marcado por desumanidade, abuso e tortura.

A tetralogia inspirou o Canal 4 a produzir o tipo de drama para a televisão que alguns de nós há muito já não acreditávamos que pudesse ser feito novamente na Grã-Bretanha. Os três filmes, que foram ao ar em 2009, foram os dramas britânicos mais marcantes da primeira década do século XXI, elevando-se acima de todos os épicos fantásticos, procedimentos policiais rotineiros e pornografia emocional que entupiam as programações. Além disso, no uso do cenário e das locações, no poder epifânico de suas imagens, os filmes *Red Riding* alcançaram uma poesia visual e um naturalismo expressionista que ultrapassou praticamente tudo o que o cinema britânico conquistou nos últimos trinta anos.

Como observa Nick James em sua resenha dos filmes para a revista *Sight & Sound*, nada na carreira anterior dos três diretores – Julian Jarrold para *1974*, James Marsh para *1980* e Anand Tucker para *1983* – deu qualquer indicação de que eles poderiam produzir trabalhos desta qualidade. Em muitos aspectos, é como se o autor desses filmes fosse o próprio Peace, e os três diretores foram bem-sucedidos porque se permitiram ser canais de sua visão infernal. Era inevitável que ocorresse alguma compressão na transição da página para a tela; na verdade, um romance inteiro da sequência, *1977*, nunca foi filmado, mas Tony Grisoni merece um crédito imenso pela maneira como ele costurou os três filmes em uma coerência sinfônica que, no entanto, recusou um fim e uma compreensão fáceis.

O equivalente de Peace ao anti-herói de Ellroy, Dudley Smith, um detetive corrupto que justifica seu próprio uso de drogas e operações duvidáveis como "contenção", é Maurice Jobson, o policial pálido que aparece em todos os três filmes. Onde Smith (interpretado com maestria por James Cromwell na melhor adaptação de Ellroy até hoje, *Los Angeles: cidade proibida* [1997]) é charmoso, carismático e extravagantemente loquaz, Jobson (interpretado por David Morrissey nas adaptações do Canal 4) é taciturno, abstrato, imóvel, inexpressivo, em um estado de semifuga de dissociação das atrocidades de que participa. Morrissey é uma das muitas excelentes atuações nos filmes: todas elas obras-primas medindo um poder controlado, uma representação adequada para a televisão/cinema, longe da estrondosa tradição teatral britânica que frequentemente acontece. Rebecca Hall parece afetada e perigosa como Paula Garland, Maxine Peake é angular mas vulnerável como Helen Marshall. Sean Harris consegue tornar Robert Craven plausivelmente repulsivo sem tropeçar no *grand guignol grotesquerie*, e Paddy Considine traz uma resolução implacável para o papel de Peter Hunter, um dos poucos portadores de luz para o Norte em *Red*

Riding, um mundo ao contrário no qual o mal desfruta de uma licença carnavalesca e a polícia e os poderosos são livres para "fazer o que quiserem".

A adaptação cinematográfica para outro romance extraordinário de Peace, *Maldito futebol clube*, correspondeu às expectativas quase na mesma medida em que os filmes do Canal 4 as superaram. A equipe encarregada de adaptar o romance parecia pouco promissora. Antes do filme, o diretor Tom Hooper (contratado depois que Stephen Frears deixou o projeto) tinha um histórico de televisão bastante ordinário (mais tarde ele faria *O discurso do rei*), enquanto o roteirista Peter Morgan e o ator principal Michael Sheen – ovacionado por seus papéis em *A rainha* e *Frost/Nixon* – não tinha nenhum ajuste óbvio com o modernismo fragmentado e abrasivo do autor. No final, Hooper e Morgan não adaptaram David Peace; eles o elipsaram. O filme de Hooper nos leva de volta à narrativa do objeto encontrado – a amarga passagem de 44 dias de Brian Clough como presidente do clube de futebol Leeds United, em 1974 – que Peace usou como matéria-prima para sua "ficção baseada em um fato". O que falta é tudo o que o autor trouxe aos fatos: a parcela do real que sempre escapará do realismo (burguês); e o poder modelador de uma mitografia gnóstica, na qual a entidade mais maligna é a própria terra amaldiçoada de Yorkshire.

Pode ser cansativo criticar uma adaptação para o cinema simplesmente pelas diferenças entre o roteiro e o romance original. Nesse caso, no entanto, uma comparação próxima das duas versões de *Maldito futebol clube* é instrutiva, por duas razões. Primeiro, porque ao apagar a assinatura de Peace, o filme na verdade *concorre* como uma outra interpretação da história de Clough no Leeds; e, em segundo lugar porque o modernismo *pulp* de Peace oferece à cultura britânica precisamente uma fuga do tipo de realismo bem-humorado, equilibrado e intermediário que Hooper e Morgan conseguem comercializar.

Na exibição para a imprensa, Morgan disse que ler o livro lhe trouxe uma onda de nostalgia "como comer Farley's Rusks". No entanto, certamente até o mais ingênuo dos leitores de Peace poderia ver que seus romances não têm gosto de papinha, mas de bile, uísque e refluxo estomacal. Nas mãos de Hooper e Morgan, a história de Clough é reduzida a todos os dados, todas as narrativas prontas e pinos temáticos: ele era um "gênio incompreendido", lutando contra uma instituição representada por patriarcas provincianos inchados como o prefeito do Condado de Derby, Sam Longson (bem interpretado por Jim Broadbent); ele era autodestrutivo e precisava de seu parceiro Peter Taylor (Timothy Spall) para conter seus excessos; ele travou uma luta edipiana contra o homem que o substituiu no Leeds, Don Revie. Isso é mais contado do que mostrado e, por toda parte, o público é tratado como se fosse estúpido: o diálogo é frequentemente usado para uma exposição desajeitada do enredo ou para ser um telégrafo de temas grosseiros. Hooper e Morgan não falham apenas em evocar o terreno existencial de Peace, sua visão de uma Yorkshire arruinada, mas também ao transmitir pouco de seu senso intenso de territorialidade. No romance, o terreno de Elland Road em Leeds é o local de uma luta pelo espaço em que Clough enfrenta o espectro de Don Revie e a agressão animal dos jogadores que ele deixou para trás. (Uma imagem impressionante no romance – Clough cortando e queimando a mesa de Revie em uma tentativa de exorcizar o fantasma do pai ausente – que inexplicavelmente nunca apareceu na tela.) O filme também perde o ritmo purgatório do esporte que Peace jogou tão agudamente. Como todo fã de esportes – não importa o técnico – ele sabe que o gozo do esporte é essencialmente masoquista. "*Maldito futebol clube* mostra qual foi a tragédia de Clough", disse Chris Petit em sua resenha do romance, "no fundo, ele sabia que vencer era apenas uma perda adiada". O medo intenso que dá cor a tudo no romance de Peace é dissolvido em um tom frequentemente *alegre*.

Depois, há Michael Sheen. O problema com a abordagem agora bem estabelecida de Sheen para personagens históricos é que ela priva o mundo do filme de qualquer realidade autônoma – tudo é indexado a uma realidade externa ao filme, julgado apenas por quão bem nossa imagem já existente do personagem é correspondida, seja Clough, Kenneth Williams, Blair ou Frost. (E há lacunas bizarras entre os personagens – em um ponto, parecia que o Clough exagerado de Sheen havia se transformado em Keneth Williams). Certamente aqui Peace tem uma vantagem sobre os cineastas: a ficção escrita pode ir além da representação cinematográfica de figuras históricas recentes muito mais rapidamente, mas um ator com mais coragem e presença do que Sheen poderia ter ido além das aparências físicas para alcançar uma verdade em Clough que não fosse acessível por meio da tela da TV. Em vez disso, ele oferece seus usuais maneirismos e tiques verbais, competente o suficiente até onde consegue, mas desprovido de qualquer parte da alma interior torturada que o autor deu ao personagem. Mesmo se a atuação fosse uniformemente excelente, teria sido necessário muito mais do que Hooper consegue fornecer para convocar o pavor e a miséria do mundo de Peace; a fotografia indiferente e a trilha sonora frequentemente assustadora fazem a versão de *Maldito futebol clube* do diretor parecer mais uma dramatização de eventos reais do que uma adaptação do romance de David Peace.

AGORA, EM SEGUIDA: JIMMY SAVILE E "O JULGAMENTO DOS ANOS 1970"

Julho de 2013

A reviravolta dos eventos aparentava ser algum tipo de assassinato ritual. A morte não de um corpo – o corpo já estava morto – mas de um nome. Foi como se algum acordo tivesse sido feito – você vai viver sua vida com sua reputação intacta (ou tão intacta quanto possível), mas um ano após sua morte, tudo será destruído. Nada, absolutamente nada, sobreviverá. Sua lápide será desmontada. A cobertura em que você morava será demolida.

Em setembro de 2012 tudo começou a ser revelado. Como um acúmulo efluente que não podia mais ser contido, que primeiro vazou e depois explodiu. Jimmy Savile, o grotesco favorito da Grã-Bretanha, ex-DJ e apresentador de programas infantis, foi exposto como um abusador sexual em série e pedófilo. E um dos aspectos mais perturbadores do caso é que não podemos dizer que foi uma surpresa. Todos sabiam... Todos nós lemos o texto que pretende ser a transcrição de uma cena não transmitida no programa humorístico *Have I got news for you* [Eu tenho uma notícia para você], da BBC, no qual Savile é abertamente acusado de ser um abusador sexual de crianças, e escuta tudo com uma cara de culpado (parece agora que a transcrição era falsa, mas era uma simulação surpreendentemente convincente... O ritmo da interação entre os jurados do programa... A forma como a disputa verbal se transforma em agressão... O nome da suposta vítima, Sarah Cornley, dava um toque de autenticidade – uma marca realista, talvez, que não poderia ser reconhecida senão na ficção...).

Sim, de certa forma, tudo estava exposto – todos nós sabíamos ou sentíamos que sabíamos –, mas o que importava era que os abusos nunca foram expostos em vida. Embora a história permanecesse não oficial, Savile não apenas ficou impune, como também pode continuar a se comportar como um artista famoso, um cavaleiro do reino, um fiel arrecadador de fundos para a caridade. Sem dúvida, o apresentador teve um prazer sociopático ao ser capaz de se safar à vista de todos. Em sua autobiografia de 1974, *As it happens* [Como acontece], ele se gabou de ter feito sexo com um delinquente menor de idade. A polícia não ousaria tocá-lo, zombou. Nem, ao que parecia, a imprensa. Ocasionalmente, um jornalista ou outro tentava quebrar suas defesas. Louis Theroux deixou sua marca ao sondar Savile sobre as alegações de pedofilia no documentário da BBC de 2000, mas não havia dúvidas de que o velho não desmoronaria.

No final de 2012, os anos 1970 estavam voltando com tudo, não mais como uma viagem nostálgica agridoce, mas como um trauma. A frase *parece algo saído de um romance de David Peace* se tornou comum nos últimos anos. Estranhamente, para a ficção histórica, o trabalho de Peace realmente ganhou um poder profético desde sua publicação. O autor não estava prevendo o futuro – como ele poderia estar, quando estava escrevendo sobre os anos 1970 e 1980? – mas havia se fixado naquelas partes do passado que estavam prestes a ressurgir. O caso Fritzl[59] ecoou o covil subterrâneo em que as crianças são mantidas reféns nos romances. E tudo o que veio à tona sobre as conspirações entre a elite do poder inglês – todas as trevas emaranhadas de Murdoch e Hillsborough – parecia nos lançar de volta aos labirintos corruptos e encobertos de Peace. Mur-

---

[59] N. da E.: o caso Fritzl foi divulgado em 2008, quando Elisabeth Fritzl disse à polícia na cidade de Amstetten, Áustria, que havia sido mantida em cativeiro por vinte e quatro anos por seu pai, Josef Fritzl.

doch, Hillsborough, Savile... Puxe um fio, e tudo começa a se desenrolar, e, para onde quer que você olhe, há o mesmo trio sombrio – polícia, políticos, imprensa... Guardando as costas uns dos outros (por medo também de serem apunhalados nas suas próprias)... Mantendo segredos e provas uns dos outros, o melhor tipo de seguro político, o melhor modelo de solidariedade da classe dominante...

Após sua morte, Savile começou a se parecer cada vez mais com uma das invenções de Peace. Fomos atraídos por um certo tipo de ficção porque a realidade consensual, o mundo do senso comum em que gostamos de pensar que vivemos, não era adequado para uma figura como ele. Ao mesmo tempo, ficou claro que os elementos da escrita de Peace que antes pareciam melodramaticamente excessivos foram aqueles que acabaram rimando com as novas revelações. É como se o excesso melodramático estivesse embutido no próprio real, e a pura implausibilidade da corrupção e do abuso em si formasse uma espécie de manto para o agressor: *isso realmente não pode estar acontecendo?*

O bairro de Savile ficava bem no coração do território de Peace... Em Leeds... Onde o empresário-DJ começou a construir seu império, e onde, sabendo que o abuso é encoberto mais facilmente quando vem disfarçado de cuidado, ele se voluntariou como maqueiro em um hospital... *Uma colher de açúcar ajuda o remédio a descer...* Incrivelmente, por um tempo Savile foi um suspeito na investigação do Estripador de Yorkshire – testemunhas o haviam nomeado, e o corpo de uma das vítimas do Estripador, Irene Richardson, foi encontrado muito perto de seu apartamento. Depois, houve a fotografia infame de Savile, Peter Sutcliffe e Frank Bruno em Broadmoor em 1991 – Savile, fumando seu característico charuto, mediando um encontro entre um *serial killer* e um famoso e problemático ex-lutador de boxe. O sorridente Sutcliffe parecia estar usando algo do guarda-roupa de Savile. A insanidade de uma sociedade e de um tempo – todas as cumplicidades ocultas entre celebridades, psicose e criminalidade – estavam expostas de forma gritante. Inversão ritual: luz (entretenimento) se transformando no terror mais sombrio. No final de 2012, a imagem de Savile estava tão irremediavelmente manchada que seu velho amigo Peter Sutcliffe sentiu a necessidade de falar em seu nome.

Savile foi o tipo de figura que passou a dominar a cultura popular sem inspirar muito afeto. Não dá para dizer que ele já foi amado pelo público. Alguém desenterrou os relatórios de pesquisa de audiência da BBC sobre as primeiras aparições de Savile no *Top of the pops* para a revista *London Review of Books*: "10 de dezembro de 1964, Jimmy Savile, que apresentou o programa nessa ocasião, despertou antipatia em um número considerável do público dessa pesquisa. Muitos indicaram aversão a esse artista, observando que qualquer coisa que tivessem a dizer sobre ele seria 'totalmente impublicável', enquanto os comentários daqueles que expressavam livremente seus sentimentos eram generosamente temperados com termos como 'esse maluco'; 'essa coisa desagradável'; e 'este espetáculo revoltante'". Você não precisa ser amado, ou mesmo querido, para ser uma *figura popular*. Savile não tinha o apelo de um vilão nacional "que amamos odiar" como Simon Cowell. Seu bilhete para a fama era seu próprio ser grotesco (e esse grotesco transpareceu uma das coisas mais enervantes sobre as revelações de abuso sexual: ser forçado a pensar em Savile como uma figura *provida* de sexualidade). Como Andrew O'Hagan argumentou em seu artigo para a *London Review of Books*, o que importava no novo mundo do entretenimento leve para a televisão não era a simpatia ou o talento, mas uma certa aura maior do que a vida – chame-a de excentricidade ou desordem – que Savile facilmente possuía de nascença. Mesmo aqueles que achavam Savile assustador poderiam aceitar que ele "pertencia" à televisão. Afinal, onde mais ele poderia estar? O problema era que, depois dos anos 1960, se você pertencia à televisão, não havia lugar que não estivesse aberto para você. Agora sabemos que Savile recebeu as chaves do hospital Broadmoor para criminosos insanos, para que ele pudesse vagar pela instituição – apenas um exemplo das liberdades e do poder conferido a ele simplesmente por ser uma celebridade. Ouvimos dizer que Savile molestou pacientes paraplégicos em seus leitos de hospital, e me lembro da peça de Dennis Potter de 1976, *Enxofre e melaço*, na qual o personagem principal, o untuoso Martin, estupra uma jovem com graves danos cerebrais enquanto finge cuidar dela. A BBC retirou a peça do ar pouco antes de sua transmissão – presumivelmente na mesma época em que Savile aparecia na TV infantil aos sábados à noite enquanto estuprava pacientes indefesos privadamente.

À medida que a reputação de Savile afundava, levava outros junto com ela. A investigação policial provocada pelo escândalo, a Operação Yewtree, foi atrás de uma série de celebridades com outros por vir. Alguém, não me lembro quem, disse que é como se os anos 1970 tivessem ido a julgamento. Sim, mas é uma vertente muito particular que está sob investigação – não o *rock and roll* oficialmente debochado da época, não o Zeppelin ou o Sabbath, mas o entretenimento familiar.

Conforme as histórias iam sendo reveladas, Savile parecia cada vez mais inacreditável. Tomados em conjunto, mesmo os fatos que já eram conhecidos antes de sua morte pareciam irreais. Será mesmo verdade, por exemplo, que Savile tenha participado de negociações entre os governos israelenses e egípcios na década de 1970? Que ele mediou conversas entre o príncipe Charles e a princesa Diana quando o casamento deles começou a se esfacelar? (E quão louco, quão desesperado, você teria que ser para seguir conselhos matrimoniais de Jimmy Savile?) Que ele passou natais e natais com Margareth Thatcher? (Thatcher havia tentado enobrecer Savile quatro vezes, o que foi recusado repetidamente por seus conselheiros e só teve sucesso no final de seu período como primeira-ministra, quando ela o tornou cavaleiro.)

Rupert Murdoch e o jornal *Daily Mail* não perderam tempo em defender a ideia de que o abuso era uma patologia institucional – foi a BBC e, de forma mais ampla, a cultura midiática paternalista dos anos 1960 e 1970, que incubou os abusos de Savile. A BBC, agora em um estado de confusão permanente sobre seu papel no mundo neoliberal, entrou em um colapso neurótico e narcisista. Seu julgamento foi lançado; a emissora falhou em não transmitir uma reportagem sobre o abuso do apresentador, e a crise ia forçá-la a se mover muito apressadamente quando, alguns meses depois, um membro conservador da Câmara dos Lordes foi indevidamente nomeado em outro escândalo de abuso. Murdoch e o *Mail* evidenciaram como as revelações sobre Savile demonstraram a importância da liberdade de imprensa – mas a questão foi: onde estavam os bravos hackers? Por que eles não expuseram Savile quando ele estava vivo?

Quando as perguntas sobre como ele escapou impune começaram a ser feitas, já sabíamos da resposta. Ele tinha contatos no topo. O topo. E teve o cuidado de fazer amizade com aqueles que detinham poder e autoridade em níveis inferiores também. Os policiais compareciam regularmente às reuniões do notório Friday Morning Club em sua casa em Leeds.

A ascensão de Savile à sua posição improvável de poder e influência exigiu muito trabalho duro. Uma coisa da qual você nunca poderia acusá-lo era de negligência. Um *post* de um pesquisador forense no blogue *Sump Pump* detalha como ele estava infernalmente ocupado nos primeiros anos de sua carreira:

> O [Salão] Plaza era apenas um dos muitos salões de dança e clubes que Savile supervisionava, administrava, dirigia, operava algum controle obscuro sobre ou tinha algum tipo de participação não declarada, não apenas em Manchester, mas também do outro lado

do rio – em Bradford, Wakefield, Halifax, na costa em Scarborough e Whitby, e especialmente em Leeds. Em sua cidade natal, os clubes que ele comandou incluíam o Cat's Whiskers e o Locarno Ballroom no County Arcade, conhecido pelos habitantes locais simplesmente como "a Meca" (mais tarde rebatizada de Disco Giratório). Foi aí que, em 1958, sua predileção por meninas menores de idade chamou a atenção da polícia pela primeira vez. O assunto foi resolvido rapidamente com a retirada de algumas centenas de libras do grande rolo de notas que ele carregava no bolso.

Enquanto isso, em Manchester, todas as noites do final dos anos 1950 e início dos anos 1960, se você não conseguisse encontrar Savile no Plaza na hora do almoço, ele certamente estaria no Ritz à tarde. Ou, se não, quem sabe no Três Moedas, em Fountain Street. Ele não descansava nem aos domingos; foi quando ele alcançou mais de 2 mil *jivers* e *twisters* em seu Top Ten Club em Belle Vue.

O cara estava em toda parte – praticamente todos os grandes salões de dança e boates nas agitadas conurbações do Norte, tão fixo quanto uma bola de espelhos giratória.

O império de Savile também se espalhou rapidamente para o sul, para o Ilford Palais e para a Decca Records, que o pagava para tocar seus últimos lançamentos. No norte, os esquemas de Savile eram protegidos por uma gangue de fisiculturistas, boxeadores e lutadores, incluindo – improvável para aqueles de nós que o conhecemos como o lutador esteio e fofinho da televisão das tardes de sábado, Big Daddy– Shirley Crabtree. As raízes da televisão dos anos 1970 estavam ali, nesses salões de baile e danceterias, sua decadência esperando para ser transubstanciada em entretenimento leve.

Um ano após sua morte, a transubstanciação entraria em reversão extrema. Seu famoso bordão – *Agora, em seguida* –, começou a assumir um significado sinistro. Apenas alguns meses antes, a BBC havia transmitido uma série de programas celebrando sua vida e obra. Agora, só a condenação não é suficiente: todos os vestígios de sua existência devem ser destruídos. Não só sua lápide foi retirada, mas ouvimos – isso é realmente sério? É impossível dizer em meio à atmosfera febril – que a família de uma criança enterrada perto do túmulo de Savile havia pedido que seus restos mortais fossem desenterrados – como se ele fosse algum demônio medieval, uma nuvem nociva de malignidade que pode corromper até os mortos. De uma forma mais ridícula, o CBeebies, um dos canais infantis da BBC, foi censurado por transmitir uma reprise de um episódio do programa *The Tweenies*, no qual um dos personagens interpreta o apresentador.

AGORA, EM SEGUIDA...

No momento que em Savile estava cometendo seus abusos, suas vítimas foram confrontadas não com Jimmy Savile, o monstro, Jimmy Savile, o prolífico abusador de crianças, mas com Jimmy Savile, membro do Império Britânico – Sir Jimmy Savile –, *Cavaleiro Comandante da Pontifícia Ordem Equestre de São Gregório, o Grande*. Sempre que nos perguntamos como ele se safou, devemos nos lembrar disso. Naturalmente, o medo contribuiu para manter suas vítimas caladas. *Quem vai acreditar na sua palavra contra a palavra de um apresentador de televisão, alguém que arrecadou milhões para a caridade?* Mas também precisamos levar a sério a maneira como o poder é capaz de distorcer a experiência da própria realidade. O abuso pelos poderosos induz uma dissonância cognitiva nos vulneráveis – *não é possível que isso esteja acontecendo*. O passado pode ser reconstituído apenas em retrospecto. O poderoso comércio da ideia de que o abuso e a corrupção costumavam acontecer, mas não existem mais. O abuso e o encobrimento podem ser admitidos, mas apenas sob a condição de estarem confinados ao passado. Era assim *antes*, as coisas são diferentes *agora*...

02: ASSOMBROLOGIA

LONDRES DEPOIS DO *RAVE*: BURIAL

Blogue k-punk, 14 de abril de 2006

Burial é o tipo de álbum com o qual sonhei por muitos anos; literalmente. É uma *dance music* onírica, uma coleção de "canções sonhadas" que Ian Penman imaginou em seu artigo memorável sobre *Maxinquaye*, de Tricky. Este disco é um ponto de referência aqui, assim como Pole – como esses dois artistas, Burial conjura espectros de áudio para fora dos estalos, colocando-os em primeiro plano em vez de reprimir as materialidades acidentais do som. A "estalologia"[60] de Tricky e Pole foi um desenvolvimento posterior da feitiçaria materialista do *dub*, na qual "a costura de sua gravação foi virada do avesso para ouvirmos e glorificarmos" (Penman). Mas, em vez do calor hidropônico da Bristol de Tricky ou das cavernas úmidas da Berlim de Pole, o som de Burial evoca o que o comunicado de imprensa chama de "um futuro próximo, ao sul de Londres debaixo d'água. Você nunca pode dizer se o estalo é a estática de uma rádio pirata queimando ou um aguaceiro tropical da cidade submersa pela janela".

Um futuro próximo, talvez... Mas, ao ouvir *Burial* enquanto caminho no sul de Londres, com suas ruas geladas, tomadas pela garoa nesta primavera abortiva, me ocorre que o LP é muito a Londres de agora – ou seja, sugere uma cidade assombrada não apenas pelo passado, mas por futuros perdidos. Parece ter menos a ver com um futuro próximo do que com a dor tentadora de um futuro fora de alcance. *Burial* é assombrado pelo que já foi, pelo que poderia ter sido e – mais intensamente –

---

[60] N. da E.: no original *cracklology*.

pelo que ainda pode acontecer. O álbum é como uma etiqueta velha e desbotada de uma criança cujos sonhos do *rave* foram destruídos por uma série de empregos sem perspectiva.

O disco é uma elegia ao *hardcore continuum*, um *Memories from the haunted ballroom* para geração *rave*. É como entrar em espaços abandonados carnavalizados pelas festas *raves* e encontrá-los novamente abandonados e despovoados. Buzinas de ar silenciadas brilham como os fantasmas das *raves* passadas. Cacos de vidro sob os pés. *Flashbacks* de MDMA trazem Londres para a não-vida da mesma forma que os alucinógenos trouxeram demônios rastejando para fora dos metrôs na Nova York de *Alucinações do passado* [1990]. As alucinações sonoras transformam os ritmos da cidade em seres inorgânicos, mais abatidos do que malignos. Você pode ver rostos nas nuvens e ouvir vozes nos estalos. O que parece momentaneamente ser um baixo abafado acaba sendo apenas o estrondo dos trens nos túneis.

O luto e a melancolia de Burial o diferenciam do autismo emocional e da austeridade do *dubstep*. Meu problema com o *dubstep* é que, ao constituir o *dub* como uma entidade positiva, sem relação com a música ou com o pop, muitas vezes ele perde a espectralidade forjada pela subtração no processo da música. O esvaziamento tende a produzir não um espaço, mas uma planura opressiva e claustrofóbica. Se, por outro lado, a assombrologia esquizofônica de Burial tem uma profundidade de campo 3D, é em parte devido à forma como concede um papel privilegiado às vozes apagadas, retornando ao fonodescentrismo do *dub*. Fragmentos de vozes lamentosas deslizam pelas faixas como cartas de amor rasgadas que pairam pelas ruas destruídas por uma catástrofe sem nome. O efeito é tão dolorosamente comovente quanto a longa sequência em *Stalker*, de Tarkovsky (1979), na qual objetos sublimes são transformados em lixo.

A Londres de Burial é uma cidade ferida, povoada por vítimas de ecstasy em dias de saída temporária de unidades psiquiátricas, amantes decepcionados em ônibus noturnos, pais que não conseguem vender seus EPs *rave* de doze polegadas em um sebo, todos eles com olhares assombrados em seus rostos, assombrando também seus filhos interpassivamente niilistas com o pensamento de que as coisas nem sempre foram assim. A tristeza do Dem 2 encontra a Durutti Column da era *Vini Reilly* em "You hurt me", e "Gutted" é quase esmagadora. "Southern comfort" apenas amortece a dor. *Ravers* se tornaram *beats* mortos, e os *beats* de Burial são, portanto, mortos-vivos – como o tique-taque de um metrônomo desequilibrado em uma escola abandonada em Silent Hill, o apito de trens-fantasmas pixados parados em desvios. Há dez anos, Kodwo Eshun comparou o "ruído estridente" do "*hoover bass*" de "No U Turns" com o "som de mil alarmes de carro disparando simultaneamente". O baixo atenuado em Burial é o eco espectral de um rugido, carros queimados lembrando do barulho que faziam.

Burial me lembra, na verdade, as pinturas de Nigel Cooke. As figuras taciturnas que aparecem nos grafites de Cooke são análogos visuais perfeitos para o som do artista. Uma década atrás, o *jungle* e o *hip hop* invocavam diabos, demônios e anjos. O som de Burial, no entanto, convoca as "plantas fumegantes e os vegetais chorosos" que suspiram de saudade nas pinturas de Cooke. Ao falar no Museu Tate, Cooke observou que grande parte da violência do grafite vem da velocidade. Há alguma afinidade na forma que Cooke recria o grafite no meio "lento" das tintas a óleo e a maneira como Burial submerge (*dub*merge?) a hipercinética do *rave* em uma melancolia imponente. O Afro Não-Futurismo dilapidado do álbum faz pela Londres dos anos 2000 o que o Wu Tang fez por Nova York nos anos 1990. Ele entrega o que o Massive Attack prometeu, mas nunca alcançou. É tudo o que *Timeless*, de Goldie, deveria ter sido. É a contraparte Dub City da *Vocalcity* de Luomo. *Burial* é um dos álbuns da década. Confie em mim.

ANJO CAÍDO: ENTREVISTA COM BURIAL

The Wire #286, *dezembro de 2007*

Com seu LP de estreia homônimo lançado no ano passado, Burial se estabeleceu como um mitógrafo sônico extraordinário, um poeta sonoro capaz de articular o mal-estar existencial de uma época e um lugar usando apenas vozes *sampleadas*, *breakbeats* e efeitos sonoros de música concreta. *Burial* era um retrato vívido de um sul de Londres ferido, uma pintura sonora semiabstrata da decepção e angústia de uma cidade. Um som saturado de *dance music*, mas seus *beats* não sequenciais eram excêntricos demais para serem dançados. Seu som estava muito fora de compasso para caber no *dubstep*, o gênero sob o qual seus álbuns provavelmente serão catalogados porque foram lançados pelo selo Hyperdub do produtor Kode9. O som de Burial pode ter caído entre os estalos, mas não era uma mistura eclética de formas existentes. O que foi mais impressionante sobre ele – e sem dúvida um dos motivos pelos quais foi o Disco do Ano de 2006 da revista *The Wire* – foi a consistência de seu conceito sonoro. Havia uma qualidade impessoal nas elegias desoladas do artista, uma qualidade reforçada por ele ter feito apenas algumas entrevistas e pela recusa em permitir que uma fotografia de seu rosto fosse usada em qualquer divulgação. Rumores preencheram o vácuo da campanha publicitária. Muitos não acreditaram que ele realmente existia, atribuindo a produção do álbum ao Basic Channel, ao The Bug e ao próprio Kode9 – um enorme elogio à (sin)estética do artista. Na verdade, seu som tem sido gestado lentamente, semisecretamente, por pelo menos meia década. As faixas do primeiro álbum foram selecionadas a partir de gravações que ele fez desde 2001. Sua primeira aparição em vinil foi "Broken Home" no *Vulture culture mix 2* da Wasteland, em 2004. E o EP de doze polegadas *South London Boroughs*, que apresentava algumas das faixas mais potentes do primeiro LP, saiu um ano depois.

A recusa de Burial em "ser um rosto", em se constituir como sujeito da máquina publicitária midiática, é em parte uma preferência de temperamento e em parte uma resistência às condições de visibilidade onipresentes e hiperclarificadas impostas pela cultura digital – "É como um tabuleiro *ouija*, como deixar alguém entrar em sua cabeça, atrás de seus olhos. Isso permite uma entrada aleatória", diz ele sobre a internet.

"Sou apenas uma pessoa bem discreta", admite. "Eu quero ser desconhecido, porque prefiro estar perto dos meus amigos e família, e não há necessidade de manter o foco em mim. Eu nunca soube como eram as pessoas que fizeram a maioria das músicas de que gosto. Isso é atraente. É mais fácil de acreditar". Como Burial não toca ao vivo, não há fotos suas tiradas e distribuídas clandestinamente. "Eu só quero estar em um símbolo, uma música, o nome de uma música", explica. "Não é como se fosse uma coisa nova. É um dos caminhos do *underground*, mais antigo e mais fácil". Burial é mais sensível do que a maioria à maneira como as pessoas são moldadas por forças impessoais. "Quando se é jovem, forças que não têm nada a ver com você não param de lhe pressionar para fazer isto ou aquilo", diz. "Você está perdido; na maioria das vezes não entende o que está acontecendo com você ou com qualquer coisa". Ele sabe que seu som não possui um rosto.

Sem ser chauvinista, Burial é ferozmente leal ao *hardcore continuum* britânico de onde seu som emergiu. "Se você gosta de música, sua vida começa a girar em torno disso", diz. "Prefiro ouvir uma música sobre a vida real, sobre o Reino Unido, do que algum *hip hop* estadunidense que diz 'estou na balada com uma garota'. Eu amo o vocal e as músicas de R&B, mas gosto de ouvir coisas que são verdades para o Reino Unido, como o *drum and bass* e o *dubstep*". De fato, uma das faixas em seu novo álbum, *Untrue*, se chama "UK"; outra, uma das mais tristes, é chamada de "Raver". A Londres de Burial parece ser uma cidade povoada por *ravers* abatidos, forçados a contrastar os compromissos cotidianos de suas vidas pós-*rave* com o êxtase coletivo que eles viveram, retornando aos locais de antigas festas e encontrando-os abandonados. Burial é um re-sonhar com o passado, uma condensação de relíquias de gêneros abandonados em uma montagem onírica. Seu som é mais uma obra de luto do que de melancolia, porque ele ainda anseia pelo objeto perdido e se recusa a abandonar a esperança do retorno. "Eu coloco muitas daquelas músicas antigas à noite e ouço alguma coisa na melodia que me deixa triste", afirma. "Alguns dos meus produtores e DJs favoritos também já morreram – ouço uma esperança em todas aquelas músicas antigas, tentando unir o Reino Unido. Mas eles não podiam, porque estávamos caminhando em uma direção diferente, longe de nós mesmos. Talvez nosso sentimento em clubes e outras coisas naquela época não fosse tão artificial, autoconsciente ou criado pela internet. Era mais um boato, um folclore *underground*. Qualquer um poderia cair noite adentro procurando por isso. Porque você podia ver nas pessoas, podia ver nos olhos delas. Aqueles *ravers* estavam no limite de suas vidas, eles não estavam correndo para frente ou ficando para trás, eles estavam lá, e as músicas significavam tudo. Nos anos 1990 você podia sentir que isso havia sido tirado deles. Na cultura dos clubes, tudo se tornou superclubes, revistas, *trance*, coisas comerciais. Todos esses bares de grife estariam tentando ser como os clubes. Tudo foi tomado. Então a cultura *underground* se tornou militante a partir deste ponto. Essa era acabou. Agora há menos perigo, menos sacrifícios, menos dificuldades para encontrar algo. Você não podia se esconder, a mídia observava tudo". Ele reforça seu pessimismo: "Mas [nas noites de *dubstep*] o DMZ e o FWD têm aquela atmosfera profunda e um sentimento real. O verdadeiro *underground* ainda é forte, ouço novas músicas boas o tempo inteiro".

Depois de uma declaração tão definitiva quanto seu primeiro LP, era difícil imaginar para onde Burial iria a seguir. Mas *Untrue* modifica substancialmente o som experimentado no disco anterior. A diferença mais óbvia é a quantidade e os tipos de vocalizações. Seu mentor, Kode9, o descreve como uma "alma estranha", e, se os pontos de referência para sua estreia foram o *rave* e o *jungle* do início dos anos 1990, as pedras de toque para *Untrue* são o *garage* e o 2-*step* do fim da década. As vozes cortadas e alteradas – anseios fragmentados em *loop* – tornam *Untrue* ainda mais viciante e mais comovente que *Burial*. Na verdade, o artista produziu um álbum inteiro com material em outro estilo – "mais técnico, todas as músicas pareciam algum tipo de arma que estava sendo desmontada e montada novamente" –, mas o descartou. "Eu estava preocupado", ele recorda, "fiz todas aquelas músicas obscuras e as toquei para minha mãe, que não gostou muito. Eu estava prestes a desistir, mas ela foi gentil, e disse: 'Basta tocar, foda-se todo mundo, não se preocupe com isso'. Meu cachorro havia acabado de morrer, e fiquei totalmente arrasado com isso. Ela disse, 'faça uma música, se anime, fique acordado até tarde, beba uma xícara de chá'. Vinte minutos depois, após fazer a música 'Archangel' [em *Untrue*], liguei para ela e disse: 'Fiz a melodia que você me disse para fazer'".

O tratamento de voz sempre foi crucial para o som de Burial. Muitas músicas influenciadas pelo *dub* se contentam simplesmente em apagar a voz e aumentar o eco, mas o artista instintivamente sabia que fazer *dub* consiste em pôr um véu sobre a música, em reduzi-la a um tecido tentador de traços, um objeto virtual ainda mais atraente por causa de sua dessubstancialização parcial.

133

O estalo de vinil que se tornou uma de suas assinaturas sônicas faz parte desse processo de velamento. De forma autodepreciativa, ele afirma que inicialmente usou o estalo para esconder "o fato de que eu não era muito bom em compor músicas". Ele não é tão influenciado pelo *dub*, mas pela "ciência vocal" desenvolvida pelos produtores de *jungle*, de *garage* e *2-step*. Quando ouviu com seus irmãos o *darkside jungle* pela primeira vez, ele se viu cada vez mais atraído pelas faixas vocais. "Eu adorava esses vocais que entravam, um cantar inadequado, cortado e repetido, executado com frieza. Era como uma sereia proibida. Eu gostava dos *cut-ups* vocais tanto quanto das linhas de baixo mais sombrias. Algo acontece quando eu ouço os *subs*, a bateria rolando e os vocais juntos. Então, quando comecei a fazer música, não tinha o kit e não entendia como fazê-la direito, não conseguia fazer a bateria e o baixo soarem fortes o suficiente, contanto que a música tivesse algumas vocalizações, elas segurariam o resto da melodia. Eu não podia acreditar que tinha feito uma melodia que me dava aquela sensação de que as gravações normais costumavam dar, e o vocal era a única coisa que parecia levar a melodia para esse lugar. Minhas músicas favoritas eram *undergrounds* e temperamentais, mas com vocais matadores: 'Let go', do Teebee, 'Being with you remix', do Foul Play, Intense, Alex Reece, Digital, Goldie, Dillinja, EL-B, D-Bridge e Steve Gurley. Sinto falta de estar no ônibus indo para a escola ouvindo as mixagens do DJ Hype."

A Grã-Bretanha sob o Novo Trabalhismo está intoxicada por um sentimentalismo consensual, presa a emoções simuladas e descartáveis. Com a onipresença dos programas de auditório na TV, a emoção religiosa se tornou um caminho rápido para o reconhecimento da mídia, o equivalente secular do Reino Unido à santificação e à salvação. Nesse processo, cantar se tornou quase incidental – o que a mídia realmente deseja são planos de fundo tristes. A estratégia de Burial com o cantar é exatamente contrária a isso: ela remove as vozes da biografia e da narrativa, transformando-as em abstrações vibrantes e oscilantes, anjos libertados do peso de sua história pessoal. "Eu estava ouvindo as músicas do Guy Called Gerald", diz. "Queria gravar vocais, mas não consegui um cantor adequado como ele. Então, cortei uma *a cappella* e montei frases diferentes, mesmo que não fizessem sentido, que resumiam meus sentimentos". No processo de mudar o tom dos vocais, sinais ocultos vêm à luz. "Eu ouvi esse vocal, ele não é claro, mas soa como um 'arcanjo'", confessa Burial. "Gosto de diminuir os vocais femininos para que soem masculinos e intensifico os masculinos para que soem como uma garota cantando". Isso é adequado, já que os anjos não têm gênero. "Isso funciona com as minhas músicas, meio menino, meio menina", ele se entusiasma. "Entendo essa coisa temperamental, mas algumas músicas *dance* são muito masculinas. Algumas músicas do *jungle* tinham um equilíbrio, um brilho, o mau humor que vem da presença de garotos e garotas na mesma música. Há uma tensão porque estão muito próximos, mas às vezes são perfeitos juntos. Me pareço com ela. Eu sou ela".

O produtor Kode9 descreve o álbum como uma "euforia deprimida", e isso parece se encaixar. "Eu queria fazer um disco meio eufórico", Burial concorda. "Essa era uma coisa mais antiga que a música *underground* do Reino Unido costumava ter. As músicas *rave* antigas costumavam ser mestres nisso por uma razão: a composição das festas *rave*, uma mistura de endorfinas humanas e de pessoas hipnotizadas por drogas. Isso foi roubado de nós e nunca mais retornou. Meus companheiros riem de mim porque gosto do canto das baleias. Mas amo, gosto que os vocais sejam assim, como um choro noturno, um animal angelical".

Anjos, novamente. Em *Untrue*, os *ravers* de Burial aparecem como anjos abatidos, seres de luz exilados no peso opaco do mundo. *Untrue* é como *Asas do desejo* (1987), do diretor alemão Wim Wenders, transportado para o Reino Unido: uma visão radiofônica de Londres como uma cidade de anjos traídos e mutilados, com suas asas cortadas. Mas anjos também pairam sobre a falta de esperança e o agora abandonado. "Minhas músicas novas são sobre isso", o artista concorda, "sobre querer que um anjo cuide de você, quando não há lugar algum para onde ir e tudo o que você pode fazer é sentar de madrugada no McDonalds, e não atender o telefone".

Como se pode esperar, a sintonia de Burial com os anjos, demônios e fantasmas remonta à infância. "Quando eu era bem pequeno", diz, "meu pai costumava ler para mim as histórias de M. R. James. Na margem sul [do Tâmisa], no ano passado, abandonei meu trabalho diário e encontrei um livro de histórias de fantasmas do autor. A que me ferrou quando eu era pequeno foi 'Oh, whistle and i will go to you, my lad'.[61] Há algo que mostra o quão sinistra ela é mesmo a distância. O estranho em M. R. James, é que, mesmo por escrito, haverá um momento em que o leitor encontra o fantasma e não consegue acreditar no que leu. Apenas por ler aquelas poucas linhas, quando se vislumbra o fantasma por um segundo ou ele descreve seu rosto, você gela. É como se você não estivesse mais lendo. Naquele momento uma memória permanente se imprime em você. Ele diz algo como: 'Não há nada pior para um ser humano do que ver um rosto em um lugar ao qual não pertence'. Mas se você é pequeno e tem uma imaginação que está sempre bagunçada e lhe assusta, coisas assim são quase reconfortantes de ler".

"Além disso", continua, "não há nada pior do que não reconhecer alguém que você conhece, alguém próximo, familiar, ver um olhar que simplesmente não é deles. Uma vez eu estava preso em um *pub* e os frequentadores de lá e alguns amigos co-

---

[61] N. da E.: "Oh, whistle and i will go to you, my lad" ["Oh, assobie e voltarei para você, meu rapaz"] é uma história de fantasmas do escritor britânico M. R. James, incluída em sua coleção *Ghost Stories of an Antiquary*. A história leva o nome de um poema de 1793 com o mesmo nome, escrito por Robert Burns.

meçaram a contar essas histórias doidas da vida real sobre fantasmas, talvez tenha acontecido com eles, eu juro que se você tivesse escutado... Uma menina me contou a coisa mais assustadora que já ouvi. Algumas dessas histórias acabavam um pouco antes do esperado. Elas não se desenrolavam como um filme, eram muito simples, cotidianas, leves. Pareciam verdadeiras, e eu nunca as esqueci. Talvez você veja os fantasmas de vez em quando. No subsolo, com uma sacola de supermercado, sem ter para onde ir, eles são menores, cerca de 70% menores do que uma pessoa normal, menores do que eram em vida".

Burial é o caso mais convincente de que nosso *zeitgeist* é essencialmente assombrológico. O poder do conceito de Derrida está em sua ideia de ser assombrado por eventos que não aconteceram de verdade, futuros que não se materializaram e permaneceram espectrais. Burial anseia por algo que nunca experimentou em primeira mão. "Nunca estive em um festival, em uma *rave* no interior, em um grande armazém ou em uma festa ilegal", diz ele, "estive apenas em clubes tocando músicas em ambientes fechados ou algo do tipo. Eu ouvi falar sobre isso, sonhei com isso. Meu irmão trazia esses discos que pareciam realmente adultos para mim, e eu não podia acreditar que os tinha. Foi como ver *O exterminador do futuro* ou *Alien* pela primeira vez quando pequeno. Eu ficava animado, ouvindo esse outro mundo, meu irmão aparecia tarde da noite, e eu caía no sono com as músicas que ele colocava". Foi seu irmão mais velho que fez do *rave* uma espécie de "presente ausente" em sua vida, um espaço a ser preenchido com fios e anseios. "Ele adorava músicas *rave*, *jungle*", Burial me conta. "Ele viveu todas aquelas coisas e se foi, para o outro lado da noite. Fomos criados com histórias sobre isto: sair da cidade em um carro, encontrar um lugar e ouvir essas músicas. Ele nos sentava e tocava essas músicas antigas e, mais tarde, colocava 'Metropolis', Reinforced, Paradox, DJ Hype, Foul Play, DJ Crystl, Source Direct e Techno".

As relíquias do *rave* alimentavam uma fome de fuga. "Respeito o trabalho árduo, mas temo um trabalho diurno", Burial me confidencia. "Ou uma entrevista de emprego. Tenho um coração vagabundo, só quero ir embora. Eu estaria nas cozinhas, nos corredores do trabalho, olhando para os painéis do telhado, observando todas as portas de manutenção, sonhando em entrar nos dutos de ar. Um portal. Quando criança, eu sonhava que era colocado na lixeira, fugindo das coisas, sem minha mãe saber que ela tinha me colocado lá. Então, estou em um saco plástico preto do lado de fora de um prédio ouvindo a chuva contra ele, mas me sentindo bem, apenas querendo dormir, e um caminhão me leva". Uma leitura psicanalítica muito rápida ouviria isso como um tênue desejo codificado de retornar ao útero – mas isso seria ignorar o desejo de fugir que também conduz essa fantasia. Burial quer sair, mas não pode caracterizar positivamente o que está além. "Todos nós sonhamos com isso", diz ele. "Queria que algo estivesse lá. Mas mesmo que você lute para ver essa coisa, nunca verá nada. Não há escolha. Você pode estar a caminho de um trabalho e desejar ir por uma outra rua, muito próxima, mas deixa ela para traz. Nenhuma força na Terra poderia fazer você passar por ali, porque você tem que seguir para um outro lugar qualquer. Mesmo se você conseguir escapar por um segundo, as pessoas estarão no seu pé, você não pode descer às margens do velho Tâmisa e jogar seu celular no rio".

Há sempre lampejos e centelhas do outro lado, entretanto. Pós-imagens. "Eu costumava ser levado para o meio do nada, perto do mar", reflete. "Eu adoro lá fora, porque quando está escuro, quando está totalmente escuro, não há nada dessa coisa de uma Londres com luz ambiente. Costumávamos ter que voltar de mãos dadas usando um isqueiro. Olhe para a luz, veja onde está e então siga em frente, e a imagem de onde você acabou de sair ainda estaria em sua retina".

NOTAS PARA *THEORETICALLY PURE ANTEROGRADE AMNESIA*, DO THE CARETAKER

Maio de 2006

Pode-se dizer que todos *nós* agora sofremos de uma forma de amnésia anterógrada teoricamente pura?

O livro *O homem que confundiu sua mulher com um chapéu*, de Oliver Sacks, e o filme *Amnésia* (2000), de Christopher Nolan, tornaram conhecidas as características dessa doença – referida, erroneamente, como perda de memória de curto prazo. Na verdade, as vítimas dessa condição produzem novas memórias, mas são incapazes de retê-las. Não há codificação de longo prazo. *Teoricamente*, esse tipo de amnésia é anterógrada e não retrógrada, porque não afeta nenhuma memória formada antes do início da doença. Na prática, é provável que até as velhas lembranças sofram alguma degradação.

No álbum *Theoretically pure anterograde amnesia* (2005), uma tendência na música do The Caretaker atingiu uma espécie de ápice. Anteriormente, o tema havia sido a saudade do passado. Agora, é a impossibilidade do presente.

Seu disco de estreia, *Selected memories from the haunted ballroom* (1999), era uma espécie de implante replicante mnemônico, uma falsa memória popular dos salões de chá dos anos 1920 e 1930. Para aqueles de nós assombrados pela dor lancinante dos cantores de baile estilo Al Bowlly em *O iluminado* (1980) e *Dinheiro do céu* (1981), esse tipo de viagem, como em *O vingador do futuro* (1990), era irresistível. Os fantasmas eram tão glamourosos, dançando elegantemente com seus cortes de cabelo chanel e joias brilhando à luz de velas.

Uma referência oculta pode ter sido o romance *A invenção de Morel* (uma influência sobre *O ano passado em Marienbad* [1961] e, portanto, também sobre *O iluminado*), a canção de amor de ficção científica de Adolfo Bioy Casares para Louise Brooks. Casares imaginou um mundo onde os espectros dos belos e dos condenados são preservados para sempre, seus pequenos gestos e conversas banais são transformados, pela repetição, em artefatos sagrados. A máquina de simulação na ilha de Morel é um filme, claro, e quem não quis em algum momento fazer como o herói de Casares faz, atravessando a tela para finalmente poder falar com os fantasmas que há tanto tempo rondavam seus pensamentos? É a mesma tentação a que Jack cede em *O iluminado* quando entra na alucinação consensual no Hotel Overlook. O Salão Dourado, no qual a elite da era Scott Fitzgerald se divertia sempre em um incessante turbilhão de inteligência, cocaína e riqueza, é perfeitamente celestial. Mas você sabe qual o preço da passagem para o céu, não é, Jack?

Não é?

É aquele odor úmido e mofado que o perfume e o conservante nunca encobriram completamente que fez a música do Caretaker ser desconfortável, em vez de fácil de ouvir. Na verdade, é um som nauseante. Nunca foi possível ignorar as sombras que espreitam nossa periferia audiovisual; a viagem pelo caminho da memória foi deliciosamente inebriante, mas havia um tom amargo. Um leve horror, algo como a vaga, mas insistente consciência da peste e da mortalidade que incomodou os dançarinos em transe em *A máscara da morte escarlate*, de Edgar Allan Poe.

Isto não é tudo.
Outra coisa estava errada.

O sépia e o foco suave foram *photoshopados*, nós sabíamos disso. Esses tapetes grossos e jogos de chá de porcelana não estavam realmente lá. E nunca estiveram, não para nós. Estávamos em uma simulação pelos olhos de *outra* pessoa. A qualidade mosqueada, melosa, arrastada e reverberada do som nos alertou para o fato de que este não era o objeto em si, mas o objeto como é na memória de outra pessoa.

Em *Theoretically pure anterograde amnesia*, as coisas pioraram incomensuravelmente. É como se a simulação do Hotel Overlook tivesse perdido o fôlego. As luzes se apagaram. O hotel está podre, uma ruína queimada há muito tempo, sua sonoridade é pálida e quase translúcida.

A ameaça não é mais a doce sedução mortal da nostalgia. O problema não é mais o desejo de voltar ao passado, mas a incapacidade de sair dele. Você se encontra em um chuvisco estático preto e cinza, uma névoa de estalos. Por que está sempre chovendo aqui? Ou isso é apenas o som da televisão, sintonizada em um canal morto? Onde estávamos?

Você supõe que pode estar em um território familiar. É difícil saber se isso já foi ouvido antes ou não. Não há muito o que fazer. São poucas marcações. As músicas são numeradas, não intituladas. É possível ouvi-las em qualquer ordem. O objetivo é se perder. Isso é fácil nesta paisagem beckettiana mal vista e tardia. Você improvisa histórias que eles chamam de confabulações – para dar sentido às formas abstratas que surgem na fumaça e na névoa.

Quem está editando o filme e por que todos os cortes?

Até agora, poucos refrões assombrosos persistem no fundo de sua mente e lhe separam do deserto do real.

Não vamos imaginar que esta condição aflige apenas alguns desafortunados. Na verdade, a amnésia anterógrada teoricamente pura não é a condição pós-moderna por excelência? O presente – falido, desolado, está constantemente se apagando, deixando poucos rastros. As coisas chamam sua atenção por um período, mas você não se lembra delas por muito tempo. Mas as velhas memórias persistem, intactas... Celebradas constantemente... *Eu amo 1923...*

Nós realmente temos mais substância do que os fantasmas que aplaudimos sem parar? O passado não pode ser esquecido, o presente não pode ser lembrado.
Se cuide. Há um deserto lá fora...[62]

---

[62] N. da E.: do we really have more substance than the ghosts we endlessly applaud? The past cannot be forgotten, the present cannot be remembered. *Take care, there is a desert out there.*

MEMÓRIA EM DESORDEM:
ENTREVISTA COM THE CARETAKER

The Wire #304, *junho de 2009*

"Sempre fui fascinado pela memória e por sua capacidade de revocação, especialmente no que diz respeito ao som", escreve James Kirby por e-mail. "De algumas coisas nós nos lembramos facilmente, e outras parecemos nunca assimilar. Essa ideia foi mais desenvolvida no *box set* que fiz [*Theoretically pure anterograde amnesia*, de 2006], que foi baseado em uma forma específica de amnésia em que as vítimas podem se lembrar de coisas do passado, mas são incapazes de criar novas memórias. Recriar isso no som foi um desafio de que gostei muito. Percebi que a única maneira era fazer um conjunto desorientador com vários pontos de referência. Fragmentos melódicos saindo deste lamaçal de áudio e desse tom monótono. Mesmo que você ouça repetidamente todas as músicas, ainda não consegue se lembrar quando essas melodias vão chegar. Você não tem faixas favoritas, é como um sonho que você está tentando lembrar. Certas coisas estão claras, mas os detalhes ainda estão enterrados e distantes".

A descrição de Kirby captura perfeitamente a experiência inquietante de ouvir *Theoretically pure anterograde amnesia*. Com o lançamento do *box set* de seis CDs, seu projeto The Caretaker deixou de ser um exercício de nostalgia atmosférica para se tornar uma investigação angustiante dos distúrbios de memória. O *box set* é mais uma instalação sonora do que um disco, uma obra cuja riqueza conceitual e textura envergonham muitas artes sonoras. Os três primeiros discos do Caretaker – *Selected memories from the haunted ballroom* (1999), *A stairway to the stars* (2001) e *We all go riding on a rainbow* (2003) – são *samples* de salões de chá britânicos em um feixe iluminado de *reverb* e estalos. Em *Theoretically pure anterograde amnesia*, os efeitos sonoros e os ruídos de superfície assumem o controle, de modo que, em vez de um pop suavemente *dub*-dilapidado, há uma escuridão inavegável, tão abstrata e mínima quanto uma paisagem de Samuel Beckett. Ecos e reverberações flutuam livres de qualquer fonte sonora originária em um mar de estalos e estática. Se as gravações anteriores sugerem espaços que estavam bolorentos, mas ainda magníficos – grandes hotéis destruídos, salões de baile abandonados há muito tempo – o disco invoca locais que se deterioraram até o abandono total, onde todo o barulho não identificado está ocultamente cheio de ameaças. As 72 faixas – todas numeradas em vez de intituladas – simulam uma condição amnésica, e os poucos fragmentos melódicos bem conhecidos que ocasionalmente brilham na escuridão são ilhas intermitentes de familiaridade em um mundo que se tornou hostil e irreconhecível.

"Talvez seja um humor obscuro, uma espécie de comédia *noir* em áudio", diz Kirby sobre o The Caretaker, mas a solenidade do projeto desmente a reputação de Kirby como brincalhão. Sua gravadora, V/Vm, notoriamente lançou uma versão de "Moldy old dough" do Lieutenant Pigeon logo após aparecer na capa da revista *The Wire* #176 sob a manchete "Mais difícil! Mais rápido! Mais alto!", que faz parte de uma série de mutilações musicais do *mainstream* – faixas de Chris de Burgh, John Lennon e Elton John também foram massacradas e recriadas – lançadas pela V/Vm.

É o foco na memória cultural que une todo o trabalho de Kirby, incluindo os *mash-ups* da V/Vm. Se as (sub)versões do pop da V/Vm vêm do lado impetuoso do pastiche pós-moderno, The Caretaker trata do lado obscuro da retrospecção cultural. O álbum *Theoretically pure anterograde amnesia* era, em muitos aspectos, um ato de diagnosticar uma patologia cultural. Pode parecer estranho descrever uma cultura tão dominada por formas passadas como sendo amnésica, mas o tipo de nostalgia que agora é tão difundida pode ser melhor caracterizada não como um anseio pelo passado, mas como uma incapacidade de criar novas memórias. Fredric Jameson descreveu um dos impasses da cultura pós-moderna como a incapacidade de "focar em nosso próprio presente, como se tivéssemos nos tornado incapazes de alcançar representações estéticas de nossa própria experiência atual". O passado continua a retornar porque o presente não pode ser lembrado. Os distúrbios de memória retornam como tema popular no cinema na última década: é a amnésia anterógrada teoricamente pura que aflige Leonard, o personagem principal de *Amnésia*, enquanto os filmes de enorme sucesso da saga *Bourne* estavam preocupados com a perda de memória. Não é surpreendente que a ansiedade sobre a memória surja continuamente no capitalismo tardio, onde, como Jameson e outros argumentaram, a instabilidade econômica perpétua e a rápida rotação de imagens efêmeras levaram ao colapso de qualquer sentido coerente de temporalidade.

Kirby abordou o fracasso do futuro de um ângulo diferente em outro projeto seu, *The death of rave*, de 2006. Aqui, o *rave* é dessubstancializado, despojado de todo o peso do baixo e da propulsão da bateria, reduzido ao brilho e à neblina. As faixas soam como se estivessem sendo ouvidas do lado de fora de um clube: uma metáfora sonora horrivelmente precisa de nosso estado atual de exílio da inovação meteórica que a *dance music* alcançou nos anos 1980 e 1990. "Sim, esse projeto realmente está em sua infância", diz Kirby. "Surgiu como parte do projeto V/Vm 365, em que o objetivo era fazer uma faixa de áudio por dia. Eu costumava ir à *rave* quando era mais jovem, passei por toda aquela explosão na música eletrônica de 1987

145

até 1992-1993, quando parecia que um novo gênero surgia a cada semana. Foi um momento incrível na música, ouvir tantas coisas acontecendo e tantas novas possibilidades se abrindo e ver e sentir a energia da nova música explodindo nas pistas de dança e nos clubes. Acho que *The death of rave* é sobre a perda desse espírito e uma perda total de energia na maioria das músicas eletrônicas. Hoje em dia, sinto pena das pessoas quando vou aos clubes, porque essa energia não existe mais. Quer dizer, temos alguns clubes muito legais em Berlim, como Watergate e Berghain, mas realmente não há comparação com aqueles do final dos anos 1980 e início dos anos 1990 em Manchester. É claro que coisas novas surgem, mas a diferença agora realmente é que, se algo explode antes de se desenvolver naturalmente, as pessoas o estrangulam até a morte com paródias *on-line* e muitas vezes uma cena ou um novo estilo morre antes mesmo de aparecer. O *house* e o *techno*, por exemplo, levaram muito tempo para amadurecer em Chicago e Detroit, atualmente não há mais tempo para isso acontecer, uma vez que uma ideia sai da cartola, ela é copiada *ad infinitum* até que sua energia se esgote. A palavra-chave é 'energia' – a única coisa que sempre me inspirou. Para mim, as faixas do *Death of rave* tratam de despir a música *rave* de toda a sua energia e espírito de diversão – levando o áudio do *rave* para o túmulo, se quiser." As faixas são como *flashbacks* de energia, fragmentos do *rave* reconstruídos em um cérebro sem serotonina.

O outro projeto de Kirby, The Stranger, é organizado em torno do espaço e não do tempo. "The Stranger é realmente uma versão mais sombria de The Caretaker", diz Kirby, "e é seu parente mais próximo. The Stranger trata de como criar um local físico no som. O último álbum, por exemplo [*Bleaklow*, de 2008], era sobre Bleaklow, que fica em Peak District, que pode ser sombrio nos dias cinza-escuros, mas também bonito nos dias ensolarados. Estranhamente, algumas pessoas que subiram até lá entraram em contato comigo e me disseram que captei perfeitamente a atmosfera, e eles inclusive a ouviram enquanto subiam. Acho que o estranho brilho do sol vindo do céu cinza-ardósia do norte pode ser ouvido auditivamente".

O próprio Kirby agora mora em Berlim. "Me mudei para Berlim porque tem a atmosfera e as oportunidades de uma cidade grande, mas também há muito espaço aqui para pensar mais e também é fácil me esconder em suas ruas escuras. Além disso, não é tão brutal quanto Manchester, há mais abertura, já que as pessoas não seguem tanto a mídia e as notícias". Como The Stranger, porém, The Caretaker continua sendo um projeto enraizado na cultura britânica – "muitas vezes é apenas a música britânica que tem sido usada como material de base". Um paralelo para a escavação do pop britânico pré-*rock* do Caretaker é o drama musical de Dennis Potter, *Dinheiro do céu* (1981). "O uso do áudio em *Dinheiro do céu* é incrível junto com sua vibração e cor e, claro, a maneira como Dennis Potter usa da tristeza nas letras para continuar contando a história também é especial, pois essas músicas realmente são histórias em si mesmas. O filme *O parque macabro* (1962), de John Clifford e Herk Harvey, também foi um ponto de referência, as cenas finais desse filme poderiam até ser um áudio de *A stairway to the stars*. Só vi aquele filme depois que as pessoas o mencionaram para mim. Funciona muito dessa forma, as pessoas traçam um caminho, e eu investigo isso também".

Mas é claro que o principal impulso inicial para The Caretaker foi *O iluminado*, de Stanley Kubrick. O nome "caretaker" [zelador] foi tirado do papel que Jack Torrance está condenado a desempenhar para sempre no assombrado Hotel Overlook ("você sempre foi o zelador", é dito a Torrance em um dos momentos mais arrepiantes do filme). O conceito era simples: inspirado nas "sequências assustadoras que apresentam a música de baile que toca apenas na cabeça de Jack", Kirby pensou, por

147

que não fazer um álbum inteiro com um material que também poderia ter sido tocado no salão de bailes do Overlook? A trilha sonora do filme inclui duas faixas de Al Bowlly, o cantor do entre guerras cujas canções aparecem em muitos dos dramas de Potter, e Kirby buscou sua música em uma linha semelhante. "Passei muito tempo pesquisando músicas daquela época ao longo de um período de dois ou três anos e comecei a brincar constantemente com esse material. O interessante para mim é o fato de que a maior parte dessas músicas é sobre fantasmas e perdas, pois foram gravadas entre as duas guerras mundiais. É de uma época totalmente diferente, e que foi mais ou menos esquecida. Os títulos inspiraram novas ideias, assim como a própria música. Eu tive sorte, pois havia uma loja de discos enorme perto de onde eu estava em Stockport que era administrada por dois idosos especialistas em discos de 78 rotações. Eu pegava uma referência e perguntava o que era semelhante, e eles corriam para o fundo da loja e desenterravam algum catálogo antigo da década de 1930 e, em seguida, puxavam os vinis para mim. Foi um recurso incrível, que infelizmente não existe mais porque um dos caras faleceu e o outro decidiu fechar a loja. Era como uma máquina do tempo, voltar trinta ou quarenta anos no passado. Eles escreviam recibos à mão e metade de seu estoque estava nos fundos da loja, onde ninguém podia entrar. Eles não tinham ideia do que eu estava fazendo comprando esses discos, embora um deles tenha me dito uma vez 'você nasceu na época errada, porque ninguém da sua idade tem interesse por essa música'".

Kirby agora se sintoniza com a história mais recente para um projeto futuro. "Faz algum tempo que penso em trabalhar um projeto sobre [Arthur] Scargill/ Thatcher, e este é o momento perfeito para isso, conforme nos aproximamos do 25º aniversário da Greve dos Mineiros. Muito foi escrito em vários lugares sobre este conflito, seu resultado e legado, tenho vasculhado a internet e também peguei algumas filmagens incríveis para reprocessar. Isso se vincula estreitamente ao The Caretaker em termos de estilo, pois será como assistir a uma versão de meia memória devido ao processamento. Algumas das filmagens são totalmente fantasmagóricas, visto que foram gravadas em fitas vhs pelos próprios mineiros em 1984, então há uma perda real de qualidade e o som não combina com a imagem. Parece uma versão onírica. Será principalmente um trabalho em vídeo, com um lançamento em vinil incrivelmente limitado com o áudio desses vídeos e algum trabalho exclusivo". Isso se encaixa em uma série de montagens sobre a Greve dos Mineiros nesta década, incluindo *The battle of Orgreave* [2001], de Jeremy Deller e Artangel, e *GB84*, de David Peace.

Kirby decidiu fechar a V/Vm no ano passado. "A gravadora foi um veículo para muito do trabalho que fiz, mas acho que agora, como consumidores de música, chegamos a um ponto em que as gravadoras não são tão importantes, o que é mais importante é a entrega e a disponibilidade de trabalho". Foi devido às possibilidades de distribuição *on-line* de música, com as quais Kirby sempre se entusiasmou, que ele encerrou as atividades da V/Vm, mas também pois ele descobriu "que estava usando cada vez menos o nome V/Vm nos novos trabalhos. Tenho trabalhado em um álbum muito pessoal no humor que desejo transmitir e acho que posso usar meu próprio nome para isso". Na verdade, o disco, intitulado *History always favors the winners*, vai ser o primeiro assinado como Leyland Kirby ("Leyland é meu avô e meu nome do meio. Já existem muitos James Kirby fazendo música por aí, se o Google estiver correto. Agora estou competindo apenas com uma modelo glamourosa de Sheffield"). A música de Leyland Kirby foi feita sem o uso de *samples*, mas foi claramente iluminada pelo tempo que Kirby passou entocado na caverna. Elas têm uma qualidade assustadoramente inoportuna, uma graça majestosa, um alcance cinematográfico.

Em "When did our dreams and futures drift so far apart", um piano melancólico e ecorrefratado segue desoladamente por meio de texturas eletrônicas suaves. "The sound of our music vanishing" é um exercício mais violento de lembranças frustradas – aqui, é como se as memórias estivessem entrando e sendo obliteradas ao mesmo tempo, como [William James] Basinski, se as fitas estivessem sendo violentamente destruídas em vez de suavemente se desintegrarem. A épica "When we parted my heart wanted to die", por sua vez, tem uma melancolia crescente e magistral que lembra Angelo Badalamenti.

O projeto Caretaker continua, no entanto. "Eu finalmente comecei a fazer shows como The Caretaker, normalmente eu só gosto de deixar a música escapar dos alto-falantes como se fosse realmente o espaço tocando o som ou como se ele estivesse em sua mente. Toquei em Atenas na semana passada em uma sala totalmente escura que funcionou bem, talvez eu possa trabalhar alguns recursos visuais no processo ao vivo, mas eles teriam que somar ao áudio e não distrair o processo de audição. Estou sempre interessado em tocar em locais mais relevantes, a Torre de Blackpool seria incrível, por exemplo, pois o salão de baile vitoriano é um exemplo perfeito para este *recall* de áudio em particular."

Quando pergunto a Kirby como é seu processo com The Caretaker, ele responde: "Mais do que tudo, é uma questão de pesquisa e humor ao fazer os álbuns. Conhecer as fontes, talvez ouvir uma frase lírica que abre uma ideia na minha cabeça ou, na verdade, apenas ler algo, como com o *Anterograde* que desencadeou outra ideia e ofereceu uma nova tangente de possibilidades diferentes. Sem ir muito a fundo nos detalhes, as coisas são totalmente retrabalhadas em um reino digital até que surja a ambiência certa. É muito importante também que eu esteja com o humor certo para fazer aquela música que eu acho que vai sair nos álbuns seguintes, opostas, talvez, ao primeiro álbum.

Estou melhorando em perceber em quais dias tenho os melhores resultados agora que trabalho em um projeto específico. É realmente estranho, porque há uma gama completa de emoções na música quando a ouço novamente, desde a perda à felicidade, mudanças, arrependimento, saudade. Talvez seja a própria música que estou usando que inspira isso, mas ainda há muitos momentos pessoais entre esses lançamentos. Talvez até algumas das minhas próprias memórias estejam enlaçadas nisso".

A palavra "pesquisa" continua a ser mencionada nas discussões de Kirby sobre o projeto The Caretaker. "Tenho feito muitas pesquisas *on-line* nos últimos dois anos e também visto muitos documentários sobre as pessoas que sofrem de distúrbios cerebrais e problemas de memória. O último álbum [*Persistent repetition of phrases*, de 2008] foi baseado em uma série de condições em que a pessoa apenas se repete, então o áudio apresentava muitos *loops* e *micro loops,* era muito mais quente e suave que o *box set*. Nem todas as memórias são necessariamente ruins ou perturbadoras". Em *Persistent repetition of phrases*, um dos dez álbuns da revista *The Wire* no ano passado, houve, portanto, um retorno da beleza que estava ausente em *Theoretically pure anterograde amnesia*, mas havia também uma lucidez glacial, uma postura requintada sobre o disco. Parecia uma destilação e uma consolidação. "O desafio agora é mover o som para outro lugar no cérebro e na memória, o que vai levar mais tempo para encontrar uma nova direção. Mais pesquisas serão feitas antes de se achar o melhor caminho para uma exploração futura. Eu também adoraria usar essa música no filme, pois seria perfeita para isso, então talvez uma porta se abra em algum lugar."

LAR É ONDE MORA O ASSOMBRO: O ILUMINADO

Blogue k-punk, 23 de janeiro de 2006

1. O SOM ASSOMBROLÓGICO

Conjectura: a assombrologia possui uma dimensão sônica intrínseca. Afinal, o trocadilho – assombrologia, ontologia – funciona só no francês falado. Em termos de som, a assombrologia é uma questão de ouvir o que não está aqui, a voz gravada que não é mais capaz de garantir a presença (Ian P: "Para onde a voz do cantor VAI quando é apagada da faixa de *dub*?"). Não fonocentrismo, mas fonografia, o som que ocupa o não-lugar da escrita.

Nada aqui além das gravações de nós...

2. FANTASMAS DO REAL

O neologismo de Jacques Derrida revela o espaço entre ser e nada.

O iluminado – nas versões em livro e filme, e aqui eu sugiro contornar a luta cansativa entre os fãs de Stephen King e os kubrickianos e proponho tratar ambos como um labirinto-rizoma, um conjunto de correspondências e diferenças entrelaçadas, um corredor de portas – é sobre o que se esconde, inquieto, naquele espaço. Na medida em que continuam a nos assustar depois que saímos do cinema, os fantasmas que ali moram não são sobrenaturais. Como em *Um corpo que cai* (1958), só podemos confrontar os fantasmas reais quando a possibilidade de fantasmas sobrenaturais é eliminada... Ou os fantasmas do real.

3. O SALÃO DE BAILE ASSOMBRADO

Mark Sinker: "TODOS os filmes [de Kubrick] são fantasticamente 'audíveis' (se você usar isso da mesma forma que usa o termo *assistível*)".

Para onde

O conceito de *Memories from the haunted ballroom*, do The Caretaker, tem a simplicidade de um gênio: um álbum inteiro de canções que você poderia ouvir tocar no Salão Dourado do Hotel Overlook de *O iluminado*. O disco é uma série de versões oníricas-delirantes focadas suavemente nas músicas pop dos anos 1920 e 1930, as músicas originais foram mergulhadas em tanto *reverb* que se dissolveram em uma névoa radiofônica sugestiva e são ainda mais evocativas agora que foram reduzidas a pistas de si mesmas. Assim, "It's all forgotten now", do Al Bowlly, por exemplo, uma das faixas usadas por Kubrick na trilha sonora do filme é arrastada para baixo, aumentada e diminuída[63] gradualmente, como se estivesse sendo ouvida no *wireless* etéreo da mente sonhadora ou tocando no gramofone da memória. Como Ian Penman escreveu sobre o *dub*: "Isso faz da voz não um autodomínio, mas uma expropriação – uma

---

[63] N. da E.: no original *faded in, faded out*. Os efeitos de *fade* são como transições de áudio, o *fade in* de áudio começa com silêncio e aumenta até ao volume máximo, e o *fade out* começa com o volume total e diminui até ao silêncio.

're' possessão pelo estúdio, desviada pelos circuitos ocultos da mesa de som".

a voz do cantor
VAI?

4. NO SALÃO DOURADO

Jameson: "o herói é assombrado e possuído pelos anos 1920..."

A edição de Kubrick do filme não permite que nenhuma das polivalências dessa frase, "It's all forgotten now" [Está tudo esquecido agora], fiquem des(re)apercebidas. A estranheza da música, hoje e há vinte e cinco anos, quando o filme foi lançado, surge da (falsa, mas inevitável) impressão de que ela comenta sobre si mesma e sua época, como se fosse um exemplo de como aquela era – do glamour de Gatsby, decadente, bela e maldita – estava dolorosa e deliciosamente ciente da evanescência e da fragilidade de suas próprias asas de borboleta. Simultaneamente, o lugar da música no filme – ela toca de fundo enquanto um confuso Jack Torrance conversa com Grady sobre o fato de Grady ter se matado após brutalmente assassinar seus filhos – indica que o que foi esquecido também pode ser preservado: por meio do mecanismo de repressão.

Eu não me lembro de nada disso.

Por que este pop do Salão Dourado e todas essas serenatas ao luar e romances de verão têm tanto poder? As versões espectrais do Caretaker dessas músicas perdidas apenas intensificam algo que Kubrick, assim como Dennis Potter, identificou no pop dos anos 1920 e 1930. Eu tentei escrever antes sobre a qualidade peculiar dolorosa dessas canções que são melancólicas mesmo em suas formas mais ostensivamente alegres, para sempre condenadas a substituir os estados que podem evocar, mas nunca instanciar.

Para Fredric Jameson, o Salão Dourado revela uma nostalgia do "último momento em que uma genuína classe ociosa estadunidense conduziu uma existência pública agressiva e ostensiva, projetando uma imagem consciente e sem remorso de si mesma e desfrutando de seus privilégios sem culpa, abertamente armados com cartolas e taças de champanhe, no palco social à vista das outras classes". Mas o significado desse hedonismo elegante e conspícuo deve ser interpretado psicanaliticamente e historicamente. O "passado" aqui não é tanto um período histórico real, mas um passado fantasmático, um tempo que só pode ser postulado retrospectivamente – retroespectralmente. O "salão de baile mal-assombrado" funciona na economia libidinal de Jack (tomando emprestado um neologismo de Irigaray) como o lugar de pertencimento no qual, impossivelmente, as demandas dos superegos paternos e maternos podem ser atendidas, onde a doce e sonhadora utopia de cumprir seu dever seria equivalente a se divertir... Assim, depois de suas conversas com o barman Lloyd e o garçom Grady (as frustrações de Jack por encontrar uma caixa ressonante de um indulgente espelho em branco no primeiro e uma voz patrícia e patriarcal no segundo), Jack passa a acreditar que estava falhando em seu dever como homem e pai se não sucumbisse ao desejo de matar sua esposa e seu filho.

O fardo do homem branco, Lloyd...
O fardo do homem branco...

Se o Salão Dourado parece ser um espaço masculino (não é por acaso que a conversa com Grady ocorre no banheiro masculino), o lugar em que Jack – por meio de intermediários masculinos, intercessores trabalhando em nome da gerência do hotel, do hotel que paga suas bebidas – enfrenta seus "fardos de homem" é também o espaço onde ele pode sucumbir à injunção do superego materno: "desfrute".

Michel Ciment: "Quando Jack chega ao Overlook, ele descreve essa sensação de familiaridade, de bem-estar ("É muito aconchegante"), ele gostaria de "ficar aqui para sempre", e até confessa nunca "ter sido tão feliz e confortável em qualquer outro lugar", referindo-se a uma sensação de *déjà-vu* em que ele "já esteve aqui antes". "Quando alguém sonha com um local ou uma paisagem", segundo Freud, "e enquanto está sonhando pensa 'eu conheço isso, já estive aqui', ele está autorizado a interpretar aquele lugar como substituto dos órgãos genitais do corpo materno".

5. PATRIARCADO/ASSOMBROLOGIA

Não seria a tese de Freud, primeiro explorada em *Totem e tabu* e depois repetida, com uma diferença, em *Moisés e o monoteísmo*, simplesmente esta: o patriarcado é uma assombrologia? O pai – seja o obsceno macaco alfa gozoso de *Totem e tabu*, seja o severo e proibitivo patriarca de *Moisés e o monoteísmo* – é inerentemente espectral. Em ambos os casos, o Pai é assassinado por seus filhos ressentidos que querem retomar o Éden para ter acesso ao gozo total. Com o sangue do pai nas mãos, os filhos descobrem, tarde demais, que isso é impossível. Atingidos pela culpa, eles se dão conta de que o pai morto sobrevive – na mortificação de sua própria carne e na voz interiorizada que exige seu enfraquecimento.

6. MARCAS DA VIOLÊNCIA

[Michel] Ciment: "A própria câmera – com suas sequências frontais, laterais e reversas, seguindo um circuito rigorosamente geométrico – acrescenta ainda mais a uma progressão quase matemática e ao implacável senso de lógica".

Antes mesmo de entrar no Hotel Overlook, Jack está fugindo de seus fantasmas. E o horror, o horror absoluto, é que ele – o assombro e o assombrado – foge para um lugar onde o estão esperando. Essa é a fatalidade impiedosa de *O iluminado* (e o romance é ainda mais brutal do que o filme em seu diagrama das redes de causa e efeito, da terrível necessidade, do "determinismo generalizado" da situação de Jack).

Jack tem um histórico de violência. Tanto no romance quanto no filme, a família Torrance é assombrada pela possibilidade de Jack machucar Danny... Novamente. Jack já perdeu a cabeça e atacou Danny bêbado. Uma aberração, um erro de cálculo, "uma perda momentânea de coordenação muscular. Alguns quilos a mais de energia por segundo, por segundo": então Jack tenta convencer Wendy, e ela tenta se convencer. O romance nos conta mais. Como é que um homem educado e orgulhoso como Jack chegou aqui, reduzido a ficar sentado, com um sorriso falso e gorduroso estampado em seu rosto, aceitando com o rabo entre as pernas tudo o que uma não-entidade corporativa bajuladora como Stuart Ulman lhe oferece? Porque ele foi demitido de seu emprego de professor por atacar um aluno, é claro. É por isso que Jack aceitará e ficará feliz com o trabalho braçal que Ulman tem a oferecer no Overlook.

O histórico de violência é ainda mais antigo. Uma das coisas que faltam no filme, mas que é tratada com mais detalhes no romance, é o relato do relacionamento de Jack com seu pai. É outra versão da história oculta do patriarcado, agora não mais tão secreta: abuso gera abuso. Jack está para Danny como seu pai estava para ele. E o que Danny será para seu filho...?

A violência foi transmitida como um vírus. Está dentro de Jack, como uma fotografia esperando para ser revelada, uma gravação pronta para ser tocada.

Reprimir, reprimir...

7. LAR É ONDE MORA O ASSOMBRO

A palavra "assombro" [haunt], e todas as suas derivações, pode ser uma das palavras em inglês mais próximas do alemão *unheimlich*, cujas conotações polissêmicas e ecos etimológicos Freud desvendou tão profundamente, e tão notoriamente, em seu ensaio "O estranho". Assim, como o uso em alemão permite que o familiar (*das Heimliche*, o "confortável") mude para o seu oposto, o estranho (*das Unheimliche*, "o desconfortável"), então "assombro" significa tanto a morada, o lar e aquilo que o invade ou perturba. O Dicionário Oxford de Inglês lista um dos primeiros significados da palavra "assombro" [haunt] como "fornecer uma casa".

Então, apropriadamente, as melhores interpretações para *O iluminado* o posicionam entre o melodrama e o terror, assim como *Marcas da violência* (2005), de David Cronenberg, é posicionado entre o melodrama e a ação. Em ambos os casos, as piores coisas, o horror real, já estavam dentro... (e o que poderia ser pior do que isso?).

Você nunca machucaria a mim ou a mamãe, não é?

8. A CASA SEMPRE GANHA

Que horrores a grande e imponente casa apresentam? Para as mulheres nos dramas de terror é a ameaça do não-ser, seja porque a mulher será incapaz de se diferenciar do espaço doméstico seja porque – como em Rebecca (ela própria um eco de Jane Eyre) – ela não vai poder ocupar o lugar de um predecessor espectral. De qualquer forma, ela não tem direito ao próprio nome. A maldição de Jack, por outro lado, é que ele não é nada além de um portador do patronímico e tudo o que ele faz terá sempre maior atenção.

Lamento discordar de você, senhor. Mas você é o zelador. Você sempre foi o zelador. Eu sei, senhor. Sempre estive aqui.

9. ESTOU BEM ATRÁS DE VOCÊ, DANNY

[Walter] Metz: "Quando Jack persegue Danny no labirinto com o machado na mão e diz, "Estou bem atrás de você, Danny", além de tentar assustar o menino, ele está prevendo seu futuro".

Ele pode até prever o futuro de Danny, e é exatamente por isso que ele poderia igualmente dizer "Estou à sua frente, Danny...". Danny pode ter fisicamente escapado de Jack, mas e psiquicamente...? *O iluminado* nos deixa com a terrível suspeita de que Danny pode se tornar (seu) pai, que o estrago já foi feito (havia sido feito antes mesmo dele nascer), que a fotografia foi tirada, a gravação feita; tudo o que resta é o momento de desenvolvimento, de reprodução.

Revelado!

(E como Danny escapa de Jack? Andando na direção contrária às pegadas de seu pai).

10. O NÃO TEMPO DO TRAUMA

JACK: Sr. Grady. Você era o zelador aqui. Te reconheço. Vi suas fotos nos jornais. Você, uh... Cortou sua esposa e filhos em pedacinhos. Depois explodiu seus miolos.
GRADY: Isso é estranho, senhor. Não me lembro de nada disso.

Em que momento Jack conhece Grady?

Parece que o assassinato – e o suicídio – já tinha acontecido, Grady diz a Jack que ele teve que corrigir suas filhas. Ainda assim, e sem nenhuma surpresa, Grady não tem memória nenhuma – "It's all forgotten now", de Bowlly, flutua ao fundo – de qualquer um desses eventos.

Não me lembro de nada disso.

(E aí você pensa, bem, esse não é tipo de coisa que você se esqueceria, matar a si mesmo e aos seus filhos, não é? Mas, claro, não é o tipo de coisa que você poderia lembrar. É um caso exemplar do que deve ser reprimido, o real traumático.)

JACK: Sr. Grady. Você era o zelador aqui.

GRADY: Lamento discordar de você, senhor. Mas você é o zelador. Você sempre foi o zelador. Eu sei, senhor. Sempre estive aqui.

11. OVERLOOKED

Overlook:

Ter uma visão de cima.

Deixar de notar ou considerar; negligenciar.

BLUES ASSOMBROLÓGICO: LITTLE AXE

Blogue k-punk, 3 de outubro de 2006

Já que estamos falando sobre assombrologia, precisamos mencionar *Amada*: não só o romance de Toni Morrison, mas também o surpreendente filme de Jonathan Demme. É revelador que Demme seja celebrado por seu tolo *grand-guignol*, *O silêncio dos inocentes*, enquanto *Amada* é esquecido, reprimido e excluído. O pastiche colorido de Anthony Hopkins como Hannibal Lecter certamente não assusta ninguém, enquanto o desempenho autômato e inocente-malévolo de Thandie Newton é quase insuportável: é grotesco, perturbador, se move na medida certa.

Como *O iluminado* – um filme que também foi amplamente rejeitado por quase uma década –, *Bem-Amada* (1998) nos lembra que os Estados Unidos, com seus anseios angustiados por uma "inocência" da qual nunca pode desistir, é assombrado por assombrar a si mesmo. Se os fantasmas existem, o que era para ser um *novo começo*, uma ruptura completa, acaba sendo uma repetição, a mesma velha história. Os fantasmas deveriam ter sido deixados no Velho Mundo... Mas cá estão eles...

Enquanto o filme de Kubrick escava sob a estrutura assombrológica da família estadunidense e encontra um cemitério indígena, *Bem-Amada* nos lança bem no coração atroz de *outro* genocídio dos Estados Unidos: a escravidão e suas consequências. Sem dúvidas, o fracasso comercial do filme foi em parte devido ao fato de que as feridas são muito cruas e os fantasmas muito reais. Quando você sai do cinema, não há como escapar desses espectros, das aparições de um real que não pode ser encarado, mas que não vai embora. Alguns espectadores reclamam que *Bem-Amada* deveria ter sido reclassificado como terror... A história estadunidense também...

Amada me vem à mente com frequência quando ouço *Stone cold Ohio*, o novo LP de Little Axe. O artista tem lançado discos por mais de uma década, mas nos anos 1990 meu sistema nervoso estava acelerado demais pela loucura do *jungle*, e eu ainda não estava pronto para ser seduzido por seu lúgubre *dub blues*. No entanto, em 2006, os pântanos assombrados de *Stone cold Ohio* assumiram seu lugar no assombrológico agora, ao lado da South London perseguida pelos fantasmas de Burial e dos canais de televisão abandonados do Ghost Box. Desde que recebi o disco na semana passada, não escutei quase nada além disso; e quando não estava imerso no álbum, estava revisitando os outros quatro LPs do Little Axe. A combinação de vozes arrepiantes (algumas originais, outras *sampleadas*) com o *dub space* à deriva é profundamente viciante. O mundo de Little Axe é arrebatador, vívido, muitas vezes angustiante; é fácil se perder nesses matagais e neblinas, nas plantações-fantasmas construídas sob a crueldade casual, nas igrejas improvisadas que alimentavam sonhos coletivos de fuga...

Pastores...
Vocês não escutam os cordeiros chorando?[64]

As gravações de Little Axe são destruídas pela dor coletiva. Gaitas espectrais lembram lobos que uivam; os ecos perduram como feridas que nunca cicatrizam; as vozes dos vivos entram em harmonia com as vozes dos mortos em canções repletas de reprovação, recriminação e fome de redenção. No entanto,

---

[64] N. da T.: shepherds.../ Do you hear the lambs are crying?

anseios utópicos também se agitam nos pântanos fétidos e cemitérios não identificados; há também momentos de desafio intransigente e alegria fugitiva.

Eu sei que meu nome está escrito no Reino...[65]

Little Axe é o projeto de Skip McDonald. Devido ao seu envolvimento com nomes como Ohio Players, Sugarhill Gang e Mark Stewart, McDonald sempre foi associado a um pop orientado para o futuro. Se Little Axe parece à primeira vista um recuo do choque futurista total – McDonald voltando ao seu primeiro encontro com a música, quando aprendeu a tocar *blues* no violão de seu pai – não estamos lidando aqui com a familiar e cansativa história de um repúdio "maduro" ao modernismo em nome da recriação da forma tradicional. Na verdade, a temporalidade anacrônica de Little Axe pode ser vista como mais uma representação desse choque futuro; exceto que, desta vez, é o vasto trauma inassimilável, a catástrofe da escravidão que está sendo confrontada (talvez sempre tenha sido...).

Mesmo que Little Axe possa ser descrito como uma "atualização do *blues* para o século XXI", ele poderia ser igualmente visto como uma descida do século XXI para o início do século XX. A diacronia é uma reminiscência daqueles momentos, como no romance de Stephen King, onde velhas fotografias ganham (uma espécie de) vida, e há uma suspensão alucinatória da sequencialidade. Ou, melhor, para os deslizes do tempo em *Kindred*, de Octavia Butler, onde personagens contemporâneos são abduzidos de volta para o pesadelo acordado da escravidão (a questão é: o pesadelo nunca terminou de verdade...).

Não há dúvidas de que o *blues* tem uma posição privilegiada na metafísica da presença do pop: a imagem do cantor-compo-

---

[65] N. da T.: I know my name is written in the Kingdom...

sitor sozinho com sua guitarra dá ao "rockismo" seu emblema de autenticidade autoral. Mas o retorno de Little Axe aos supostos primórdios perturba isso, mostrando que havia fantasmas em sua origem. A assombrologia é o modo temporal adequado para uma história feita de lacunas, nomes apagados e abduções repentinas. Os traços do *gospel*, *spirituals* e *blues* a partir dos quais o disco é montado não são relíquias de uma presença perdida, mas os fragmentos de um tempo permanentemente desordenado. Essas músicas eram vastas obras coletivas de luto e melancolia. Little Axe confronta a história estadunidense como um único "império do crime", onde a Guerra ao Terror é condenada na faixa de abertura – uma recanalização pós-11 de setembro de "If I had my way", de Blind Willie Johnson – e o terror da escravidão é contínuo.

Quando entrevistei Skip, ele enfatizou que as faixas de Little Axe sempre começam com os *samples*. A origem está desarticulada. Ele já descreveu a metodologia anacrônica que usa para se transportar ao passado. "Gosto de surfar no tempo. O que eu gosto de fazer é estudar os períodos de tempo – entrar neles tão profundamente até sentir sua pressão". A imersão penetrante nas músicas antigas permite que McDonald volte no tempo e que os fantasmas avancem. É um tipo de possessão (lembrando a afirmação de Oprah Winfrey de que ela e o elenco estavam "possuídos" enquanto faziam o filme *Bem-Amada*). Os registros de Little Axe mistificam habilidosamente questões de autoria e atribuição, origem e repetição. É difícil separar os *samples* das composições, impossível traçar linhas firmes entre uma versão da composição e uma canção original. As músicas são palimpsestos densos em termos de textura, acrescentados, não criados. Os vocais do próprio McDonald, por sua vez, tristes, silenciosamente enfurecidos e afirmativos, costumam ser duplicados e também dublados. Isso e a instrumentação moderna se afundam repetidamente em um sépia granulado de trilhas nebulosas reverberantes, caindo em uma contemporaneidade diacrônica com os estalos dos *samples*.

Em seu artigo mais marcante sobre Tricky (na verdade, onde a assombrologia sônica foi abordada pela primeira vez), Ian Penman reclamou do "humanismo medido de Greil Marcus que deixa pouco espaço para o SINISTRO na música". Little Axe é intrigante em parte porque o uso do *dub* nos possibilita encontrar o *blues* novamente de forma estranha e definitiva. Ele posiciona o *blues* não como parte da história estadunidense, como Marcus faz, mas como uma parte do Atlântico Negro. O que torna a combinação entre *blues* e *dub* muito mais do que um truque é uma lógica estranha por trás da sobreposição de duas partes do Atlântico Negro.

O papel de Adrian Sherwood na banda é crucial. Sherwood disse que Little Axe se inspira no pensamento de que há um lugar comum a ser encontrado "na música do Captain Beefheart e Prince Far I, King Tubby e Jimi Hendrix". Nas mãos erradas, um sincretismo como esse pode acabar como uma receita para o humanismo universal enfadonho. Mas Sherwood é um designer de música da OtherWorld, um especialista em estranheza, uma espécie de anti-Jools Holland. O que é mais nocivo sobre Holland é a maneira como, sob sua chefia, o pop é desartificializado, renaturalizado, traçado de forma obscura até uma fonte facializada. O *dub*, evidentemente, vai exatamente na direção oposta – a permanência de um vocal esquisito apontando uma estranheza inerente. Quando entrevistei Sherwood, ele ficou encantado com a minha descrição de sua arte como "esquizofônica" – ele separa sons de fontes, ou pelo menos oculta a relação entre as duas. A tirania do programa de Jools Holland tem correspondido com a ascensão do pop sem sentido que suprime o papel de gravação e produção. Mas, como cita Penman, "o *dub* foi um grande avanço porque a costura de sua gravação foi virada do avesso para que pudéssemos ouvir e exultar; quando estávamos acostumados com o *rec* da gravação sendo reprimido, recuado, como se realmente fosse apenas uma representação de algo que já existia por si mesmo".

Daí o que eu chamei de *dub*tração; e o que é subtraído, antes de tudo, é a presença. O termo de Pierre Schaeffer para um som separado de uma fonte é "acusmático". O produtor de *dub*, então, é um "acusmático", um manipulador de fantasmas sônicos que foram separados de corpos vivos. O tempo do *dub* é morto, e o papel necromântico do produtor – de ressuscitar os mortos – é duplicado por tratar os vivos como se estivessem mortos. Para Little Axe, assim como para outros *bluesman* e os cantores e músicos jamaicanos que são canalizados, a assombrologia é um gesto político: um sinal de que os mortos não serão silenciados.

Sou um prisioneiro
De alguma forma, me libertarei.[66]

---

[66] N. da T.: I'm a prisoner/ Somehow I will be free.

NOSTALGIA MODERNISTA:
THE FOCUS GROUP E BELBURY POLY

"Eu e meu amigo Jim Jupp fizemos música por um tempo, juntos e separados, e também estávamos obcecados pelas mesmas coisas – o horror cósmico de Machen, Lovecraft, o *Radiophonic Workshop*, *weird folk* e o oculto. Percebemos que queríamos lançar nossa música, mas também criar nosso próprio mundo onde pudéssemos tocar com todos esses pontos de referência. Começar nossa própria gravadora foi a única maneira de fazer isso". Julian House descreve como ele e seu amigo de escola Jim Jupp fundaram a gravadora Ghost Box.

Com um bucolismo pouco usual, encharcado por um sol pós-psique-délico superexposto, as gravações da Ghost Box são intranquilas de ouvir. Se a nostalgia é conhecida por ser a "saudade do lar",[67] então o som da gravadora diz respeito a não sentir essa saudade,[68] aos espectros misteriosos que entram no ambiente doméstico através do tubo de raios catódicos. Em certo sentido, a Ghost Box é a própria televisão; ou uma televisão que desapareceu, tornando-se ela própria um fantasma, um canal para o outro lado, lembrada apenas por pessoas de uma determinada época. Sem dúvidas, há um momento em que cada geração começa a ansiar pelos arquétipos de suas infâncias – mas realmente havia algo de especial na TV dos anos 1970 que a Ghost Box usa obsessivamente como referência?

"Havia algo definitivamente poderoso na TV infantil daquele período", afirma House. "Acho que foi logo depois dos

---

[67] N. da E.: no original *homesickness*.

[68] N. da E.: no original *unhomesickness*.

anos 1960, esses músicos, animadores e cineastas que passaram pela psicodelia e pelo *folk* lisérgico possuíam essas estranhas obsessões sombrias que apresentavam em seus programas de TV. Além disso, alguém como Nigel Kneale obviamente veio de uma tradição de H. P. Lovecraft – a ciência do século XX usada como pano de fundo para o terror cósmico e o ocultismo. Os temas que ele explorou na série *Quatermass* finalmente encontraram seu caminho em *Doctor Who*, *Children of the Stones* [Crianças das pedras] e *Sapphire and Steel*. Se você olhar para a BBC Radiophonic Workshop, pessoas como David Cain também estudaram música medieval, e ele fez um ótimo álbum *folk* eletrônico obscuro chamado *The Seasons*. E alguns dos arranjos de Paddy Kingsland trazem à mente o Pentangle. É como se houvesse essa coisa estranha de passado/futuro que veio depois da psicodelia".

O afeto produzido pelos lançamentos da Ghost Box (som e imagens, as últimas absolutamente integrais) é o inverso direto da irritante citação-*blitz* pós-moderna. A marca do pós-moderno é a extirpação do estranho, a substituição do formigante desconforto do desconhecido por um conhecido presunçoso e hiperconsciente. A Ghost Box, ao contrário, é uma conspiração do meio esquecido, do mal lembrado e do confabulado. Ao ouvir gêneros sonoros que têm a base em *samples*, como o *jungle* e o *hip hop* mais antigo, você normalmente se vê experimentando um *déjà vudu* ou *déjà entendu*, no qual um som familiar, tornado estranho pelos *samples*, incomoda um pouco além da reconhecibilidade. Os lançamentos da Ghost Box evocam uma sensação de *déjà vu artificial*, em que você é levado a pensar que o que está ouvindo tem sua origem em algum lugar no final dos anos 1960 ou início dos anos 1970: não uma memória falsa, mas uma simulação. Os espectros na assombrologia da Ghost Box são os contextos perdidos que, imaginamos, devem ter provocado os sons que estamos ouvindo: programas esquecidos, séries não autorizadas, episódios-pilotos que foram cancelados.

Belbury Poly, The Focus Group e Erich Zann – são nomes de uma década de 1970 alternativa que nunca acabou, um mundo reconstruído digitalmente no qual o analógico segue imperando, um passado próximo moorcockiano embaralhado no tempo. Esse retorno ao analógico via digital é uma das maneiras pelas quais as gravações da Ghost Box não são simulações diretas do passado. "Gostamos de confundir as fronteiras entre sintetizadores analógicos e a tecnologia digital. Jim usa uma combinação de ambos. No material do Focus Group, há *samples* de álbuns antigos de percussão e efeitos digitais, sons processados e sons eletrônicos gerados no computador. Acho que tem a ver com esse espaço entre o que acontece no computador e o que acontece fora dele. A gravação do espaço, a reverberação real do som da sala e o espaço virtual no disco rígido. Como se fossem diferentes dimensões".

"Foi um estrondo quando o Fairlights e o DX7s apareceram na música eletrônica em 1980", ressalta Jupp. "Suponho que a tecnologia digital é um ponto de inflexão na cultura em geral, mesmo na forma como a televisão é feita". No entanto, o som de Belbury Poly depende do equipamento digital. "No centro de tudo está um computador, e não escondemos esse fato. Dito isso, estou sentado agora no estúdio que é formado principalmente por sintetizadores analógicos e uma pilha de instrumentos acústicos, o que fazemos não poderia existir sem o *hip hop*, a cultura de *samples* e o acesso a instrumentos eletrônicos baratos. É revisitar velhas texturas e velhos mundos imaginários com novas ferramentas".

Jupp ri quando sugiro que houve um certo momento da cultura britânica dos anos 1970 que foi suavizado pelo brilho e estilo dos anos 1980. "É quase como se tivéssemos nos 'americanizado', consertado nossos dentes e começado a tomar banhos regulares. Outro dia estava conversando com alguém cuja namorada não suporta que ele assista a seriados antigos, ela sempre chama isso de TV grotesca. Eu sei o que ela quer dizer. Mas tenho a sensação de que nos anos 1980 a TV, o rádio e os discos foram desinfetados, tornando-se angulares, digitais, estadunidenses, otimistas e coloridos".

A Ghost Box explora um *continuum* sônico que se estende desde o alegre e peculiar até o sinistro. Os predecessores mais óbvios estão na "música funcional", sons projetados para pairar no limite da perceptibilidade, não para ocupar o centro do palco: melodias características, músicas que são instantaneamente reconhecíveis, mas nas quais os atores, mais frequentemente (auto)designados como técnicos, em vez de artistas, permanecem anônimos. O BBC Radiophonic Workshop (cujas duas "estrelas", Delia Derbyshire e Daphne Oram, que se tornaram amplamente reconhecidas após suas mortes) seria o modelo óbvio. House concorda: "Acho que a referência principal é o BBC Radiophonic Workshop, que é extremamente experimental (a vanguarda eletrônica da Grã-Bretanha, o equivalente a GRM de Pierre Schaeffer na França etc.), mas também é incrivelmente evocativo do rádio e da televisão com os quais crescemos. Acho que esse aspecto obscuro e vagamente lembrado dos velhos filmes da Hammer,[69] *Doctor Who*, *Quatermass*, é importante – não é como uma reminiscência de 'Eu Amo 1974'. Em vez de ser apenas uma nostalgia, ele desencadeia algo mais sombrio, você é lembrado das ideias estranhas desses programas, do que estava submerso, em vez de se lembrar apenas da trilha sonora. Acho que é por isso que a trilha sonora é uma grande influência – você ouve os álbuns separados do contexto e isso opera em um nível inconsciente, como pistas musicais para visuais ausentes".

---

[69] N. da E.: Hammer Film Productions é uma companhia cinematográfica britânica especializada em filmes de terror.

"Quando cresci, episódios de *Doctor Who* como "Os demônios marinhos" me assombravam, da mesma forma que monstros e cenários ligeiramente instáveis têm seu próprio horror misterioso. As altas explosões da música atonal. A primeira vez que vi o filme da Hammer, *Uma sepultura na eternidade* (1967), realmente fiquei impressionado. E aquelas animações do Leste Europeu tinham uma certa qualidade. Além disso, também certos filmes de informação pública".

A Ghost Box preside um mundo (ligeiramente) alternativo no qual o BBC Radiophonic Workshop era mais importante que os Beatles. Em certo sentido, esse é o nosso mundo, porque o Radiophonic Workshop tornou obsoleto até mesmo o *rock* mais experimental antes mesmo dele acontecer. Mas é claro que não é uma comparação; os Beatles ocuparam o palco principal do espetáculo do pop, enquanto o Radiophonic Workshop insinuava seus *jingles*, identidades sonoras, temas e efeitos especiais na trama da vida cotidiana. Era propriamente *unheimlich*, desconfortável, fundamentalmente ligado a um ambiente doméstico que havia sido tomado pela mídia.

Naturalmente, a Ghost Box foi acusada de ser nostálgica, e é claro que isso desempenha um papel em seu apelo. Mas sua estética, de fato, exibe um impulso mais paradoxal: em uma cultura dominada pela retrospecção, eles sentem saudade de nada menos do que do próprio modernismo (popular). Eles são mais atraentes quando colocam a discronia em primeiro plano, o tempo interrompido – como em "Caermaen", do Belbury Poly (do disco *The Willows*, de 2004) e "Wetland" (de *The owl's map*, de 2006), onde vozes *folk* são evocadas do além para cantar músicas novas. A discronia é parte integrante de toda metodologia do Focus Group; as junções são muito audíveis e os *samples* muito irregulares para que suas faixas saiam como artefatos recondicionados.

Em qualquer caso, em seu melhor, a Ghost Box evoca um passado que nunca existiu. Sua obra de arte funde a aparência de livros escolares abrangentes e manuais de serviços públicos com alusões a ficções bizarras, uma fusão que tem mais a ver com as compressões e combinações do trabalho onírico do que com a memória. O próprio House fala de "um sonho estranho com um livro escolar". A demanda implícita na Ghost Box por tal espaço inevitavelmente nos lembra de que o período iniciado em 1979 na Grã-Bretanha viu a destruição gradual, mas implacável, do próprio conceito de público. Ao mesmo tempo, a gravadora também nos lembra de que as pessoas que trabalharam na BBC Radiophonic Workshop eram efetivamente servidores públicos, contratados para produzir um espaço público esquisito – muito diferente da monotonia burocrática invocada pela propaganda neoliberal.

O espaço público foi consumido e substituído por algo como um terceiro lugar, tipificado por franquias de cafeterias. Esses espaços são estranhos apenas em seu poder de reproduzir a mesmice, e a monotonia ambiente da Starbucks é reconfortante e estranhamente desorientadora; dentro deste casulo, é possível literalmente esquecer em que cidade você está. O que chamei de "nomadalgia" é a sensação de mal-estar que esses ambientes anônimos, mais ou menos iguais em todo o mundo, provocam; o enjoo produzido ao se mover por espaços que poderiam ser em qualquer lugar. Nossa... O que aconteceu com o nosso espaço, ou com a ideia de um público que não fosse reduzido a um agregado de preferências dos consumidores?

Na Ghost Box, o conceito perdido de público tem uma presença em uma ausência muito palpável, por meio de *samples* de anúncios de serviços públicos (aliás, uma conexão entre o *rave* e a Ghost Box é o *sample* do Prodigy desse tipo de anúncio em "Charly"). Anúncios de serviços públicos – lembrados porque muitas vezes podem ser inquietantes, especialmente para crianças – constituem uma espécie de reserva material do inconsciente coletivo. Desenterrar tais programas agora não pode deixar de funcionar como uma demanda por um retorno do próprio conceito de serviço público. A Ghost Box invoca repetidamente órgãos públicos – por meio de nomes (Belbury Poly, Advisory Circle) e também de formulários (o folheto turístico, o livro didático).

Confrontado com a intensa poluição semiótica do capital e sua aderência ao ambiente urbano com signos idiotas e *slogans* imbeciloides, ninguém – nem as pessoas que os escreveram, nem aquelas a que se destinam – acredita nisso. A pergunta que fazemos é: e se todo o esforço que foi feito neste lixo chamativo fosse dedicado ao bem público? Se não por outro motivo, a Ghost Box vale a pena ser guardada com carinho, porque ela retoma essa pergunta com força renovada.

A DOR DA NOSTALGIA: THE ADVISORY CIRCLE

"The Advisory Circle – ajudando você a tomar as decisões certas". Com sugestões burocráticas benevolentes, The Advisory Circle sempre foi o nome perfeito para um artista da Ghost Box. Em *Mind how you go* (2005), o produtor e arquivista de vinis Jon Brooks produziu uma espécie de pastoralismo anglo-analógico que é tão comovente quanto qualquer coisa que o selo tenha lançado. No que já foi estabelecido como o rotineiro estilo Ghost Box, os rabiscos do sintetizador analógico de Brooks – ainda mais poderosamente, de alguma forma, por sua modesta leveza – gentilmente acionam os gatilhos de (falsos) caminhos da memória, induzindo a rememoração de um passado mediado em massa que nunca foi experimentado completamente. *Mind how you go* invoca frequentemente o talismã do paternalismo da década de 1970, os filmes de informação pública, e talvez não seja por acaso que a ascensão da Ghost Box coincidiu com o surgimento do YouTube, que traz filmes de informação pública e outras modalidades semelhantes ao material dos anos 1970 – em uma experiência audiovisual amplamente disponível novamente.

O que Brooks capta de maneira extremamente pungente é o conjunto conflituoso de emoções envolvidas no desejo nostálgico. As faixas "Mind how you go" e "Nuclear substation" evocam a lembrança da luz do sol dos verões da infância, mesmo quando suas melodias tristes são acompanhadas por uma profunda sensação de perda. No entanto, há uma alegria contida, mas muito definida, na forma como uma faixa como "Osprey" atinge uma espécie de flutuação hesitante. Não é à toa que a palavra *dor* costuma ser associada à nostalgia; e a música do The Advisory Circle dói positivamente como uma tristeza que é simultaneamente dolorosa e agradável. O disco *As the crow flies*, de 2011, soou mais *folk* do que os lançamentos anteriores do artista, com violões rastejando sobre os sintetizadores analógicos como se fossem plantas se espalhando pela fachada de um edifício brutalista. A faixa final do álbum, "Lonely signalman", reúne lindamente essas diferentes texturas: seu refrão codificado ("o sinaleiro vive sozinho/ o sinaleiro está completamente sozinho")[70] é simultaneamente lúdico e plangente, uma típica combinação de seu trabalho. Perguntei a Brooks sobre as raízes da tristeza primorosa que dá cor à sua música.

"Muito disso vem da minha infância. Sem querer ir muito longe na história do 'artista torturado', fui educado em períodos cíclicos de proteção, segurança, contentamento, ansiedade, desespero e tristeza. Como adulto, consegui trabalhar muitos desses sentimentos e canalizá-los para o que estou fazendo musicalmente. Felizmente, agora posso entender muitas coisas que aconteceram naquela época; posso equilibrar isso com qualquer cicatriz residual que tenha ficado. Não estou dizendo que estou feliz por ter tido uma infância turbulenta, mas valeu a pena, indelevelmente moldou minha arte."

Há um impulso paradoxal por trás do trabalho de Brooks. Ele é fascinado pela cultura funcional – aquilo que não ouvimos ou vemos conscientemente, mas que molda nossa experiência ambiente –, mas a atenção dada ao pano de fundo necessariamente o empurra para o primeiro plano. *Music for Dieter Rams*,[71] uma homenagem ao designer que ficou conhecido por

---

[70] N. da T.: signalman lives all alone/ signalman is all alone.

[71] N. da E.: Dieter Rams é um designer industrial alemão e um dos mais influentes designers do século XX.

seu trabalho na empresa Braun, lançado por [Jon] Brooks em 2011, foi uma tentativa de unir a música e o design funcional. O *slogan* de Rams "menos é mais" poderia igualmente se aplicar à concepção original da *música ambiente*. Afinal, qual sua ambição senão que a música atingisse a onipresença despretensiosa de muitos dos produtos da Rams – todos aqueles rádios, cafeterias e calculadoras embutidos na vida cotidiana, sem que as pessoas conhecessem seu criador? Talvez por esse motivo, Brooks não seja o primeiro artista a dedicar músicas para Rams: Alva Noto dedicou ao designer duas faixas maravilhosamente misteriosas de seu álbum *For* 2. São essas coisas à espreita em nossa consciência, coisas que tínhamos como garantidas na época, que agora evocam o passado de forma mais poderosa.

"Em retrospecto", diz Brooks, "o fato de que essas coisas são tão evocativas ao passado, acentua e cristaliza meu interesse por elas; mas, na verdade, sempre me interessei pelas coisas 'em segundo plano' – para mim, é onde as coisas realmente interessantes sempre estiveram. Quando criança, eu era igualmente fascinado pelas trilhas usadas na TV (ou temas de TV), assim como por músicas pop; por coisas que não deveríamos notar. Eu costumava procurar testes de transmissões de TV, por exemplo, e, claro, filmes de informação pública. As transmissões da Open University causaram o mesmo fascínio; essas transmissões não eram direcionadas a uma criança de oito anos, mas mesmo assim fui atraído por elas. Também fui atraído por logotipos, marcas e assim por diante. Me lembro de ficar particularmente encantado com os logotipos de certas gravadoras – Polydor, Decca e Pye eram minhas favoritas. Eu adorei a aparência deles nos discos e muitas vezes sentava em frente à vitrola e a observava girar, enquanto o disco tocava. Havia algo muito elegante nisso. Novamente, essas coisas foram apresentadas como 'funcionais', à sua própria maneira. Então, o fascínio sempre esteve lá. Ele apenas se manteve comigo."

Esses objetos e espaços também são funcionais. Seria Brooks particularmente fascinado pela cultura que opera de maneira ostensivamente funcional?

"Sou absolutamente fascinado por esse aspecto. Correndo o risco de ser um pouco tangencial, tomando o conceito de Muzak como exemplo, gostei muito de ler *Elevator music* [Música de elevador], de Joseph Lanza. É um ótimo exemplo de como trazer o plano de fundo para o primeiro plano, na forma de música estritamente 'funcional'. Isso está, inclusive, um passo à frente da biblioteca de áudio.[72] Sempre fui fascinado pelo aspecto cultural disso – como podemos ter pequenos alto-falantes instalados no teto das lojas, e a música apenas tocar sem que ninguém perceba; eles a chamavam de "música para não-entretenimento" na época. Muzak ganhou uma péssima reputação na década de 1970, mas se você voltar e ouvir algumas das músicas que foram produzidas para o sistema, você encontrará alguns arranjos muito compactos escondidos ali. Compositores altamente valorizados por colecionadores de discos, por exemplo Sven Libaek e Syd Dale, trabalharam para ele. Da mesma forma, aplico esse fascínio ao design doméstico ou a lojas de conveniências em rodovias. Dieter Rams estava interessado em criar algo que simplesmente funcionasse, com elegância e simplicidade. Eu amo o fato de que ele não estava procurando a fama com seus desenhos, mas agora podemos celebrá-los publicamente e dar a ele os holofotes, assim como descobrimos compositores como Sven Libaek".

---

[72] N. da E.: em inglês Library Music, a biblioteca de áudio é pré-gravada e licenciada com o objetivo de ser apresentada em várias mídias. Esta música isenta de *royalties* é propriedade da biblioteca e está prontamente disponível para qualquer tipo de projeto criativo. Licenciar uma faixa de uma biblioteca de áudio significa que ela também está pré-liberada para uso em várias plataformas mundialmente.

MEMÓRIAS DE OUTRO: ASHER, PHILIP JECK, BLACK TO COMM, G.E.S., POSITION NORMAL E MORDANT MUSIC

Em 2009, um artista conhecido como Asher lançou um álbum chamado *Miniatures* pelo selo Sourdine. A única informação na capa era a seguinte declaração concisa: "gravado em Somerville (Massachusetts), no inverno de 2007". Rumores e mistérios proliferam em um vácuo de dados, e *Miniatures* coloca o ouvinte em estados de suspensão e suspeita: o que estamos ouvindo exatamente? Quem criou isso? O que significa "criar" neste contexto? E que sentido a palavra "gravado" emprega?

Vamos considerar os fatos em áudio, como eles são. Mesmo aqui, há um velamento – todos os rastros estão cobertos por uma névoa de estalos. O que ouvimos é principalmente o piano, embora cordas ocasionais também possam ser detectadas. O piano é contemplativo, reflexivo, primorosamente triste: o ritmo lúgubre parece literalmente a noção de saudade. A névoa de estalos e o silêncio da reprodução significam que você deve se "inclinar" para ouvir a música – tocada em fones de ouvido no iPod, ela praticamente desaparece nos ruídos das ruas ao fundo.

Como as faixas foram criadas? Pelo menos duas teorias circulavam *on-line*. A primeira, que parece ser a mais próxima de qualquer história oficial, afirma que as faixas em *Miniatures* eram seções curtas gravadas do rádio por Asher e depois digitalizadas. (Nesse caso, ele deveria comprar um rádio com uma melhor frequência.) A outra teoria é que as peças para o piano foram tocadas por ele em fita de baixa qualidade, depois submetidas a outros processos de distorção digital para dar a impressão de que são objetos sonoros encontrados aleatoriamente. O status não resolvido das músicas não é um enigma conceitual seco que prejudica a experiência de audição; em vez disso, o enigma na verdade aumenta sua beleza frágil e fragmentária, sua intimidade misteriosa.

Miniatures foi um dos vários álbuns dos anos 2000 cujo som era centrado na assinatura sônica dos estalos. Por que o estalo deve ressoar agora? A primeira coisa que podemos dizer é que o estalo expõe uma patologia temporal: torna o tempo "fora do tempo" audível. O estalo invoca o passado e marca nossa distância dele, nos lembra de que estamos ouvindo uma gravação, destruindo a ilusão de que somos co-presentes com o que escutamos. Evoca todo um regime de desaparecimento da materialidade – uma materialidade tátil, perdida para nós em uma era em que as fontes sonoras se afastaram da apreensão sensorial. Artistas como Tricky, Basic Channel e Pole começaram a estalar o vinil no exato momento em que os discos estavam sendo substituídos. Naquela época, era o CD que tornava o vinil obsoleto. Agora, o MP3 não pode ser visto nem tocado, muito menos manipulado como o disco de vinil.

O digital parece prometer uma fuga da própria materialidade, e a história do álbum *Disintegration loops* (2002), de William Basinski – uma gravação em fitas que se destruíram no próprio processo de transferência para o digital – é uma parábola (quase perfeita) para a mudança da fragilidade do analógico para a reprodutibilidade infinita do digital. O que perdemos, pode parecer muitas vezes, é a própria possibilidade de perda. O arquivamento digital significa que a evanescência fugitiva que há muito caracterizava, por exemplo, a exibição de programas de televisão – vistos uma vez, e depois apenas lembrados – desapareceu. Agora a realidade é que as experiências que pensávamos estarem perdidas para sempre podem – graças a *sites* como o YouTube – não apenas ser recuperadas, mas repetidas infinitamente.

O estalo, então, conota o retorno de uma certa sensação de perda. Ao mesmo tempo, é também o sinal de um objeto encontrado (áudio), a indicação de que estamos no espaço de um catador de dejetos. É por isso que o estalo é uma marca registrada de alguém como o artista-de-toca-discos Philip Jeck. A primeira gravação de Jeck apareceu em 1999, mas seu trabalho ganhou uma nova importância por conta de sua convergência com o que Burial e The Caretaker estavam fazendo. Jeck se inspirou ao ouvir mixagens de Walter Gibbons, Larry Levan e Grandmaster Flash nos anos 1980, mas suas montagens reconcebem o DJing como a arte de produzir uma fantasmagoria sônica. Usando um toca-discos Dansette, unidades FX e discos encontrados em lojas de caridade,[73] Jeck desfamiliariza o material de origem do vinil ao ponto de quase abstração. Ocasionalmente, fragmentos reconhecíveis (*rock* dos anos 1960, do *kitsch lite* clássico ao estilo Mantovani) surgem de forma emocionante na corrente barulhenta de delírio.

Jeck começou sua extraordinária versão para *The sinking of the Titanic*, de Gavin Bryars (que ele interpretou em colaboração com o conjunto italiano Alter Ego e o próprio Bryars) com quase quatorze minutos de estalo. Nessa névoa de áudio, objetos ameaçadores aparecem, mal percebidos. À medida que ouvimos, começamos a desconfiar de nossa própria audição e começamos a perder a confiança em nossa capacidade de distinguir as alucinações sonoras do que realmente está lá. Cordas sinistras e um sino solitário produzem uma atmosfera de silencioso pressentimento,

---

[73] N. da E.: muito populares na Inglaterra, as lojas de caridade são estabelecimentos que vendem produtos novos e usados com o objetivo de arrecadar fundos para diversas organizações. Como os produtos vendidos provêm de doações, os preços praticados nas lojas de caridade em geral são extremamente baixos.

e o conjunto – a princípio sombras indistintas em uma tempestade no estilo de Turner – emerge gradualmente da nuvem de estalos. Aqui, como em *Miniatures*, o estalo sugere a estática do rádio. O naufrágio do Titanic, de fato, levou ao primeiro uso de radiotelegrafia em um salvamento marítimo. Como Bryars aponta em suas notas de encarte, Marconi concebeu a telegrafia como uma ciência espectral. Ele "se convenceu de que os sons, uma vez gerados, nunca morrem, eles simplesmente se tornam mais e mais fracos até que não os percebemos mais. A esperança de Marconi era desenvolver equipamentos suficientemente sensíveis, filtros extraordinariamente poderosos e seletivos para captar e ouvir esses sons do passado. No final das contas, ele esperava ser capaz de ouvir Cristo falando o Sermão da Montanha".

Jeck se refere às fontes sonoras que ele usa como "fragmentos de memória, desencadeadores de associações", mas é crucial que as memórias não sejam necessariamente suas; o efeito às vezes é como examinar uma caixa de *slides*, fotografias e cartões-postais de pessoas anônimas que há muito desapareceram. Essa mesma sensação de se deparar com as memórias órfãs de outras pessoas pode ser ouvida no álbum *Circulations* (2009), do G.E.S. (Gesellschaft Emanzipation des Samples). Há algum mistério sobre quem está por trás do G.E.S., mas o projeto parece ser uma fachada para o diletante fanático Jan Jelinek, mais conhecido por seu *Loop-finding Jazz Records*, que construiu uma versão mínima de *techno* a partir de *samples* minúsculos de *jazz*; Jelinek também produziu o *microhouse* sob o nome de Farben and Ambient as Gramm. A ideia do G.E.S. era pegar *micro samples*, fazer um *loop* e uma colagem, reproduzi-las em espaços públicos e registrar os resultados. As leis normais de direitos autorais se aplicariam se a música fosse *sampleada* nessas condições? As faixas são como cartões-postais de áudios sem assinatura, gravados às vezes em lugares nomeados (Monte Zermatt e Hong Kong são mencionados nos títulos das faixas), às vezes em lugares que podemos apenas adivinhar, usando as vozes e ruídos de fundo para nos orientar. "Birds of Heraklion" começa por pulsos eletrônicos distorcidos antes de ser varrida para trás de uma seção de cordas muito cinematográficas que soam como se tivessem vindo de um filme em preto e branco exaltando os benefícios de uma viagem de trem. "Orinoco, Bullerbü, (Crossfade)" é inicialmente construída a partir da justaposição violenta de ruídos de pássaros enlouquecidos com o que poderia ser um *sample* de algum filme *noir* esquecido ou um melodrama altamente tenso, mas termina com ecos e assobios estranhos e abstratos. "Im schilf" coloca em mente o tipo de ruídos estranhos que você ouviria em uma animação de Oliver Postgate ou em um experimento em fita do Cabaret Voltaire, enquanto "Farnballett" e "Farnballett (In Dub)" lembram um jogo de tênis em um Binatone[74] tendo um colapso nervoso semelhante ao de HAL. Os sons aleatórios e as conversas que passam fazem você se sentir como se estivesse testemunhando quadros perdidos de um filme do qual não existe nenhuma versão. Essa sensação de que a ação continua além do que estamos ouvindo, junto com a gravação do diário de viagem cosmopolita, não me lembra nada mais do que a beleza fria e deslocada de *Profissão: repórter*, de Michelangelo Antonioni. A faixa final "Schlaf (*nach einführung der psychoanalyse*)" – soa como sinos de vento soprados pela poeira em algum planeta alienígena – é como uma memória de uma ficção científica da Guerra Fria que nunca aconteceu. O que impede que seja um exercício árido ou uma mistura disparatada é a sensação inevitável de tristeza anônima que permeia toda a gravação.

Essa mesma sensação de tragédia despersonalizada pairava sobre *Alphabet 1968*, o álbum de 2010 de Black To Comm,

---

[74] N. da E.: "Binatone TV Master" foi um console de jogos eletrônicos de primeira geração, lançado em 1976 pela empresa Binatone.

também conhecido como Marc Richter, o homem por trás do gênero *death ambient* e do selo Dekorder, de Hamburgo. Richter descreveu maliciosamente o disco – no qual as únicas vozes humanas estão em gravações de campo no limite da audibilidade – como um álbum de *canções*. E se levássemos a sério sua provocação – como seria uma canção sem um cantor? Isto é, como seria se os próprios objetos pudessem cantar? É uma pergunta que conecta contos de fadas à cibernética, e ao ouvir *Alphabet* 1968, me lembro apropriadamente de um espaço cinematográfico em que a magia e o mecanismo se encontram: o apartamento de J. F. Sebastian em *Blade runner*. As faixas do álbum são elaboradas com a mesma atenção minuciosa aos detalhes que o designer genético e fabricante de brinquedos Sebastian trouxe para seus autômatos, com sua mistura bizarra de mecanismos de relógios e peças de computadores, o antigo e o ultramoderno, o lúdico e o sinistro. As peças de Richter foram construídas a partir de materiais igualmente heterogêneos – estalos de discos, frequências de ondas curtas, *glockenspiels*, todos os tipos de *samples*, principalmente de instrumentos acústicos. Exceto em "Void" – uma faixa *steampunk* tipo John Carpenter com vozes conspirantes sussurrando ao fundo – a música não parece muito eletrônica. Tal como acontece com as máquinas falantes de Sebastian, você tem a impressão de que Richter usou a tecnologia mais recente para criar uma ilusão de arcaísmo. Esta é uma gravação na qual se pode sentir o cheiro da poeira que sai dos objetos recuperados. Mas esses palimpsestos sônicos são tão intrincados em camadas que é impossível determinar o que Richter e seus colaboradores tocaram e o que foi conjurado a partir dos arquivos. Os sons são tratados, revertidos e desacelerados de uma forma que torna suas fontes originárias misteriosas. Há uma sensação de movimento sutil, mas constante, de sombras sonoras entrando e saindo do alcance da voz.

Richter se apaga como autor de forma tão bem-sucedida que é como se ele tivesse se esgueirado para dentro de uma sala e gravado objetos enquanto eles brincavam entre si. Na faixa de abertura, "Jonathan", os estalos, a gravação de um campo com garoa e cortes em ruído branco definem a cena para um piano reflexivo. As vozes das crianças podem ser ouvidas ao fundo, e é como se estivéssemos sendo conduzidos para fora do mundo humano, para o misterioso mundo dos objetos entre si, adjacente ao nosso, mas totalmente estranho a ele. É como se Richter tivesse se sintonizado com os arrebatamentos subterrâneos e a tristeza de objetos em quartos desocupados, e são essas "canções" que ele ouve. Não é à toa que o tema dos objetos ganhando vida foi abordado com tanta frequência nas animações de cinema (pois, como o nome sugere, o que é a animação senão uma versão desse processo?), e a maioria das faixas de *Alphabet* 1968 poderiam ser sequências de desenhos animados – a "canção" que um objeto canta à medida que se move ou cai de volta à inércia.

Na verdade, a impressão de que as coisas estão diminuindo é persistente em *Alphabet* 1968. Richter criou um mundo sonoro encantado, mas do qual a entropia não foi excluída. Parece que a magia está sempre prestes a acabar, que os objetos encantados vão deslizar de volta para o inanimado a qualquer momento – efeito que só aumenta a pungência das músicas. O trabalhoso contrabaixo em *loop* de "Rauschen" tem toda a melancolia mecanicista de um fonógrafo desacelerado – ou talvez de um dos autômatos de Sebastian ficando sem energia. Em "Trapez", sinos de vento reverenciados criam uma suave nevasca narniana. Como tantas vezes neste álbum, a faixa lembra uma caixa de música decadente – um paralelo pode ser o álbum *Boîtes à musique*, de 2006, exceto que, onde Colleen se restringiu a realmente usar caixas de música, Richter faz um *loop* em seu material sonoro para que ele simule um relógio. Mas é um misterioso mecanismo de relógio, que corre para um tempo tortuoso. Em "Amateur"– com suas sugestões de respiração artificial, como se as próprias paredes estivessem respirando – o *loop* do piano fora de forma parece dobrado.

A entropia está em toda parte no trabalho do Position Normal, um ato que Simon Reynolds chamou de "os padrinhos da assombrologia", mas é um tipo de entropia muito britânica. Na música do Position Normal, é como se Londres finalmente tivesse sucumbido à entropia que sempre ameaçou engolfar a cidade nas histórias de Jerry Cornelius de Michael Moorcock. Exceto que há algo atraente sobre a profunda lassidão sonhadora que reina aqui: a entropia não é tanto uma ameaça, mas uma promessa lisérgica, uma chance de desenrolar, alongar, estirar. Gradualmente, você é levado a esquecer todas as suas urgências enquanto seu cérebro é embalado e atraído para as tardes ensolaradas de domingo, quando todas as melodias parecem acontecer. O fascínio dessa Londres indolente foi tocado por uma certa trajetória do *rock* dos anos 1960: o deslumbramento ensolarado de "Sunny afternoon", dos Kinks, "Lazy sunday afternoon", do Small Faces, "Tomorrow never knows" e "I'm only sleeping", dos Beatles. No entanto, esse fio particular de anglo-langor não se originou aqui, nos devaneios de baseado e ácido dos roqueiros. É possível olhar mais ainda para trás, para momentos de *Grandes esperanças* – a estase sem ar e inerte de Satis House – ou para *As aventuras de Alice no país das maravilhas* (especialmente a série produzida entre as brumas e fumaças de narguilé da versão da BBC para a TV de Jonathan Miller em 1968).

A Londres do Position Normal é uma cidade muito distante do brilho corporativo da Londres ocupada e comercial, assim como da Londres esplendorosa e turística. O guia turístico dessa cidade anacrônica seria James Mason em *The London that nobody knows* [A Londres que ninguém conhece], o filme de 1969 dirigido por Norman Cohen, e baseado no livro de Geoffrey Fletcher. É uma cidade de palimpsestos, um espaço onde a temporalidade está dividida entre camadas. Às vezes, ao andar por uma rua desconhecida, você tropeça por alguns aspectos dela. Feiras que você imaginava que estavam há muito tempo fechadas, lojas que (você pensou) que não poderiam sobreviver até o século XXI, vozes antigas que serviam apenas para o salão de bailes vitoriano...

Suas músicas são dadaístas, desarmadoras em sua leveza aparente. Elas parecem esquetes ou esboços; relutantes em serem vistas se levadas muito a sério, mas ao mesmo tempo totalmente desprovidas de sorrisos maliciosos. Há uma qualidade sonhadora na forma como a música é construída: as ideias surgem, mas desaparecem em formas inconclusivas enquanto ainda estão incompletas. Pode ser frustrante, pelo menos no início, mas o efeito é cumulativo e sedutor. Um álbum do Position Normal se parece com uma fantasia inglesa retirada de um bazar de caridade, todos os detritos do século XX do Reino Unido feitos para serem cantados. Na maior parte do tempo, você precisa adivinhar a fonte de todas as vozes engraçadas. Quem são elas, a gangue alegre – apresentadores de programas infantis de rádio, comediantes, atores, animadores de plateia, locutores de noticiários, trompetistas de *jazz* (mudos, sempre à disposição), proprietários de cafés espumosos...? E de onde vieram – fitas não marcadas, LPs de trilhas sonoras? As músicas se misturam, assim como os álbuns, como memórias falhas.

Acontece que a memória decadente está no cerne da música do Position Normal. Em uma entrevista com Joakim Norling para a revista *Friendly Noise*, Chris Bailiff disse que as raízes do som da Position Normal estão no mal de Alzheimer de seu pai. "Meu pai foi para o hospital e teve que vender a casa da família, tive que me mudar e enquanto fazia isso encontrei muitos discos antigos dele e outros que ele comprou para mim. Músicas infantis, documentários e *jazz*. Eu não queria jogar nada fora, então os levei comigo. Comecei a ouvir todos e gravei em fita meus sons favoritos, fiz uma *mixtape* incrivelmente variada. Em seguida, editei cada vez mais até que houvesse o que suponho ser chamado de *sample*". É como se Bailiff estivesse tentando simular e neutralizar o Alzheimer simultaneamente.

A Position Normal pode ser encaixada na venerável tradição inglesa do absurdo (um outro paralelo com o Small Faces: Stanley Unwin forneceu a linguagem *nonsense*, sua marca registrada, para *Ogdens' Nut Gone Flake*, o álbum que incluía "Lazy sunday afternoon").

Essa mesma sensação de demência lírica está presente na obra-prima do Mordant Music, *Dead air* (2006). O Mordant afirma explicitamente a decadência e deliquescência como processos produtivos, e em *Dead air* é como se o molde que cresce nos arquivos fosse a força criativa por trás do som. O álbum soa como uma versão *electro/rave* de *The disintegration loops*, com exceção de que o que estava se desintegrando nesse caso era um momento na história da transmissão britânica. O conceito afrouxado por trás do álbum era um estúdio de televisão morto, e o que é crucial para seu fascínio enervante é a presença do ex- -apresentador contínuo da Thames TV, Phillip Elsmore. Há uma calma lunática sobre a maneira como Elsmore lê o absurdo do Barão Mordant (melhor ouvido em sua colaboração com Eko-plekz, eMMplekz). Ouvir *Dead air* é como entrar em um museu abandonado duzentos anos no futuro, onde velhas músicas de *rave* tocam em um *loop* infinito, degradante, tornando-se mais contaminadas a cada repetição; ou como estar preso no espaço profundo, captando sinais de rádio de uma terra muito distante para a qual você nunca mais vai retornar; ou como a própria memória, reinventada como um estúdio de televisão onírico, onde locutores de continuidade que são lembrados com carinho, entrando e saindo da audibilidade, narram seus pesadelos em um tom reconfortante.

"A VELHA LUZ SOLAR DE OUTROS TEMPOS E OUTRAS VIDAS": *TINY COLOUR MOVIES*, DE JOHN FOXX

Blogue k-punk, 19 de junho de 2006

> Ele estava entre a multidão na feira, vestindo um terno marrom surrado. Tentando me encontrar ao longo dos anos. Meu fantasma vindo para casa. Como você voltou para casa com o passar dos anos? Nenhum passaporte, nenhuma imagem possível. Nenhuma semelhança com ninguém vivo ou morto. Olhando ternamente às janelas.

O disco *Tiny colour movies*, de John Foxx, é uma rica adição ao panteão de lançamentos assombrológicos desta década.

A música de Foxx sempre teve uma relação íntima com o cinema. Como a gravação de som, a fotografia – com sua captura de momentos perdidos, suas apresentações de ausências – possui uma dimensão inerentemente assombrológica. Não seria exagero dizer que toda a carreira musical de Foxx versou sobre relacionar a assombrologia visual com a sonora, transpondo a misteriosa calma e quietude da fotografia e da pintura para a agitação passional do *rock*.

No caso de *Tiny colour movies*, a relação entre o visual e o sonoro é um fato motivador explícito. A inspiração para o álbum foi a coleção de filmes de Arnold Weizcs-Bryant. Ele coleciona apenas filmes curtos – nenhum filme em sua coleção tem mais de oito minutos de duração – que foram "feitos fora da consideração comercial, pelo puro prazer da filmagem. Essa categoria pode incluir filmes encontrados, caseiros ou fragmentos reaproveitados". O álbum surgiu quando, semanas depois de assistir a uma exibição de alguns dos filmes de Weizcs-Bryant em Baltimore, Foxx se viu incapaz de esquecer "a beleza e a estranheza" desses filmes, – "justaposições de automóveis subaquáticos, as rodovias de Los Angeles, filmes feitos com luz e fumaça, imagens descartadas de câmeras de vigilância de quartos de hotel de Nova York em 1964" – então ele decidiu "ceder – para ver o que aconteceria se [ele] fizesse uma pequena coleção de peças musicais usando a memória desses *pequenos filmes coloridos*".

O resultado é o LP mais (a)temporal de Foxx desde *Metamatic*, de 1980. *Tiny colour movies* se encaixa perfeitamente na época incomum da assombrologia. Jim Jupp, da Belbury Poly, cita *Metamatic* como sua principal pedra de toque, e o tempo se curvou para que os influenciadores e os influenciados compartilhem agora uma incrível contemporaneidade. Certamente, muitas das faixas do disco – sintéticas, mas oníricas, psicodélicas, mas artificiais – se assemelham aos lançamentos da Ghost Box. Este é um som eletrônico removido da agitação do presente. Uma comparação óbvia para uma faixa como a majestosamente triste "Skyscrapper" seria a trilha sonora de Vangelis para *Blade runner*, mas, na primeira, as texturas sintéticas são aliviadas das pressões de significar o futuro. Ao invés disso, elas evocam um agora atemporal, onde as urgências do presente foram suspensas. Algumas das melhores faixas – especialmente o quarteto final "Shadow city", "Interlude", "Thought experiment" e "Hand held skies" – são fragmentos de uma atmosfera pura, delicada e leve. São portais para o que o Heronbone costumava chamar de "tempo lento", um tempo de desapego meditativo das comoções correntes.

Eu sinto constantemente uma espécie de desejo distante. A canção mais longa, uma canção de saudade. Ando pelas mesmas ruas como um fantasma que desvanece. Terno cinza tremeluzente. As mesmas avenidas, praças, parques, colunatas, como um fantasma. Com o passar dos anos encontro lugares por onde posso atravessar, um processo de reconhecimento. Restos de outros lugares quase esquecidos. Sempre voltando.

Tiny colour movies é a destilação de uma estética que Foxx explorou com dedicação desde *Systems of romance*, do Ultravox. Embora Foxx esteja mais associado a uma catatonia amnésica em choque com o futuro ("Eu costumava me lembrar/ Agora tudo acabou/ alguma guerra mundial/ Éramos filhos de alguém"),[75] sempre houve um outro modo de transe – mais beatífico e suavemente feliz, mas não menos impessoal ou maquínico – operando no som do artista, mesmo no mcluhânico *Metamatic*.

A psicodelia emerge como um ponto de referência explícito em *Systems of romance* (1978) – particularmente em faixas como "When you walk through me" e "Maximum acceleration", com suas cidades imagéticas liquidificadas e o tempo derretido ("lugares mudam, ângulos mudam/ até as ruas são reorganizadas").[76] Pode ter havido um aceno ocasional para a psicodelia do passado, "When you walk through me" roubou os padrões da bateria de "Tomorrow never knows", por exemplo – mas *Systems of romance* foi notável por sua tentativa de repetir a psicodelia em vez de uma reiteração árdua. A psicodelia de Foxx era sóbria, bem barbeada, vestia ternos Magritte anônimos e

---

[75] N. da T.: I used to remember/ now it's all gone/ world war something/ we were somebody's sons.

[76] N. da T.: locations change, the angles change/ even the streets get re-arranged.

elegantes; sua localização era as cidades tomadas pelo verde onírico de Wells, Delvaux e Ernst.

As referências a Delvaux e Ernst não são à toa, já que as canções de Foxx, como as histórias e os romances de Ballard, muitas vezes parecem ocorrer dentro de pinturas surrealistas. Isso não é apenas uma questão de imagem, mas também de humor e tom (ou catatonia); há um certo langor, uma serenidade radicalmente despersonalizada emprestada do mundo onírico. "Na verdade", Ballard escreveu no ensaio "Coming of the unconscious" [A vinda do inconsciente] (1966) sobre o Surrealismo, "a pintura surrealista tem uma característica dominante: um isolamento vítreo, como se todos os objetos em suas paisagens tivessem sido drenados de suas associações emocionais, do acréscimo de sentimento e uso comum". Não é surpreendente que o surrealismo apareça com tanta frequência como uma referência ao "desregramento dos sentidos" psicodélico.

O desregramento na psicodelia de Foxx sempre foi um negócio delicado, inquietante em sua própria quietude. Talvez seja porque o mecanismo da reengenharia perceptual parece ter sido a pintura, a fotografia e a ficção, mais do que as drogas em si. Suspeita-se que o agente psicotrópico mais ativo na sensibilidade de Foxx seja a luz. Como ele explicou em uma entrevista de 1983: "em certos momentos, algumas pessoas parecem ter uma luz dentro de si, é apenas um sentimento que você tem sobre alguém, é uma espécie de esplendor – e algo que sempre me intrigou – que eu encobri antes em canções como 'Slow motion' e 'When you walk through me'. Gosto dessa calmaria... É como se William Burroughs resumisse tudo perfeitamente – 'Senti quietude e beleza'".

Há uma clara dimensão gnóstica nisso. Para os gnósticos, o mundo era *pesado* e *escuro*, e você poderia vislumbrar o exterior por meio de *luzes* e *raios* (duas palavras recorrentes no vocabulário de Foxx). Na época de *Systems of romance*, a arte da capa de Foxx mudou do corte/colagem áspera de Warhol/Heartfield para declives suaves de pinturas renascentistas. O que Foxx pareceu descobrir em Da Vinci e Botticelli foi um catolicismo privado não apenas da carnalidade pagã, mas do Cristo em sofrimento, e retornou a um encontro gnóstico impessoal com o esplendor e a luminescência.

O que é suprimido na cultura pós-moderna não é a escuridão, mas a luz. Nos sentimos muito mais confortáveis com demônios do que com anjos. Enquanto o demoníaco parece legal e sexy, o angelical é considerado constrangedor e sentimental. (O terrivelmente enjoativo e portentoso *Asas do desejo*, de Wim Wenders, é talvez a mais espetacular tentativa contemporânea fracassada de retratar o angelical). No entanto, como Rudolf Otto estabelece em *O sagrado*, encontros com anjos são tão perturbadores, traumáticos e opressores quanto encontros com demônios. Afinal, o que poderia ser mais devastador, inassimilável e incompreensível em nossas vidas hiperestressadas, constantemente decepcionadas e superestimuladas do que uma sensação de *calma alegria*? Otto, um cristão conservador, argumentou que toda experiência religiosa tem suas raízes no que é inicialmente reconhecido como "pavor demoníaco"; ele enxergava os encontros com fantasmas da mesma forma, como uma versão pervertida daquilo que a pessoa cristã era capaz de experimentar religiosamente. Mas o relato de Otto é uma tentativa de encaixar o encontro abstrato e traumático com "anjos" e "demônios" em um campo de significados já estabelecido.

A palavra de Otto para essa experiência religiosa é "numinoso". Mas talvez possamos resgatar o numinoso *no religioso*. Otto delineia muitas variantes do numinoso; a mais familiar para nós agora seria "espasmos e convulsões" levando às "excitações mais estranhas, ao frenesi intoxicado, ao transporte e ao êxtase". Mas muito mais agitado e estranho, o presente é aquele modo do numinoso que "inunda como uma maré suave, impregnando a mente com um clima tranquilo de adoração mais profunda". A música instrumental de Foxx – em *Tiny colour movies* e nos três discos do Cathedral Oceans, e com Harold Budd nos LPs *Transluscence* e *Drift music* – tem sido assustadoramente bem-sucedida em renderizar essa tranquilidade alienígena. Em *Transluscence*, em particular, onde os acordes límpidos do piano de Budd pendem como poeira se difundindo sutilmente à luz do sol, você pode sentir seu sistema nervoso desacelerando para uma placidez reptílica. Essa não é uma calma interior, mas exterior; não uma descoberta de um eu "real" barato da Nova Era, mas uma alienação positiva, em que o frio congelamento pastoral da margem é experimentado como uma liberação da identidade.

O conceito de hecceidade de Dun Scotus – "aqui e agora" – parece particularmente apropriado. Deleuze e Guattari se apoderam disso em *Mil platôs* como um modo despersonalizado de individuação em que tudo – o sopro do vento, a qualidade da luz – desempenha um papel. Um certo uso do cinema – pense, particularmente na dolorosa imobilidade em Kubrick e Tarkovsky – parece especialmente estabelecido para nos sintonizar com a hecceidade; assim como a *polaroid*, uma captura de uma hecceidade que é, ela *mesma*, uma hecceidade.

A melancolia impessoal que *Tiny colour movies* produz é semelhante ao efeito dolorosamente estranho que se obtém de um site como o Found Photos. É precisamente a qualidade descontextualizada dessas imagens, o fato de haver uma discrepância entre a importância que as pessoas nas fotos dão ao que está acontecendo e sua total irrelevância para nós, que produz uma carga que pode ser silenciosamente avassaladora. Foxx escreveu sobre esse efeito em seu conto profundamente comovente, "The quiet man". O personagem está sozinho em uma Londres despovoada, assistindo a filmes caseiros feitos por pessoas que nunca conheceu. "Ele ficou fascinado por todos os pequenos detalhes íntimos desses filmes, as figuras espasmódicas acenando na praia e nos jardins, em casamentos, aniversários e batizados, registros de famílias inteiras e seus animais de estimação crescendo e mudando ao longo dos anos".

"Aqui você enxerga a velha luz solar de outros tempos e outras vidas", observa Foxx em suas notas evocativas no encarte do disco. Folhear as fotos de família de *outras pessoas*, ver momentos que foram de intenso significado emocional para elas, mas que nada significam para você é, necessariamente, refletir sobre os momentos de grande drama em sua própria vida, e alcançar uma espécie de distanciamento que é, ao mesmo tempo, desapaixonado e poderosamente comovente. É por isso que o momento – lindamente, dolorosamente – dilatado em *Stalker* de Tarkovsky, onde a câmera se detém sobre objetos talismânicos que antes estavam embebidos de significado, mas que agora estão encharcados de água, é para mim a cena mais comovente do cinema contemporâneo. É como se estivéssemos assistindo às urgências de nossas vidas por meio dos olhos de um deus alienígena. Otto afirma que o sentido para numinoso está associado aos sentimentos de nossa própria inutilidade fundamental, experimentada com uma "agudeza penetrante [e] acompanhada pelo mais intransigente julgamento autodepreciativo". Mas, ao contrário da psicologia atual do ego, que nos coage a reforçar nosso senso de identidade (para "nos vendermos" melhor), a consciência de nosso próprio nada é, obviamente, um pré-requisito para um sentimento de graça. Há precisamente uma dimensão melancólica nesta graça porque envolve um distanciamento radical daquilo que normalmente nos importa mais.

> Ele ficou parado sob os raios de sol difundidos pelas cortinas, preso por um momento na quietude da sala, observando a poeira dourada girando lentamente por feixes de luz que recaíam sobre os tapetes e os móveis, sentindo uma estranha proximidade com

a mulher desaparecida. Estar aqui e tocar seus pertences na intimidade empoeirada desses cômodos era como caminhar por sua vida, tudo dela estava aqui, exceto sua presença física, e de certa forma isso era o que menos importava para ele.

Ansiar e *sofrer* são palavras recorrentes em todo o trabalho de Foxx. "Blurred girl", de *Metamatic* – seus amantes "próximos, mas nunca se tocando" – seria quase a perfeita canção de amor lacaniana, em que o objeto de desejo está sempre próximo, mas nunca é alcançado, e o que se desfruta é uma suspensão, o diferimento e a circulação ao redor do objeto, em vez da posse – "ainda estamos correndo? Ou estamos parados?". Em *Tiny colour machines*, como em *Cathedral oceans* e nos álbuns com Budd, onde não há palavras, esse sentimento de melancolia agradável é reproduzido pela quietude minimamente confusa e pelo equilíbrio mal perturbado dos próprios sons.

> Posso detectar pequenas margens de tempo vazando. Eu sinto que nada está completamente separado. Em algum ponto, tudo vaza para todo o resto. O truque está em encontrar os lugares. Eles estão se movendo lentamente. À deriva. Você só pode fazer isso acidentalmente. Se você decidir deliberadamente, sempre vai falhar.
>
> É só quando você se lembra, só aí que você vai perceber que teve um *insight*. Enquanto você conversava com alguém ou pensava em outra coisa. Quando sua atenção foi desviada. Apenas uma dica, um indício, uma sombra.
>
> Muito depois, você vai se lembrar. Sem realmente saber por quê. Vagas sensações periféricas se juntam. Algumas frações de um longo ritmo estão começando a serem reconhecidas. As frequências e marés são escondidas na cidade. Geometria da coincidência.

Ao ouvir *Tiny colour movies*, assim como acontece em todos os melhores álbuns de Foxx, há uma sensação de retorno ao lugar onírico. A cidade móvel ou sombria do artista, com suas "arcadas verdes" semelhantes às de Ernst e as colunatas de De Chirico, um espaço urbano visto do inconsciente em uma deriva; um espaço intensivo em que elementos de Londres, Roma, Florença e outros lugares mais secretos ganham uma consistência onírica.

Me perdi naquela cidade há mais de vinte anos.

Dormindo em pensões baratas. Um fantasma com folhas no bolso e sem endereço. O bom rosto meio cego. Uma névoa de canções e memórias entrando e saindo de foco. Alguém me disse que estava lá, mas não se registrou na hora. A voz veio desfocada de todos os lados. Parada e silenciosa como as sombras de um oceano nas árvores em movimento.

Os trechos com recuo foram retirados de "Quiet man" *e* "Shifting city". *Também do encarte de* Cathedral Oceans.

ELETRICIDADE E FANTASMAS: ENTREVISTA COM JOHN FOXX

Blogue k-punk, 23 de setembro de 2006

MARK FISHER [MF]: Quais filmes mais te influenciaram no início?

JOHN FOXX [JF]: Filmes de ficção científica de baixo orçamento, principalmente. Havia um filme especialmente memorável chamado *O robô alienígena* (1953), era tão ruim que era surreal, tinha a qualidade de um sonho, excepcional.

Acho que é um dos melhores filmes que já vi, em parte porque seu enredo ou qualquer outra coisa não tinham nada que fosse reconhecível como o cinema da época. Isso, é claro, se tornou um evento de importância inestimável para mim, porque, quando criança, eu literalmente interpretava tudo – engolia tudo, como a poção mágica da Alice.

E como aquela poção, isso permitiu a minha entrada em um universo inesperado. Que tinha uma lógica insondável e leis que eram infinitamente flexíveis. Uma experiência profundamente estimulante. Ainda sonho com sequências dele, ou melhor, parece que incorporei permanentemente partes dele à minha gramática dos sonhos.

Crescer assistindo a filmes e ser submetido a eles antes de poder entender as preocupações e motivações dos adultos envolvidos nas tramas me levou a desenvolver uma gramática pessoal. Não tive escolha, então acabei com todo esse reservatório lynchiano de sequências que carregava todo o medo, a alegria e tudo mais.

Esses eventos ainda estão imbuídos de um mistério insondável, inexplicável e tentador, porque eu realmente não conseguia entendê-los. Foi alucinógeno e vívido, e me ofereceu um banco de imagens e uma gama deslumbrante de tons emocionais que ainda não consegui esgotar.

Cheguei ao aspecto mais intelectual do "cinema" – ou a sua visão crítica oficial – muito mais tarde, era uma coisa muito francesa. Eu não reconheci nada.

Depois, acabei gostando um pouco desse tipo de perspectiva, mas de uma forma bastante desinteressada e cética. Para mim, parece um método de crítica que muitas vezes é maravilhosamente barroco e pode ser envolvente, mas pouco tem a ver com minha própria experiência com o cinema.

Só consigo lidar com isso como uma maravilhosa construção ficcional, como a religião medieval ou a física quântica – uma alucinação social consensual desenvolvida por um sacerdócio. No fim, é tão tangencial quanto minha própria individualidade.

Continuo a achar profundamente fascinante esse lado muito bruto, improvisado e amador do cinema ou da produção cinematográfica. Assista, por exemplo, aos filmes de Ed Wood. Ele os fez simplesmente porque estava em um lugar onde isso poderia ser realizado.

Eu penso em Ed Wood como uma espécie de artista ingênuo avançado. Ele foi um dos primeiros a fazer filmes em *cut-ups*. Ele conseguiu isso usando adereços que encontrou em depósitos e estoques de filmagens que descobriu nos cofres das salas de montagem de Hollywood, depois criou seus próprios filmes com esses fragmentos.

Essa é a arte da colagem e do *sampling*. É a arte como objeto encontrado, como coincidência, como acidente, como Surrealismo, Dadá e Situacionismo. Tudo possibilitado e motivado também pelo dínamo do oportunismo estadunidense, mas com muito amor, inadequação e ternura.

Ed Wood estava fazendo, cinquenta anos atrás, o que só agora a vanguarda começou a fazer com o cinema.

(Isso também é muito semelhante à maneira como o *rock and roll* muitas vezes consegue paralelizar ou prefigurar os conceitos de vanguarda, chegando a eles por uma direção totalmente diferente. O pop é um vira-latas viril que é capaz de demonstrar, perceber, manifestar sem esforço, absorver e refazer qualquer tipo de conceito intelectual acadêmico. Ele pode fazer isso tão bem que muitas vezes faz qualquer versão paralela ou anterior parecer fraca ou até mesmo redundante.)

Uma admiração por esse tipo de inteligência visceral, sensual, oportunista e nativa me levou a um interesse e respeito pelo vídeo doméstico e em super-8 – formas amadoras com um nível muito baixo de produção – e de repente percebi que havia um mundo totalmente diferente, que não foi devidamente discutido, mas era tão real, na verdade mais real e pelo menos tão potencialmente poderoso quanto o cinema oficial.

MF: Sobre a coleção de filmes a qual você se refere nas notas de *Tiny colour movies* – você escreve maravilhosamente sobre isso. Existe algum plano de exibir esses filmes no Reino Unido?

JF: Obrigado. Eu gostaria – existem alguns problemas com esses fragmentos, porque eles são muito pequenos. São coisas fisicamente complicadas, únicas e insubstituíveis, então o ideal é só exibir cópias digitais. Estou começando a avaliar algumas possibilidades, trabalhando com Mike Barker, que garimpou um valioso acervo, e estamos discutindo com alguns festivais de cinema.

MF: Percebi que você agradeceu a Paul Auster em suas notas, por que isso?

JF: Para mim, Paul Auster é muito interessante. Escrevi uma coisa chamada "The quiet man" anos atrás, nos anos 1980, na verdade, ainda sigo escrevendo. Então eu li a *Trilogia de Nova York*, e ela conversou muito comigo. Foi como se eu tivesse escrito, senti que era o livro que deveria ter escrito. Tenho que ter muito cuidado para encontrar meu caminho ao redor disso agora.

Essas ocorrências são simultaneamente gratificantes e aterrorizantes. Depois de trabalhar sozinho por anos, elas ilustram o fato de que há algo no ar que é tremendamente encorajador, mas me assustam porque parece que alguém publicou primeiro e, portanto, registrou uma reivindicação do mesmo lugar onde há ouro.

Eu queria simplesmente validar o efeito e o estranho encorajamento de temas reconhecidos, e dar continuidade ao interesse paralelo na ideia de filmes perdidos e fragmentados.

MF: Há um certo tipo de afeto londrino que é interessante, uma quietude, e a imagem da cidade sendo invadida é meio recorrente em seu trabalho – de onde você acha que vem isso?

JF: Quando cheguei em Londres pela primeira vez, parecia muito com Lancashire, onde nasci. Mas Lancashire estava devastada. As fábricas fecharam, a economia sucumbiu. Nos sentimos como os incas depois que os espanhóis passaram. Selvagens indefesos e nostálgicos à deriva nas ruínas.

Eu cresci brincando em fábricas vazias, lugares enormes que estavam cobertos de mato. Me lembro das árvores crescendo para fora dos edifícios. Lembro de alguns momentos em que olhava tudo e imaginava como era quando estava funcionando. Como seria a vida, se tudo ainda funcionasse.

Toda a minha família trabalhava nos moinhos, fábricas e minas. E tudo isso estava diminuindo suavemente, se movendo para longe.

Ao vir para Londres, não pude deixar de me perguntar se ela também poderia entrar em dissolução. Então vi uma foto que um amigo tinha. Era uma pintura realista do que parecia ser uma selva vista de um ponto alto. Gradualmente, você percebia que este panorama era de um ponto central em ruínas e era possível identificar a Tottenham Court Road, Oxford Street e Charing Cross no meio. Parecia uma revelação. Tive uma visão que se manifestou tão perfeitamente, de tudo tomado pela selva, de uma Londres selvagem. Uma visão de saudade e nostalgia tingida de medo.

Eu costumava experimentar uma sensação de quietude e admiração enquanto caminhava por certas partes da cidade. Passava frequentemente por prédios vazios e lugares negligenciados, e esses lugares manifestavam essa sensação com muita força.

Fui para Shoreditch em 1982 e montei um estúdio lá. Quando entramos no prédio, havia árvores crescendo nas janelas dos andares superiores. Toda aquela área abandonada era muito parecida com Lancashire, porque era a parte industrial do East End. Não havia ninguém lá, estava vazio. Isso me deu aquela sensação calma de reconhecimento.

Naquela época, havia uma imagem coletiva de cidades abandonadas e cobertas de vegetação. Talvez isso sempre tenha estado lá. Essas imagens estavam presentes nas obras de Ballard, Burroughs e Philip K. Dick, nesses autores de ficção científica que escreveram sobre o futuro próximo – conduzindo experimentos mentais, explorando consequências prováveis e visões de um presente irreconhecível, o que eu acho muito valioso. Eles ofereceram perspectivas e meditações sobre nossas vaidades e atividades. Assim como mantêm a continuidade com uma longa linha de imagens, de mitos religiosos e histórias populares na ficção científica.

MF: Isso parece ter uma ressonância inconsciente real, essa ideia de cidades cobertas de vegetação, que obviamente está nas pinturas surrealistas, que parece ser uma referência constante, especialmente em seus primeiros trabalhos.

JF: Sim, tem esse lado também. Nos filmes de ficção científica você costuma ter essas imagens recorrentes, lindas, de alguém andando por uma cidade abandonada.

Nós acumulamos uma gama de imagens ao longo dessa linha, desde as folclóricas e dos contos de fadas à construção recorrente de jardins loucos e românticos; imagens verdadeiramente deslocadas, como as ruínas e prisões de Piranesi, as pinturas de Max Ernst ou a *Torre de Babel*, de Brueghel, localizações urbanas de fundo em Bosch e as paisagens urbanas e sombras do italiano De Chirico.

Planeta dos macacos tem uma das cenas mais chocantes e ressonantes – o final do filme original, onde vemos a Estátua da Liberdade inclinada na areia. Um choque real, na primeira vez que você o vê. Uma versão moderna do poema *Ozymandias*, de Shelley.

O esplendor a que às vezes me refiro ocupa esse tipo de lugar. Costumo ver as pessoas como se estivessem em um momento congelado, e elas parecem ter um brilho interno dentro delas. Suas peles parecem translúcidas, e elas carregam seu próprio tempo. Me sinto calmo, distante e caloroso com isso. Pode acontecer em um instante. Em situações urbanas muito mundanas. Você percebe que não está olhando para uma única pessoa, mas para uma espécie de riacho ou cascata.

Aconteceu ontem em um supermercado. Por acaso, olhei para uma jovem que parecia uma Madonna escondida transfigurada. Ela usava jeans e uma camiseta, uma mulher comum. Mas igualmente, ela era uma continuidade, um adorável fio físico genético para outras épocas, anteriores e futuras, ainda sem forma. Ela simplesmente brilhava. Silenciosamente e inconscientemente luminosa. A Mulher Eterna.

MF: O tipo de sentimento com que você lida é mais abstrato; é como se você fosse desses estados sem referência à forma como eles foram tradicionalmente codificados, na verdade. Você costuma usar as palavras "angelical" ou "anjo"...

JF: Sim, é um território muito perigoso, especialmente porque essas referências foram cooptadas pelos adeptos da Nova Era. Vou propor uma abordagem mais séria para acabar com tudo isso.

Muito surge do que considero "experimentos do pensamento" – coisas que emprego o tempo todo, como uma ferramenta para chegar a realizações semienterradas ou emergentes. Se você estiver interessado, posso delinear algumas.

Em primeiro lugar, a ideia me interessou – ainda me interessa – em evoluções paralelas – por imaginar algo que pode ter evoluído ao nosso lado, algo de que ainda não estamos muito cientes, que ainda não descobrimos.

Isso pode incluir coisas que existem em outros planos ou por outros meios, ou coisas que se assemelham tanto a seres humanos que presumimos que sejam humanos, mas podem não ser. No entanto, elas vivem entre nós sem serem detectadas – a possibilidade de que outras formas de vida possam ter evoluído ao nosso lado, mas são invisíveis por causa de sua proximidade.

"Se esconder à vista de todos" é uma ótima ideia, algo que é muito interessante por si só – em um nível está conectado com ilusões de mágica, truques e vigaristas, mas, por outro lado, as percepções muito sutis são conduzidas pela intuição. Podem dar origem a situações que são tremendamente comoventes, frágeis, sensíveis. Metaforicamente são muito ressonantes.

Outra questão – também estou muito interessado no conceito de singularidade. Um evento que só acontece uma vez, ou uma vez a cada mil ou 1 milhão de anos.

Deve haver ritmos que se estendem por dezenas de milhões de anos e, portanto, são irreconhecíveis para nós, exceto como eventos únicos não conectáveis e inexplicáveis. Mas o fato de não termos um contexto para encaixá-los não significa que não aconteçam.

Ainda, outro experimento mental postula o conceito de anjos como uma conexão entre coisas. Uma entidade que só existe entre mundos. Uma espécie de teia. Elas surgem puramente como um componente intrínseco, invisível e insuspeito da evolução da ecologia que sustenta tudo entre elas. Elas não podem existir por conta própria.

Muitos de nós vivemos esses pequenos incidentes – tudo a partir das coincidências –, coisas que não podemos explicar, usando as referências que normalmente empregamos.

Estou muito interessado nesses assuntos, sempre estive. Por meio dessas coisas estranhas vislumbramos algo que está fora do modo como olhamos normalmente para o mundo, e percebemos que pode haver outra maneira de olhar para isso, uma percepção alternativa à que possuímos, e acho que é uma possibilidade muito valiosa de segurança. A consciência de que talvez haja lacunas em nossas percepções que ainda não somos capazes de preencher.

MF: Sim, porque acho que uma das coisas mais poderosas – que aparecem em *Tiny colour movies*, mas em retrospecto sempre esteve lá – é que você é capaz de lidar com sentimentos positivos e afirmativos que são estranhos e misteriosos, e possuem um certo tipo de calma serena.

JF: Certo. Para mim, de alguma forma isso sempre foi um componente vital desse tipo de experiência. Uma sensação de calma absoluta e imobilidade. A quilômetros de distância de qualquer agitação. Me parece profundamente positivo.

É o oposto da emoção que você sente, digamos, com o *rock and roll*... Acho que, em geral, gostamos de nos movimentar de várias maneiras, usando a arte ou a mídia ou qualquer outra coisa, e acho que é igualmente válido ir contra a norma, e a norma no momento é acelerar tudo.

Quer dizer, é isso que estamos tentando alcançar por meio da mídia, não é? – Essa terrível maximização do tempo e da eficiência na transmissão de "informações". Parte dessa questão é econômica – tempo é igual a dinheiro – e parte é simplesmente feita porque pode ser feita, e essa se tornou uma convenção inquestionável.

Se você pudesse saltar no tempo para mostrar um anúncio de TV regular de hoje para alguém de vinte ou trinta anos atrás, eles não entenderiam. O anúncio vai depender da velocidade de percepção do espectador e também de uma série de referências recentes. Nossos pais simplesmente não foram rápidos o suficiente, não foram acelerados pela mídia e pelo ritmo da vida moderna como nós, e também não têm uma corrente referencial inculcada e movimentada.

A aceleração também é excitante e interessante, quero dizer, eu realmente gosto, às vezes – mas também me leva a pensar "o que aconteceria se eu fizesse o oposto?" – pode ser tão prazeroso e válido quanto fazer isso.

Então, uma das coisas que quero tentar fazer é trabalhar na outra extremidade desse espectro – ver o que acontece quando você desacelera as coisas.

Fiquei surpreso quando fiz a primeira música para *Cathedral oceans*, usando ecos de trinta segundos de duração, então os ritmos tinham trinta segundos entre os *beats*.

Foi muito interessante desacelerar o suficiente para trabalhar com isso intuitivamente. Eu tinha que fazer isso, tinha que sincronizar a pista para poder trabalhar com ela. E é muito interessante o tipo de estado em que você entra – intenso, mas calmo e tranquilo. Uma espécie de estado de transe.

MF: Eu acho que é particularmente nos LPs com Harold Budd, onde você alcança um tipo de platô dolorido, onde você desacelera tanto que qualquer perturbação tem um efeito enorme.

JF: Harold foi uma das primeiras pessoas a acertar, eu acho. Um dos primeiros a ter coragem suficiente para deixar espaço o bastante na música e não os preenchê-los desnecessariamente. Ele não faz decorações. Isso requer muita coragem silenciosa.

Quando isso é feito, permite o surgimento de uma ecologia alternativa – baseada em eventos que são muito menos frequentes. E isso, é claro, afeta seu significado. Você é atraído por eles em uma espécie de fascinação sorridente, contrária ao método usual da música pop a que somos bombardeados.

MF: Parece ser algo semelhante ao que você vê nos filmes de Tarkovsky – onde, ou as pessoas dizem "oh, isso é muito lento, eu não aguento", ou entram no tempo lento do filme e qualquer coisa que acontece se torna muita coisa.

JF: Exatamente, você pode se concentrar em qualquer evento profundamente, quando esse modo de percepção está disponível. Os eventos se tornam imponentes, bem-vindos, valorizados e significativos, e suas chegadas e partidas podem ser plenamente vivenciadas. A falta de empurrões permite que esse tipo de espaço imaginário elegante se abra.

Ele funciona na outra ponta do espectro da TV comercial, do cinema e do *rock*. Acho que ambas as extremidades podem ser igualmente interessantes.

MF: Na verdade, me parece que você sempre impôs a quietude e a calma da pintura e da fotografia ou de um certo tipo de cinema na agitação do *rock*. Certos tipos de sonhos – com os quais estamos mais familiarizados – são hiperagitados, cheios de urgência etc., mas há outro tipo de qualidade onírica em que você parece chegar aonde essas urgências estão suspensas e você realmente se coloca para fora do empurra-empurra da vida cotidiana. Eu me pergunto – parece haver uma certa dor ou saudade – essas são palavras que você parece usar muito na sua música...

JF: Bem, os sonhos são um componente muito importante. Percebi que não é apenas a imagem com a qual você se apresenta em um sonho que é importante – é também o tom emocional dessa cena. Você pode ver uma nuvem, mas isso será acompanhado por uma sensação de admiração ou de pavor, e é esse acompanhamento que determina seu significado.

O emprego dessas imagens e tons é uma das coisas que todos compartilham, não é? São compostos de pedaços de eventos pessoais únicos, referências e memórias, como anseios que você pode ter tido quando criança.

Quando seus pais estão fora, mesmo que por uma hora, parece que vai durar para sempre, e você realmente sente a falta deles – e a abstração, o componente tonal disso é continuado pela vida. É aplicado a diferentes situações. Esses anseios – e todas as outras partes emocionais do espectro – se juntam ao repertório de tons que carregamos e aplicamos. Alguns momentos duram para sempre.

MF: Mas há quase um lado positivo, quase um prazer de saudade e dor.

JF: Ah sim, onde sua parte observadora reconhece uma conexão emocional com o resto. Simultaneamente, você se sente muito integrado, mas está sendo gentilmente afastado de si mesmo. Suavemente desengajado.

MF: A qualidade "sem emoção" da sua música não tem mais a ver com um certo tipo de calma?

JF: Sim, é uma coisa bastante complexa, um composto. Existem estados em que há uma sensação de passagem do tempo, coisas que mudam, uma consciência de que o mundo está mudando, caindo sobre si mesmo e se reformulando. E você pode até estar no processo de fazer isso sozinho.

Mas há momentos em que você apenas fica parado assistindo a tudo, em que fica ciente disso, um momento que parece durar para sempre. É como ficar parado observando os padrões nas multidões ou em sua própria vida. Pode ser uma experiência muito poderosa.

Essa quietude e a manutenção de uma dignidade tranquila frente às circunstâncias intransponíveis podem ser imensamente comoventes de se testemunhar.

Pode ser muito mais eficaz e comovente se alguém contar uma história de uma forma não emocional ou dramática. Você encontra isso em Ishiguro. Os livros *Os vestígios do dia* (1989) ou *Não me abandone jamais* (2005) são bons exemplos desse tipo de escrita, onde os componentes mais importantes permanecem não declarados. *O leopardo* (1958) está impregnado e depende de uma variante disso.

Também é aliado a um mecanismo usado de maneiras diferentes por Charlie Chaplin, Buster Keaton e Cary Grant. Uma figura arquetípica tenta manter a dignidade em face ao caos mundano enquanto permanece sempre esperançoso de um romance.

E com Ballard e Burroughs, você tem uma versão quase cavalheiresca e de classe média de um tipo semelhante de postura – caos de todos os tipos, observados de um ponto de vista desinteressado.

OUTRO MUNDO CINZA: DARKSTAR, JAMES BLAKE, KANYE WEST, DRAKE E A "ASSOMBROLOGIA FESTIVA"

"É um som de sintetizador cinzento, orgânico e granulado. Nós o chamamos de *swells* – onde os sintetizadores começam no mínimo e se desenvolvem em um acorde enorme, antes de progredir. Eu senti que não seria certo se continuássemos com aquele *hyperdub* de alguns anos atrás. Quer dizer, eu amo essas músicas, mas parece que foi há uma vida". Eu me senti vingado quando li esses comentários de James Young do Darkstar em uma entrevista com Dan Hancox. Quando ouvi pela primeira vez o álbum sobre o qual Young falava – *North*, de 2010 – a frase que me veio à mente foi "outro mundo cinza". A paisagem do disco parecia a floresta verdejante de Max Ernst em *Another green world*, de Brian Eno, transformada em cinzas.

... Com o inverno à nossa frente[77]

O mundo depressivo é preto e/ou branco, (é só lembrar das capas de *Unknown pleasures* e *Closer*, do Joy Division), mas *North* (ainda) não projeta um mundo glacial totalmente envolto na neve. O "norte" é a direção para qual o álbum está indo, não um destino o qual ele alcançou. Sua paisagem é incolor em vez de preta, seu humor é provisório – um cinza mal resolvido, uma área cinzenta. Este é um álbum que se define pela sua capacidade negativa em permanecer nas dúvidas, inquietações e in-

---

[77] N. da T.: with winter ahead of us.

satisfações que não sabe nomear. É cinza como em "All cats are grey", do álbum *Faith*, do The Cure, um disco que ficou entre a psicodelia de *Seventeen seconds* e a escuridão incessante de *Pornography*. No entanto, *North* é, em última análise, muito colérico para se reunir ao fatalismo gélido de *Faith*, mas o que ele tem em comum com as grandes gravações do The Cure é a sensação de uma imersão total em um estado de espírito. É um trabalho que surgiu da imersão no método: Young disse a Dan Hancox que, enquanto gravavam *North*, o grupo ouvia obsessivamente Radiohead, Burial, The Human League e o primeiro álbum do Orchestral Manoeuvres in the Dark. O disco exige o mesmo tipo de envolvimento, talvez por isso alguns o considerem pouco envolvente. Em uma escuta casual, a qualidade não resolvida das faixas pode parecer simplesmente crua. Os vocais de James Buttery podem sair moles, anêmicos. Além disso, muitos ficaram desapontados com o fracasso do Darkstar em oferecer um disco cheio de "2-*step* robóticos" que eles inventaram na música "Aidy's girl is a computer". Na verdade, eles fizeram um álbum de 2-*step* robótico, mas o abandonaram, insatisfeitos com sua falta de ambição (este álbum totalmente concluído que nunca foi lançado é um dos vários paralelos com o Burial). À parte essa música, se você ouvisse *North* sem conhecer a história, não faria nenhuma conexão com o *dubstep*. Ao mesmo tempo, o álbum não é um retorno direto a um som pré-dance. É mais uma continuação de um certo modo de pop eletrônico que foi encerrado prematuramente em meados dos anos 1980: como o New Order se eles não tivessem abandonado o mausoléu cibernético que Martin Hannett construiu em *Movement*.

Exceto, é claro, que simplesmente não seja possível continuar essa trajetória como se nada tivesse acontecido. O Darkstar reconhece o presente apenas de forma negativa. Isso afeta sua música talvez da única maneira que é capaz, como um fracasso do futuro, como uma desordem temporal que infectou a voz, o fazendo gaguejar e sibilar para se fragmentar em estranhos pedaços deslizantes. Parte do que separa o Darkstar de seus ancestrais do *synthpop* é o fato de que o sintetizador não é mais sinônimo de futuro. Mas eles não estão recuando de uma sensação de um futuro vivido – porque tal futuro do qual eles poderiam se retirar não existe. Isso fica claro quando você compara o cover que a banda faz de "Gold", do Human League. Não é apenas que um não seja mais futurista que outro, é que nenhum deles é futurista. A versão do Human League é claramente um futurismo superado, enquanto a do Darkstar parece acontecer depois desse futuro.

É essa sensação de viver em um interregno que torna *North* tão (in)oportuno. Onde o Burial fez contato com a tristeza secreta subjacente à explosão, o Darkstar articulou um sentimento de pressentimento que está por toda parte após a crise econômica de 2008. O disco está cheio de referências à camaradagem perdida: ele pode ser lido como uma abordagem indireta a um caso de amor que deu errado.

Nosso destino não é para ser compartilhado...
Não há mais conexão entre nós...[78]

Mas o próprio foco no casal apaixonado, em vez do *rave* massivo, é em si um sintoma de uma virada para dentro. Em uma discussão que Simon Reynolds e eu tivemos sobre *North* logo após seu lançamento, ele argumentou que era um erro falar como se o gênero fosse desprovido de emoção. O *rave* era saturado de afeto, mas o afeto envolvido não estava associado ao romance ou à introspecção. A virada introspectiva na *dance music* do (pós) século XXI não foi, portanto, uma virada para a emoção, mas uma mudança do afeto das experiências coletivas para as emoções privatizadas. Havia uma tristeza intrínseca e

---

[78] N. da T.: our fate's not to share.../ The connection between us gone.

inevitável nessa virada anterior, independentemente da música ser oficialmente triste ou não. A união do romance e da introspecção, o amor e suas decepções, permeia o pop do século xx. Em contraste, a *dance music* ofereceu outro tipo de paleta emocional, baseada em um modelo diferente da fuga das misérias da individualidade do eu.

O século xxi muitas vezes se parece com uma queda após uma bebedeira, ou um exílio de volta à individualidade privatizada, e as canções de *North* têm a clareza nervosa de uma crise de abstinência de Prozac.

É significativo que a maior parte da interferência digital em *North* seja aplicada à voz de James Buttery. Muito do vocal soa como se tivesse sido gravado em uma conexão instável de um celular. Me lembro da argumentação de Franco Berardi sobre a relação entre a sobrecarga de informações e a depressão. O argumento de Berardi não é que a explosão das *.com* tenha causado a depressão, mas o contrário: a explosão foi causada pela pressão excessiva colocada no sistema nervoso das pessoas por novas tecnologias de informação. Agora, mais de uma década após essa explosão, a densidade dos dados aumentou enormemente. O operário paradigmático passa a ser o operário de telemarketing – o ciborgue banal, punido sempre que se desconecta da matriz comunicativa. Em *North*, James Buttery, atingido por todos os tipos de paralisia digital, soa como um ciborgue cujos implantes e interfaces se soltaram, aprendendo a ser um homem novamente – sem gostar muito disso.

North é como o álbum de 2008 de Kanye West, 808*s and heartbreak*, com todo seu brilho removido. Há o mesmo método melancólico, a mesma ancoragem do *synthpop* dos anos 1980, sinalizado explicitamente no disco de West pelo eco do design das capas de Peter Saville para *Blue monday* e *Power, corruption and lies*, do New Order. A música de abertura, "Say you will", parece ter sido elaborada a partir do nítido frio sintético de

"Atmosphere", do Joy Division e da tatuagem fúnebre da percussão de "In a lonely place", do New Order. Porém, assim como aconteceu com *North*, os paralelos com a década de 1980 são interrompidos pelos efeitos digitais usados na voz. *808s and heartbreak* foi o pioneiro no uso de *Auto-tune*, que posteriormente dominaria o R&B e o *hip hop* do final dos anos 2000 em diante. Em certo sentido, o uso conspícuo do *Auto-tune* – ou seja, seu uso como efeito, em oposição ao seu propósito oficial como um dispositivo para corrigir o tom da voz – foi um retrocesso aos anos 1990, já que isso foi popularizado por Cher em seu *single* de 1998, "Believe". O *Auto-tune* é, em muitos aspectos, o equivalente sônico do aerógrafo digital, e o (excessivo) uso das duas tecnologias (junto com a prevalência crescente da cirurgia estética) resulta em uma aparência hiperbolicamente melhorada em vez de ser visivelmente artificial. Se existe uma assinatura da cultura de consumo do século XXI, é esse sentimento de uma normalidade atualizada digitalmente – uma normalidade perversa, mas ultrabanal, da qual todas as falhas foram apagadas.

Em *808s and heartbreak*, podemos ouvir o soluçar no coração do prazer do século XXI. O androide lacrimejante de Kanye atinge suas profundezas sentimentais na surpreendente "Pinocchio story". Este é o tipo de lamento autoajustado que você pode esperar que o neo-Pinóquio e o andróide-Édipo David de *AI: inteligência artificial* (2001), de Spielberg cantem; um pouco como em "Piece of me", de Britney Spears, onde você pode ouvir isso como o momento em que uma mercadoria atinge a autoconsciência ou quando um ser humano percebe que se tornou uma mercadoria. É o som amargo no final do arco-íris, um eletro tão desolado quanto "Frankie teardrop", a ópera infernal de sintetizadores do Suicide.

Uma tristeza secreta se esconde por trás do sorriso forçado do século XXI. Essa tristeza diz respeito ao próprio hedonismo, e não é nenhuma surpresa que seja no *hip hop* – um gênero que se tornou cada vez mais alinhado com o prazer consumista nos últimos vinte anos – que essa melancolia tenha sido registrada de forma mais profunda. Drake e Kanye West estão morbidamente obcecados em explorar o vazio miserável no cerne do hedonismo super-rico. Não mais motivados pelo ímpeto do *hip hop* de consumir visivelmente – eles há muito adquiriram tudo o que poderiam querer – Drake e West, em vez disso, percorrem dissolutamente os prazeres facilmente disponíveis, sentindo uma combinação de frustração, raiva e aversão a si mesmos, cientes de que algo está faltando, mas sem saber exatamente o que é. A tristeza deste hedonista – uma tristeza tão difundida quanto rejeitada – em lugar nenhum foi melhor capturada do que na forma melancólica em que Drake canta, "nós demos uma festa/ sim, demos uma festa",[79] em "Marvin's room", do *Take care*.

Não é nenhuma surpresa saber que Kanye West é um admirador de James Blake. Há uma afinidade afetiva e sonora entre seções de 808*s and heartbreak* e *My beautiful dark twisted fantasy* e os dois discos de Blake. Seria possível dizer que a melancolia manipuladora que Kanye criou foi testada em 808*s*: a música *soul* depois do ciborgue *Auto-tune*. Mas, libertado da prisão-cúpula do ego de West, inseguro, preso em impasses de todos os tipos, o descontentamento definha apaticamente, nem sempre capaz de se reconhecer como tristeza.

Dá até para dizer que essa virada introspectiva chegou a uma espécie de conclusão com o álbum *Overgrown* (2013), de Blake. Em sua transformação do *dubstep* para o pop, Blake deixou de manipular digitalmente sua própria voz para se tornar um cantor; desde a construção das faixas até a composição das canções. A motivação inicial para sua abordagem à música, sem dúvidas, veio do Burial, cujas combinações de *beats* agitados 2-*step* e os *samples* vocais de R&B apontaram um caminho para uma pos-

---

[79] N. da T.: we threw a party/ yeah, we threw a party.

sível visão do pop do século XXI. Era como se o Burial tivesse produzido versões *dub*; agora a tarefa era construir os originais, e isso envolvia substituir *samples* por um vocalista de verdade.

Ouvir as gravações de Blake em ordem cronológica é como ouvir um fantasma assumir gradualmente a forma material; é como ouvir a forma da música (re)convalescendo no éter digital. Uma faixa como "I only know (what I know)", do EP *Klavierwerke*, é maravilhosamente insubstancial – uma mera dor, a voz de Blake é uma série de suspiros e ganchos com afinações ininteligíveis, a produção manchada e encharcada, o arranjo intrincado e frágil, visivelmente inorgânico, de forma que não faz nenhuma tentativa de suavizar os elementos da montagem. A voz é um punhado de traços e tiques, um efeito espectral especial espalhado pela mixagem. Mas com seu álbum de estreia homônimo, as prioridades sonoras tradicionais foram restauradas. A reinvenção do pop que seus primeiros lançamentos prometiam foi aparentemente abandonada conforme a voz fragmentada de Blake se movia para a frente da mixagem, e canções implícitas ou parcialmente cortadas se tornaram canções "adequadas", completas, com piano e órgão. A música eletrônica e a manipulação vocal permaneceram, mas agora recebem uma função decorativa. O *blue-eyed soul*[80], de Blake, e a maneira como suas faixas combinavam sons de órgão (ou semelhante a órgãos) com música eletrônica, fizeram com que ele lembrasse um Steve Winwood em meia velocidade.

Assim como o disco *North*, do Darkstar, a virada de Blake para músicas não-eletrônicas teve uma resposta mista. Muitos dos que estavam entusiasmados com os primeiros EPs ficaram desapontados ou ligeiramente desanimados com ele. Velar e sugerir um

---

[80] N. da E.: empregado pela primeira vez em meados dos anos 1960, o *blue-eyed soul* é um termo usado para descrever o *rhythm and blues* e a *soul music* tocada por artistas brancos.

objeto é o caminho mais seguro para produzir a impressão de sublimidade. Remover o véu e trazer o objeto à tona traz o risco de dessublimação, e alguns acharam as canções reais de Blake desiguais à virtualidade que seus primeiros discos haviam os induzido a alucinar. A voz de Blake era tão enjoativamente opressora quanto inespecífica em seus sentimentos. O resultado foi uma vagueza trêmula, que de alguma forma foi esclarecida por letras que eram igualmente alusivas e evasivas. O álbum veio como se sinceramente nos implorasse para sentir, sem realmente nos dizer o que deveríamos estar sentindo. Talvez seja essa obliquidade emocional que contribui para o que Angus Finlayson, em sua crítica de *Overgrown* para a revista FACT, caracterizou como a estranheza nas canções de James Blake. Pareciam, disse Finlayson, como "meias-canções, marcadores de lugares esqueléticos para algum arranjo mais completo que ainda está por vir". A jornada para canções "adequadas" não era tão completa quanto parecia à primeira vista. Era como se Blake tivesse tentado reconstruir a forma da música apenas com versões *dub* ou mixagens dançantes como guias. O resultado foi algo embaralhado, distorcido, solipsista, uma versão turva da forma da música que era tão frustrante quanto fascinante. A delicada falta de substância dos primeiros EPs deu lugar a algo que parecia abarrotado. Era como se afogar em um banho quente (talvez com os pulsos cortados).

Nos álbuns de Blake há uma sensação simultânea de que as faixas estão congestionadas e inacabadas, e talvez seja por isso que a incompletude – as melodias esboçadas, os meios-ganchos, as linhas repetidas que tocam como pistas para algum evento emocional nunca revelado nas próprias canções – eventualmente entre em sua pele. O caráter estranhamente indeterminado – irresoluto e não resolvido – da música de Blake dá a ela a qualidade que a música *gospel* dá para aqueles que perderam sua fé tão completamente que se esqueceram que um dia a tiveram. O que sobrevive é apenas um desejo trêmulo, sem objeto ou contexto, o artista saindo como um amnésico se agarrando a imagens de uma vida e uma narrativa que ele não consegue recuperar. Essa capacidade negativa significa que *Overgrown* é como uma inversão da estridência emocional supersaturada e de alto brilho das paradas de sucesso e dos *reality shows*, que está sempre perfeitamente certa do que está sentindo.

No entanto, há uma qualidade não convincente – ou talvez não convencida – em grande parte do hedonismo da cultura dominante de agora. Estranhamente, isso é mais evidente na anexação do R&B à *dance music*. Quando ex-produtores e artistas do gênero adotaram a *dance music*, era possível esperar um aumento na euforia, um influxo de êxtase. Mas aconteceu o inverso, e é como se muitas das faixas nas pistas de dança fossem puxadas para baixo por uma gravidade oculta, uma tristeza rejeitada. O aumento do aprimoramento digital nas gravações por produtores como Flo-Rida, Pitbull e will.i.am é como uma imagem mal fotografada ou uma droga que usamos tanto que nos tornamos imunes a seus efeitos. É difícil não ouvir as demandas desses discos para que nos divirtamos com as tentativas tênues de nos distrair de uma depressão que eles só podem mascarar, mas nunca dissipar.

Em um ensaio brilhante no site *The Quietus*, Dan Barrow analisou essa tendência em uma série de listas de mais vendidos do pop nos últimos anos – incluindo "Empire state of mind", de Jay-Z e Alicia Keys, "Tik tok", de Kesha, "Club can't even handle me yet", do Flo-Rida – "para dar ao ouvinte a recompensa, a dose sonora de dinheiro, o mais rápido e obviamente possível". O pop sempre nos proporcionou um prazer açucarado, é claro, mas Barrow argumenta que há um desespero tirânico sobre este novo pop movido a esteroides. Ele não seduz, ele tiraniza. Isso, diz Barrow, é "um excesso bruto e sobredeterminado, como se o pop estivesse se forçando de volta às suas características definidoras – refrões repetitivos, melodias, 'acessibilidade' – e as explodindo na dimensão de um desenho animado". Há uma analogia a ser traçada entre esse pop artificialmente inflado e a discussão de Franco Berardi sobre pornografia na internet e drogas como o Viagra, que, da mesma forma, dispensam a sedução e visam diretamente o prazer. De acordo com Berardi, é bom lembrar de que estamos tão sobrecarregados com as demandas incessantes das comunicações digitais que simplesmente estamos ocupados demais para nos engajarmos nas artes da diversão – a elevação precisa vir de uma forma hiperbólica e descomplicada para que possamos voltar rapidamente às verificações de e-mail ou às atualizações nas redes sociais. As observações de Berardi podem nos dar um ângulo sobre as pressões às quais a *dance music* tem se sujeitado na última década. Enquanto a tecnologia digital dos anos 1980 e 1990 alimentava a experiência coletiva na pista de dança, a tecnologia comunicativa do século XXI a minou, e até os *clubbers* ficam obsessivamente checando seus celulares (a música "Telephone", de Lady Gaga e Beyoncé – que mostra a dupla implorando a quem está ligando para parar de incomodá-las para que possam dançar – agora parece uma última tentativa fracassada de manter a pista de dança livre da intrusão comunicacional).

Mesmo os convites aparentemente mais simples para a diversão não conseguem suprimir totalmente uma certa tristeza. Ouça, por exemplo, "Last friday night", de Katy Perry. Diante disso, a música é uma simples celebração do prazer ("Sexta-feira passada/ Sim, estouramos nossos cartões de crédito/ E fomos expulsas do bar").[81] No entanto, não é difícil de ouvir aqui o Sísifo, algo purgatorial, na evocação de um carrossel de (nem tanto) prazer do qual Perry e seus amigos nunca podem sair: "Sempre dizemos que vamos parar/ Nesta sexta à noite/ Vamos

---

[81] N. da T.: last Friday night/ yeah we maxed out our credit cards/ and got kicked out of the bar.

fazer tudo novamente".[82] Tocado a meia velocidade, isso soaria tão sombrio quanto os primeiros Swans. "Play hard", de David Guetta, evoca uma repetição interminável semelhante. O prazer se torna uma obrigação que nunca vai diminuir – "Nosso trabalho nunca acaba/ Trabalhamos duro, nos divertimos muito"[83] – e o hedonismo é explicitamente paralelo ao trabalho: "Vá às festas como se fosse seu trabalho".[84] É o hino perfeito para uma era em que as fronteiras entre trabalho e não trabalho são corroídas – pela exigência de estarmos sempre ligados (e, por exemplo, responderemos e-mails a qualquer hora do dia), e de nunca perdermos a oportunidade de comercializar nossa própria subjetividade. Em um sentido (nada trivial), agora as festas são um trabalho. Imagens do excesso hedonista fornecem grande parte conteúdo do Facebook, carregados por usuários que são efetivamente trabalhadores não remunerados, gerando valor para o site sem receberem por isso. A festa é um trabalho em outro sentido – em condições de miséria objetiva e retração econômica, a reposição do déficit afetivo é terceirizada para nós.

Às vezes, uma tristeza flutuante se infiltra na essência da própria música. Em seu blogue *No good advice*, J descreve o uso do *sample* da música "Lambada", do Kaoma, de 1989, no *hit* de 2011 de Jennifer Lopez "On the floor": "A pegada de 'Lambada' funciona como um gatilho para uma memória enterrada, uma espécie de assombrologia festiva que empresta à música um leve toque de tristeza nostálgica". Não há referência à tristeza no texto oficial da música de Lopez, que é uma simples exortação dançante. Portanto, é como se a tristeza viesse de fora, como traços do mundo desperto incorporados a um sonho, ou como

---

[82] N. da T.: always say we're gonna stop/ this friday night/ do it all again.

[83] N. da T.: us hustler's work is never through/ we work hard, play hard.

[84] N. da T.: Keep partyin' like it's your job.

a tristeza que se arrasta em todos os mundos incorporados no filme *A origem* (2010).

A "assombrologia festiva" pode até ser o melhor nome para a forma dominante do pop do século XXI, a *dance music* transnacional produzida por Guetta, Flo-Rida, Calvin Harris e will.i.am. Mas as dívidas com o passado e o fracasso do futuro são reprimidos aqui, o que significa que a assombrologia assume uma forma rejeitada. Escolha uma faixa como a imensamente popular "I gotta feeling", do Black Eyed Peas. Embora a música seja aparentemente uma gravação otimista, há algo de desamparo nela. Talvez seja por causa do uso do *Auto-tune* por will.i.am – parece haver uma melancolia maquínica semelhante ao Magic Piano de Sparky intrínseca à própria tecnologia, algo que Kanye desenvolveu ao invés de inventar em 808s *and heartbreak*. Apesar das repetições declaratórias da faixa, há uma qualidade frágil e fugidia nos prazeres que "I gotta feeling" espera com tanta confiança. Em parte, isso ocorre porque a música parece mais uma memória de um prazer passado do que uma antecipação de um prazer que ainda não foi vivido. O álbum de onde vem a faixa, *The E.N.D (The energy never dies)* estava – como seu antecessor, *The beginning* – tão imerso no *rave* que funcionou efetivamente como um ato de homenagem ao gênero. "Time (dirty bit)", de *The beginning*, realmente poderia passar por uma faixa de *rave* do início dos anos 1990 – a crueza da montagem de suas colagens lembra as texturas prontas de *ruff 'n' ready* que os *samplers* construíram naquela época, e seu empréstimo de "(I've had) the time of my life", do filme *Dirty dancing: ritmo quente*, era apenas o tipo de subversão/sublimação do material cafona que os produtores de *rave* adoravam. No entanto, as apropriações do *rave* de Black Eyed Peas não funcionaram tanto como *revivals* do *rave*, mas sim como negações de que o gênero já havia acontecido em primeiro lugar. Se o *rave* ainda não aconteceu, não há necessidade de se lamentar.

Podemos agir como se estivéssemos vivenciando tudo isso pela primeira vez, como se o futuro ainda estivesse à nossa frente. A tristeza deixa de ser algo que sentimos e, em vez disso, consiste em nossa própria situação temporal, e somos como Jack Torrance no Salão Dourado no Hotel Overlook, dançando músicas de fantasmas, nos convencendo de que a música do passado realmente é a música de agora.

03: LUGARES MANCHADOS

"DESEJANDO SEMPRE O TEMPO QUE ACABOU DE NOS ILUDIR": INTRODUÇÃO PARA *SAVAGE MESSIAH*, DE LAURA OLDFIELD (VERSO, 2011)

Junho de 2011

"Considero meu trabalho como diarístico; a cidade pode ser lida como um palimpsesto, com camadas apagadas e sobrescritas", diz Laura Oldfield Ford. "A necessidade de documentar a natureza transitória e efêmera da cidade está se tornando cada vez mais urgente à medida que o processo de fechamento e privatização continua acelerado". A cidade em questão é, obviamente, Londres, e o *Savage Messiah* [Messias selvagem] de Ford oferece uma contra-história sem censura da capital durante o período de dominação neoliberal. *Savage Messiah* é "diarístico", mas também é muito mais do que um livro de memórias. As histórias da própria vida de Ford se misturam necessariamente às histórias de outras pessoas, e é impossível enxergar as juntas. "Esse tecido decadente, este terreno desconhecido se tornou a minha biografia, a euforia seguida de angústia, camadas de memórias colidindo, se estilhaçando e sendo reconfiguradas". A perspectiva que Ford adota, as vozes que ela acessa – e que falam através dela – são as dos oficialmente derrotados: os *punks*, as ocupações, *ravers*, *hooligans* e militantes deixados para trás por uma história que os tirou implacavelmente de seu SimCity favorável à economia. *Savage Messiah* descobre outra cidade, uma cidade em processo de enterramento, e nos leva em um passeio por seus marcos: The Isle of Dogs... The Elephant... Westway... Lea Bridge... North Acton... Canary Wharf... Dalston... Kings Cross... Hackney Wick...

Em um dos muitos ecos da cultura *punk*, Ford chama *Savage Messiah* de "zine". Ela começou a escrevê-lo em 2005, depois de oito anos vivendo dentro do governo do Novo Trabalhismo que havia consolidado o thatcherismo em vez de derrubá-lo. O contexto é sombrio. Londres é uma cidade conquistada; pertence ao inimigo. "Os edifícios translúcidos da Starbucks e do Costa Coffee alinham esses passeios cintilantes", jovens profissionais "se sentam do lado de fora conversando suavemente em tons simpáticos". O clima dominante é de restauração e reação, mas se autodenomina como modernização, e chama esse trabalho divisivo e excludente – tornando Londres segura para os super-ricos – de *regeneração*. A luta pelo espaço é também uma luta pelo tempo e por quem o controla. Ao resistir à modernização neoliberal (assim nos dizem), você se entrega ao passado. A Londres de *Savage Messiah* é ofuscada pelo megalítico iminente da "Londres 2012", que ao longo da última década inclui cada vez mais a cidade em seus *telos* banais de ficção científica, enquanto a Olympic Delivery Authority[85] transformava áreas inteiras do East London em uma oportunidade fotográfica temporária para o capitalismo global. Onde antes havia "montanhas de geladeiras e fábricas abandonadas" saídas de Tarkovsky e Ballard, uma semiselva no coração da cidade, agora era palco para o crescimento de um deserto muito mais brando: espaços para vagar são eliminados, dando lugar a shoppings e em breve – estádios olímpicos abandonados. "Quando eu esta-

---

[85] N. da E.: a Olympic Delivery Authority foi um órgão público do Departamento de Cultura, Mídia e Esporte, responsável por garantir a entrega de locais, infraestrutura e legado para os Jogos Olímpicos e Paraolímpicos de Verão de 2012 em Londres.

va escrevendo o zine", Ford lembra, "estava vagando por uma Londres assombrada por vestígios e resquícios do *rave*, cenas anarco-*punks* e subculturas híbridas em um momento em que todos esses esquemas de regeneração urbana incongruentes estavam acontecendo. A ideia de que eu estava me movendo por uma cidade espectral era muito forte, era como se a resistência ao projeto prosaico e monótono do Novo Trabalhismo para a cidade viesse desses fantasmas da arquitetura brutalista, da cultura de bando dos anos 1990, da cena *rave*, dos movimentos políticos dos anos 1980 e de uma economia obscura de catadores, vendedores ambulantes e ladrões de lojas. Acho que o livro pode ser visto no contexto do rescaldo de uma era, onde resíduos e traços de momentos de euforia assombram uma paisagem melancólica".

Todas essas características devem ser eliminadas antes da Restauração de Londres, que será celebrada em 2012. Com seus estratos de lixo produzidos com amor, vegetação excessiva e espaços abandonados, as imagens em *Savage Messiah* oferecem uma resposta direta às elegantes imagens digitais que a Olympic Delivery Authority divulgou no agora fortemente policiado, restrito e vigiado Lee Valley. A "Britânia descolada" de Tony Blair fornece o modelo para uma visão anódina de uma Londres projetada pelas "indústrias criativas". Tudo retorna como uma campanha publicitária. As alternativas não são somente substituídas, ou apagadas, elas voltam como seus próprios simulacros. Uma história familiar. Pegue a Westway, a via dupla no oeste de Londres antes detonada, um espaço amaldiçoado que foi mitificado por Ballard, pelos *punks* e por Chris Petit, que agora se tornou apenas mais um ousado set de filmagem:

Esse território limiar, evidenciado sobre a luz negativa dos anos 1970, foi recuperado pela MTV e pelos entediantes meios de comunicação dos anos 1990. A Westway se tornou um cenário para a imbecilidade dos Gorillaz, capas de discos de *drum and bass* sem sal e sessões de fotos corporativas em parques de skate.

Britânia descolada. Uma velha piada. O "espaço" se torna uma mercadoria mais abrangente. Notting Hill. Idiotas da Nova Era vendendo lixo caro. Homeopatia e boutiques, cartões angelicais e cristais de cura.

De um lado, a mídia e as altas finanças, do outro, o falso-misticismo e a superstição: todas as estratégias dos desesperados e daqueles que os exploram na restauração de Londres... O espaço aqui é de fato a mercadoria. Uma tendência que começou há trinta anos e se intensificou à medida que a habitação social foi vendida e não substituída, que culminou na hiperinflação insana do preço dos imóveis nos primeiros anos do século XXI. Se você quiser uma explicação simples para o crescimento do conservadorismo cultural, para a tomada de Londres pelas forças de restauração, não precisa ir além disso. Como Jon Savage aponta em *England's dreaming* [Inglaterra sonhadora], a Londres do *punk* ainda era uma cidade bombardeada, cheia de abismos, cavernas, espaços que poderiam ser temporariamente ocupados. Uma vez que esses espaços são fechados, praticamente toda a energia da cidade é gasta nos pagamentos de hipotecas e aluguéis. Não há tempo para experimentar, para viajar sem saber onde você vai parar. Suas metas e objetivos devem ser declarados com antecedência. "Tempo livre" se torna uma convalescença. Você se volta para o que o tranquiliza, o que mais o refresca no feriado do dia do trabalho: as velhas melodias familiares (ou como soam). Londres se torna uma cidade de drones faciais comprimidos conectados a iPods.

Ford redescobre a cidade como um local para derivas e devaneios, um labirinto de ruas laterais e espaços resistentes aos processos de gentrificação e "desenvolvimento" prontos para culminar no hiperespetáculo miserável de 2012. A luta aqui não é apenas sobre a direção (histórica) do tempo, mas sobre seus diferentes usos. O capital exige que sempre pareçamos ocupados, mesmo que não haja trabalho algum a fazer. Para que se acredite no voluntarismo mágico do neoliberalismo, sempre há oportunidades para serem perseguidas ou criadas; qualquer tempo que não seja gasto apressando-se e disputando é tempo perdido. A cidade inteira é forçada a uma simulação gigantesca de atividade, uma fantasmagoria produtiva em que nada de mais é produzido, uma economia feita de ar quente e delírio brando. *Savage Messiah* trata de outro tipo de delírio: a liberação da pressão de ser você mesmo, o lento desvendar da identidade biopolítica, uma jornada despersonalizada para a cidade erótica que existe ao lado da cidade dos negócios. O erotismo aqui não tem a ver principalmente com a sexualidade, embora às vezes a inclua: é uma arte de fruição coletiva, na qual um mundo além do trabalho pode – mesmo que brevemente – ser vislumbrado e aprendido. Tempo fugitivo, tardes perdidas, conversas que se dilatam e desvanecem como fumaça, passeios que não têm um destino definido e se prolongam por horas, festas gratuitas em antigas fábricas que ainda reverberam dias depois. O movimento entre o anonimato e o encontro pode ser muito rápido na cidade. De repente, você está fora da rua e no espaço da vida de alguém. Às vezes, é mais fácil falar com as pessoas que você não conhece. Há uma intimidade fugaz antes de nos derretermos na multidão, mas a cidade tem seus próprios sistemas de recordação: um bloco de apartamento ou uma rua em que você não pensava há muito tempo vai lembrá--lo de pessoas que conheceu apenas uma vez, anos atrás. Será que vai voltar a vê-los?

Fui convidada para tomar um chá em um daqueles apartamentos do Tecton[86] na Harrow Road, por um dos caras mais velhos da galeria onde eu trabalhava no centro. Fizemos compras na Kilburn High Road e reguei suas fúcsias na varanda. Conversamos sobre a Blitz e principalmente sobre hospitais. Ele costumava ser cientista e escrevia listas de compras em envelopes pardos datados e os arquivava em uma pilha de latas de biscoito. Sinto falta dele. Eu sinto falta de todos eles.

Savage Messiah usa o anacronismo como arma. À primeira vista, ao primeiro toque – e o tato é crucial para a experiência: o zine não tem a mesma sensação quando é visto na tela em JPEG – parece algo familiar. A forma em si, a mistura de fotografias, tipos de texto e desenhos, o uso de tesouras e cola em vez do copiar e colar; tudo isso faz este livro parecer fora do tempo, o que não quer dizer fora de moda. Havia ecos deliberados de uma para-arte encontrada nas capas de discos e fanzines *punk* e pós-*punk* das décadas de 1970 e 1980. Mais insistentemente, me lembro de Gee Vaucher, que produziu capas de discos e pôsteres paradoxalmente fotorrealistas e delirantes para o coletivo anarco-*punk* Crass. "Acho que com o visual do zine eu estava tentando restaurar à política radical uma estética que havia se tornado anódina por campanhas publicitárias, noites em clubes de Shoreditch etc.", diz Ford. "Aquele visual anarco--*punk* estava em toda parte, mas totalmente esvaziado de sua crítica radical. Parecia importante voltar àquele momento do final dos anos 1970 e início dos 1980 para um ponto onde havia uma convulsão social, onde havia rebeliões e greves, cenas

---

[86] N. da E.: responsáveis por trazer o modernismo continental para a Grã-Bretanha, o Tecton foi um grupo arquitetônico radical cofundado por Berthold Lubetkin, Francis Skinner, Denys Lasdun, Michael Dugdale, Anthony Chitty, Val Harding, Godfrey Samuel e Lindsay Drake em 1932 e dissolvido em 1939.

culturais emocionantes e rupturas no tecido da vida cotidiana". O "retorno" para o momento pós-*punk* é o caminho para um presente alternativo. No entanto, este é um retorno apenas a um certo conjunto de estilos e métodos – nada como *Savage Messiah* realmente existia naquela época.

É uma colagem gigantesca e inacabada que – como a cidade – está constantemente se reconfigurando. Macro e micronarrativas proliferam temerosamente; *slogans* chamativos se repetem; figuras migram por várias versões de Londres, às vezes presas dentro de espaços lúgubres e monótonos imaginados pela publicidade e pela propaganda regenerativa, às vezes livres para vagar. Ela usa a colagem da mesma forma que William Burroughs a usou: como uma arma na guerra do tempo. O *cut-up* pode deslocar narrativas estabelecidas, quebrar hábitos, permitir que novas associações se fundam. Em *Savage Messiah*, a realidade capitalista ininterrupta e já estabelecida de Londres se dissolve em uma profusão de potenciais.

Este livro foi escrito para aqueles que não puderam se regenerar, mesmo que quisessem. Eles são os não-regenerados, a geração perdida, "sempre ansiando pelo tempo que deixaram escapar": aqueles que nasceram tarde demais para o *punk*, mas cujas expectativas foram alimentadas por seu brilho incendiário; aqueles adolescentes que assistiram à greve dos mineiros com olhos militantes, mas que eram muito jovens para realmente participar da militância; aqueles que experimentaram a euforia futurista do *rave* como seu direito de nascença, nunca sonhando que ele poderia queimar como sinapses fritas; aqueles, em suma, que acharam a "realidade" imposta pelas forças conquistadoras do neoliberalismo inabitável. É se adaptar ou morrer, e existem muitas formas diferentes de morte disponíveis para aqueles que não conseguem captar o burburinho dos negócios ou reunir o entusiasmo necessário para as indústrias criativas. Seis milhões de maneiras de morrer, escolha uma:

drogas, depressão, miséria. Há muitas formas de colapso catatônico. Em outros tempos, os "desajustados, psicóticos e os mentalmente em crise" inspiraram poetas militantes, situacionistas e sonhadores delirantes. Agora eles estão encarcerados em hospitais ou definhando nas sarjetas.

Sem acesso para pedestres no shopping center.

Ainda sim, o ânimo em *Savage Messiah* está longe de ser desesperador. Não se trata de sucumbir, mas de diferentes estratégias de sobrevivência ao profundo inverno da restauração de Londres. Pessoas que vivem com quase nada, sem viver o sonho, mas também sem desistir: "Cinco anos desde a última festa, mas ele manteve sua trama, vasculhando em busca de comida como uma vítima acidentada de Ballard". Você pode entrar em animação suspensa, sabendo que ainda não é a hora certa, mas espere com a paciência fria de um réptil até que ela chegue. Ou você pode fugir da Londres distópica sem nunca sair da cidade, evitando o distrito comercial do centro, encontrando passagens amigáveis pelo território ocupado, escolhendo seu caminho pela cidade por meio de cafés, apartamentos de camaradas, parques públicos. *Savage Messiah* é um inventário de tais rotas, tais passagens através dos "territórios de comércio e controle".

Os zines estão saturados de cultura musical. Em primeiro lugar, existem os nomes das bandas: Infa Riot e Blitz. Fragmentos de Abba e Heaven 17 no rádio. Japan, Rudimentary Peni, Einstürzende Neubauten, Throbbing Gristle, Spiral Tribe. Sejam sublimes ou indesejáveis, essas litanias têm um poder evocativo que é silenciosamente dilacerante. Cartazes de shows de trinta anos atrás – Mob, Poison Girls, Conflict – evocam versões mais antigas de você mesmo, cortes de cabelo meio esquecidos, desejos perdidos há muito tempo que se mexem de novo. Mas o papel da cultura musical é muito mais profundo. A forma como o zine é montado deve tanto à dança rebelde e à cultura de drogas que se transformaram tanto no *rave* quanto nos fanzines *punk*; sua metodologia de montagem tem tanto em comum com a mixagem de um DJ quanto com qualquer precursor da cultura visual. Ford também trata da relação entre a música e o espaço: o zine é uma prova da forma como as membranas sensíveis da cidade são remodeladas pela música.

> Este lugar sombrio é assombrado pelos sons das festas perdidas do *acid house* e das reverberações distantes de 1986. Test Department. 303. 808. Traços do ruído industrial.
>
> Era fácil entrar no galpão e no próprio depósito, fora de uso por anos, iluminado por placas e *dubs*.
>
> Você pode ouvir esses lugares desertos, sentir seus tentáculos rastejando por cavernas abandonadas, *bunkers* abandonados e terraços decadentes. No meio do verão, o calor escaldante sob o concreto, Armagideon Time(s), um jardim escondido, para ser encontrado e perdido novamente.

Superficialmente, um rótulo óbvio para *Savage Messiah* seria psicogeografia, mas isso irrita Ford. "Acho que muito do que é chamado de psicogeografia agora são apenas homens de classe média agindo como exploradores coloniais, nos mostrando suas descobertas e protegendo seu enredo. Passei os últimos vinte anos andando por Londres e morando aqui de forma precária, tive cerca de cinquenta endereços. Acho que minha compreensão e negociação com a cidade são muito diferentes das deles". Em vez de subsumir sob os discursos cada vez mais esgotados da psicogeografia, acredito que o livro é melhor compreendido como um exemplo de uma coalescência cultural que começou a se tornar visível (e audível) no momento em que Ford começou a produzir o zine: a assombrologia. "A Londres que eu invoco... Está imbuída de uma sensação de luto", diz a autora. "Estas são as zonas limítrofes onde no passado a cena *rave* das festas livres iluminou as áreas sombrias pantanosas e industriais da cidade". Tantos sonhos coletivos morreram na Londres neoliberal. Um novo tipo de ser humano deveria viver aqui, mas tudo isso teve de ser removido para que a restauração pudesse começar.

Assombrar diz respeito a lugares manchados no tempo com momentos particularmente intensos, e, como David Peace, com quem seu trabalho compartilha uma série de afinidades, Ford está atenta para a poesia das datas. 1979, 1981, 2013: esses anos se repetem, como momentos de transição e limiares, em que toda uma trilha alternativa de tempo se revela. O ano de 2013 tem uma qualidade pós-apocalíptica (além de ser o ano das Olimpíadas de Londres, 2012 também é, segundo alguns, o ano que os maias previram o fim do mundo). Mas 2013 também pode ser o ano zero: a reversão de 1979, a época em que todas as esperanças enganadas e chances perdidas são finalmente realizadas. O livro nos convida a ver os contornos de outro mundo nas lacunas e rachaduras de uma Londres ocupada:

> Talvez seja aqui que o espaço possa se abrir para forjar uma resistência coletiva à expansão neoliberal, à infindável proliferação de banalidades e aos efeitos homogeneizadores da globalização. Aqui nas galerias comerciais incendiadas, nos estabelecimentos fechados com tábuas, nas cidadelas perdidas do consumismo se pode encontrar a verdade, novos territórios podem ser abertos, pode haver uma ruptura dessa amnésia coletiva.

NOMADOLOGIA:
SO THIS IS GOODBYE, DOS JUNIOR BOYS

Blogue k-punk, 4 de março de 2006

O espaço é um arquétipo para os Junior Boys. O *synthpop* que os inspirou permaneceu vinculado, em grande parte, ao formato de três minutos; os remixes "estendidos" foram uma concessão aos imperativos da *dance music*. Apenas uma das faixas em *So this is goodbye* tem menos de quatro minutos. O espaço é *integral*, não apenas em seu som, mas em sua música como um todo. É um componente da composição, um pressuposto, não algo inserido retrospectivamente pelo capricho de um produtor. As pausas, as alusões imagéticas das letras, as frases intercaladas pela respiração não funcionam, ou fariam muito sentido, fora da arquitetura de platô importada da *dance music*; esmagadas em três minutos, as músicas dos Junior Boys perderiam muito mais do que sua duração.

As referências de *house* estão por toda parte: a faixa-título é esplêndida, um platô onírico meloso do Sr. Fingers, e não é apenas o arpejo do sintetizador que impulsiona muitas das faixas que lembram Jamie Principle. Ainda assim, o LP não soa como *house* ou como a maioria das tentativas anteriores de sintetizar o pop com o gênero. O disco soa como se o *house* tivesse começado nas selvas do Canadá, e não nos clubes de Chicago. Muitos híbridos de *house-pop* ocupam o espaço com atividades frenéticas. Em *Vocalcity* e, até certo ponto, em *The present lover*, Luomo fez o oposto: dilatou a canção em um desdobramento de deriva. Mas os LPs do artista eram mais *house-pop* que pop propriamente dito. O disco é, definitivamente, um álbum pop; na verdade, é ainda mais cativante que *Last exit*.

A diferença óbvia entre *So this is goodbye* e seu antecessor é a ausência dos complexos *beats stop-start*. Se a inventividade dos Junior Boys não está mais concentrada nos *beats*, isso é um reflexo tanto do declínio do contexto pop ambiente quanto um sinal do novo gosto deles pelo classicismo rítmico. Os retrabalhos de *Last exit* dos *tic-beats* do Timbaland/Dem 2 significavam que eles tinham uma relação com uma psicodelia rítmica que ainda estava, então, em uma mutação do pop para novos formatos. No período intermediário, é claro, tanto o *hip hop* quanto o *garage* britânico deram uma guinada para o brutalismo e, consequentemente, o pop foi privado de qualquer força modernizadora. O surrealismo dos *beats* do produtor Timbaland se tornou uma repetição infindável alguns anos atrás, substituído pela labuta ultrarrealista e violenta do *hip hop* corporativo e a feia carnalidade do *crunk*; e a "pressão feminina" do *2-step* foi há muito esmagada pela franqueza saturada da testosterona do *grime* e *dubstep*. Esse peso fumacento permanece como o antípoda da fisicalidade cibernética, etérea e lamentosa dos Junior Boys; ouvi-los depois do *grime* ou do *dubstep* é como sair de um vestiário cheio de fumaça de maconha para uma montanha pintada por Caspar David Friedrich. Uma experiência de limpeza do pulmão. (Também é significativo que aquelas outras músicas ultra-heterossexuais pós-*garage* deveriam ter gerado uma influência no *house*, ao mesmo tempo em que os Junior Boys tão enfaticamente retornam a ele.)

Mas a remoção de brincadeiras rítmicas talvez também indique algo na escala das ambições pop dos Junior Boys, que são mais bem vistas como o pioneirismo de um Novo MOR,[87] em

---

[87] N. da T.: *middle of the road* (MOR) é um gênero musical comercial e popular criado para o rádio. É associado a melodias fortes e

vez de outra tentativa de novo pop. Se não há uma vanguarda, então faz mais sentido abandonar os antigos acostamentos e reformar o meio da estrada. As canções dos Junior Boys sempre tiveram mais em comum um MOR mais modernista – Hall and Oates, Prefab Sprout, Blue Nile, Lindsay Buckingham – do que com qualquer *rock*. O MOR modernista é o oposto da estratégia desacreditada do entrismo: ele não "se conforma para deformar", ele localiza o estranho no coração do familiar. O problema com o pop atual não é a predominância do MOR, mas o fato dele ter sido corrompido pelo lamento lisonjeiro de autenticidade *indie*. Em qualquer mundo justo, os Junior Boys, não a melancolia melosa de James Blunt nem a seriedade terrena de KT Tunstall seriam a marca MOR dominante no mundo em 2006.

No final das contas, *So this is goodbye* soa mais no meio da tundra do que no meio da estrada. É como se a jornada dos Junior Boys para a América do Norte Sem Fim tivesse continuado além das rodovias noturnas do *Last exit*. É como se as luzes da cidade e os cafés de Edward Hopper do primeiro LP tivessem recuado, e fomos levados, além das pequenas cidades, para as regiões despovoadas dos Territórios do Norte do Canadá. Ou melhor, é como se essas regiões selvagens tivessem se infiltrado na própria medula da gravação. Em *The idea of the North*, Glenn Gould sugere que a desolação gelada do norte tem uma atração especial na imaginação canadense. Você escuta isso em *So this is goodbye* não com uma carga positiva, mas nas lacunas e ausências das músicas; as lacunas e ausências fazem das músicas o que são.

Essas fendas e grutas parecem se multiplicar conforme o álbum avança. A segunda metade (o que eu entendo como "Lado B"; uma das coisas mais gratificantes sobre *So this is goodbye* é

---

leves arranjos orquestrais. Também é conhecido como *música contemporânea leve para adultos.*

que ele é estruturado como um álbum pop clássico, não um CD cheio de extras) difunde o movimento para frente em trilhas de eletrocúmulas. A faixa-título define os sintetizadores imponentes contra a urgência anticlimática do "Forever Now" do *acid house*: o efeito é como subir uma escada rolante congelada em um momento doloroso de transição. "Like a child" e "Caught in a wave" mergulham na agitada movimentação do característico sintetizador arpejado do LP em um trilha fumacenta de uma atmosfera opiácea.

A versão de "When no-one cares", de Frank Sinatra, é o nó que une tudo em *So this is goodbye*, uma pista para suas intenções MOR modernistas (versos da música – "contar lembranças", "como uma criança" – fornecem os títulos para outras faixas, quase como se a música fosse um quebra-cabeça que todo o álbum está tentando solucionar). As canções têm quase a mesma relação com a alta energia que o falecido Sinatra dava ao *jazz* das *big bands*: o que antes era uma música para salões de dança foi esvaziada em um espaço cavernoso e contemplativo para a mais solitária das reflexões. Os *beats* de "When no-one cares", dos Junior Boys, são totalmente abandonados, a "noite interminável" da música é apenas iluminada pelas chamas das estrelas moribundas e pelo pulsar do pisca-pisca às reverberações eletrônicas.

Os Junior Boys transformaram a melancolia solitária – Frank no bar olhando para seu uísque azedo, casais felizes festejando alheios atrás dele (ou em sua imaginação) – em um lamento sussurrado no deserto, soprado pelo gelo da indiferença de um reflexo obscuro em um grande lago à meia-noite. É tão desolado cosmicamente quanto a versão dos Young Gods de "September song", tão ártico quanto o disco *Aura*, de Miles Davis. "When no one cares" é uma das minhas canções favoritas de Sinatra, e devo tê-la ouvido pela primeira vez há vinte anos, mas com a versão dos Junior Boys – que faz com que a estase catatônica da dor original pareça positivamente ocupada – é como se eu estivesse a ouvindo pela primeira vez.

O disco *No one cares*, de Sinatra (que poderia ter o subtítulo: *From penthouse to Satis House*), foi a abordagem do pop ao modernismo literário, um álbum sobre o afeto (em vez do conceito), uma série de abordagens sobre um tema específico – a desconexão em um mundo hiperconectado – com a sofisticação envelhecida de Frank à deriva no deserto de McLuhan no final dos anos 1950, Elvis já famoso, os Beatles a caminho (quem é o "ninguém" que não se importa se não o público adolescente que encontrou novos objetos de adoração?), o telefone e a televisão apenas oferecem novas maneiras de solidão. Então, *So this is goodbye* é como uma atualização globalista do disco de Sinatra, com imagens de "saguões de hotéis", "shoppings que nunca mais veremos" e "casas à venda" esboçando um mundo em estado de impermanência permanente (será que podemos dizer precariedade?). As canções são extremamente preocupadas com as despedidas e mudanças, fixadas nas coisas feitas pela primeira ou pela última vez. "So this is goodbye" [Então é adeus] não é a faixa-título à toa.

A melancolia de Sinatra era a melancolia da (velha) tecnologia de mídia de massas – a "extinção" das gravações facilitadas pelo fonógrafo e o microfone, expressão de uma tristeza peculiarmente cosmopolita e urbana. "Voei ao redor do mundo em um avião/ projetei o mais novo cérebro da IBM/ mas ultimamente estou tão deprimido",[88] Sinatra canta em "I can't get started". O *jet setting* agora não é mais um privilégio da elite, mas uma coisa verdadeiramente mundana para uma força de trabalho global permanentemente despossuída. Cada cidade se tornou a "cidade turística" mencionada na última música de

---

[88] N. DA T.: I've flown around the world in plane/ designed the latest IBM brain/ but lately I'm so downhearted.

So this is goodbye, "FM", porque agora mesmo em casa todos são turistas, e também no sentido de ter o mundo na ponta dos dedos, por meio de uma rede. Se as melhores gravações de Sinatra, como as pinturas de Hopper, fossem sobre a maneira como a experiência urbana produz novas formas de isolamento (e também: que tais momentos privados mediados em massa são o único modo de conexão afetiva em um mundo fragmentado), então o álbum é uma resposta ao lugar-comum ciberespacial de que, com a rede, até o ponto mais remoto pode ser conectado (e também que tal conexão muitas vezes equivale a uma comunhão de almas solitárias). Daí a impressão de que, se "When no one cares" de Sinatra era uma chamada não atendida do coração impiedoso de Nova York, a versão dos Junior Boys foi enviada por telefone através de uma linha digital à beira do Lago Ontário (é acidental que o termo "ciberespaço" tenha sido inventado por um canadense?).

Este é um disco sobre o *mal-estar em viagens*. Expressa o que podemos chamar de *nomadologia*. A nomadologia, esse mal-estar, seria um complemento, e não o oposto do mal-estar do lar, a nostalgia. (E a relação entre nomadologia e assombrologia?) É totalmente apropriado que a faixa final, "FM", invoque "um retorno para a casa" e para o rádio (não é a única referência a esse meio fantasma no disco), uma vez que a web rádio – com estações locais disponíveis em qualquer hotel do mundo – é talvez mais do que qualquer outra coisa o correlato objetivo de nossa condição atual. Uma condição em que, como Žižek aponta tão apropriadamente, "a harmonia global e os solipsismos estranhamente coincidem. Ou seja, não anda nossa imersão no ciberespaço de mãos dadas com sermos reduzidos a uma mônada leibziana[89] que, embora 'sem janelas' que se abram diretamente

---

[89] N. da T.: para o leibnizianismo, uma mônada é um átomo inextenso com atividade espiritual, componente básico de toda e qualquer

para a realidade externa, espelha em si mesma todo o universo? Não estamos cada vez mais mônadas, interagindo sozinhos com a tela do PC, encontrando apenas os simulacros virtuais e, ainda assim, imersos mais do que nunca na rede global, nos comunicando de forma síncrona com o mundo inteiro?".[90]

---

realidade física ou anímica, que apresenta as características de imaterialidade, indivisibilidade e eternidade.

[90] Žižek, Slavoj. "No sex please, we're post-humans". Disponível em: http://www.egs.edu/faculty/slavoj-zizek/articles/no-sex-pleaseweare-post-humans/.

INDEFINIÇÕES:
CONTENT, DE CHRIS PETIT

Site da Sight & Sound/BFI, *março de 2010*

Em um ponto do assombroso novo filme de Chris Petit, *Content*, somos levados através do porto de contêineres de Felixstowe. Foi um momento estranho para mim, já que Felixstowe fica a apenas alguns quilômetros de onde moro agora – o que Petit filmou poderia ter sido filmado da janela de nosso carro. O que tornava tudo ainda mais estranho era o fato de Petit nunca ter mencionado que estava em Felixstowe; os hangares e guindastes iminentes são tão genéricos que comecei a me perguntar se este não seria um porto de contêineres *doppelgänger*[91] em algum outro lugar do mundo. Tudo isso sublinhou como o texto de Petit descreve esses "edifícios cegos" enquanto sua câmera os acompanha: "não-lugares", "galpões prosaicos", "os primeiros edifícios de uma nova era" que tornam a "arquitetura redundante".

Content pode ser classificado como um filme-ensaio, mas é menos ensaístico que aforístico. Isso não quer dizer que seja desconectado ou incoerente: o próprio diretor o chamou de um "*road movie* ambiente do século XXI", e seus reflexos sobre o envelhecimento e a paternidade, o terrorismo e as novas mídias

---

[91] N. da E.: *doppelgänger* é um sósia ou duplo não-biologicamente relacionado de uma pessoa viva, por vezes retratado como um fenômeno fantasmagórico ou paranormal; é geralmente visto como um prenúncio de má sorte e usado também para se referir ao "irmão gêmeo maligno" ou ao fenômeno da bilocação.

são tecidos em uma consistência que não é linear, mas é certamente fragmentária.

O filme é sobre a "correspondência", nos diferentes sentidos da palavra. Foi em parte gerado pela correspondência eletrônica entre Petit e seus dois principais colaboradores: Ian Penman (cujo texto é dublado pelo ator alemão Hanns Zischler) e o músico alemão Antye Greie. Penman aborda uma série de reflexões sobre assuntos de e-mail, aquela "anônima, porém íntima" comunicação etérea. Algumas de suas indagações sobre a cultura de e-mails são acompanhadas por cartões-postais – a ação pungente desta forma obsoleta de correspondência é ainda mais comovente porque os remetentes e destinatários foram esquecidos. Greie, por sua vez, produz novelos de música eletrônica que fornecem ao filme uma espécie de inconsciente sônico no qual termos e conceitos referidos nas imagens e nas trilhas de voz são refratados, extrapolados e complementados.

Uma das primeiras frases citadas na trilha sonora de Greie – que se assemelha a esboços de canções não gravadas – é uma citação do famoso discurso de Roy Batty em *Blade runner*: "Se ao menos você pudesse ver o que vi com seus olhos". Esta é uma frase a que Penman retorna constantemente em escritos sobre gravações, tecnologias e assombrações – e isso nos leva ao outro significado de "correspondência" que o filme emprega: correspondências no sentido de conexões e associações. Algumas delas são enfatizadas por Petit em seu texto secamente poético; outras ele deixa para que os espectadores façam por si próprios.

Na verdade, um dos aspectos mais gratificantes de *Content* é que, ao contrário de tantos documentários de televisão contemporâneos, que infernizam neuroticamente o público ao incessantemente reforçar sua tese central, Petit confia na inteligência e no poder de especulação do espectador. Onde boa parte da televisão agora envolve uma redundância mútua de imagem e voz – a imagem é escravizada para ilustrar o texto; a voz apenas embeleza a imagem – o filme é em grande parte sobre os espaços entre a imagem e o texto, o que não é dito nas (e sobre) as imagens.

O uso de um ator, um músico alemão e as muitas referências à Europa em *Content* refletem a infância de Petit, que, como ele descreve no filme, foi parcialmente vivida como uma criança filha das forças ocupantes da Alemanha. Mas também reflete o desejo de longa data do diretor por algum tipo de reconciliação entre a cultura britânica e o modernismo europeu. Petit descreveu o filme como uma "coda[92] informal" para seu filme de 1979, *Radio on* (relançado recentemente em DVD). Com uma forte dívida para com o cinema de arte europeu, *Radio on* projetou uma reaproximação entre o cinema britânico e o europeu que nunca aconteceu – antecipada no *art pop* dos anos 1970 (Kraftwerk, Bowie) aplicada como destaque naquele filme. Petit imaginou um cinema britânico que, como a música, pudesse afirmar sua europeidade sem rejeitar os Estados Unidos, mas absorvendo com confiança suas influências. No entanto, esse futuro nunca chegou.

"*Radio on*", disse Petit em uma entrevista recente, "termina com um carro parado no limite do futuro, que ainda não sabíamos que seria o thatcherismo". À frente estava uma mistura bizarra, porém banal do sem precedentes e do arcaico. Em vez de acelerar na autoestrada do Kraftwerk, nos encontramos, como Petit aponta em *Content*, "em reversão para um amanhã baseado em um passado inexistente", já que o modernismo popular de que *Radio on* fazia parte se viu eclipsado por uma confecção tóxica e viciante do populismo voltado para o consumidor, uma herança cafona, xenófoba e corporativa dos Estados Unidos. Sob essa luz, o filme permanece como uma reprovação silenciosa, mas enfática, do cinema britânico dos últimos trinta

---

[92] N. da T.: seção conclusiva de uma composição (sinfonia, sonata etc.), que serve de arremate à peça musical.

anos, que em suas variantes dominantes – o monótono realismo social, o falso gangsterismo, o drama de fantasia literário ou fantasia de classe média do Atlântico meridional – se retirou da modernidade. Não são apenas os pobres e os não brancos que são excluídos de *Um lugar chamado Notting Hill*, por exemplo – é também a Westway, o viaduto ballardiano do oeste de Londres, que agora é uma relíquia da "cidade moderna que Londres nunca se tornou".

No entanto, *Content* não é apenas um réquiem para as possibilidades perdidas nos últimos trinta anos. Em seu uso de locais impressionantes, mas subutilizados – as paisagens de ficção científica pós-fordistas do porto de contêineres de Felixstowe, o terreno misterioso da Guerra Fria nos arredores de Oxford Ness –, o filme demonstra não apenas o que o cinema britânico negligencia, mas o que ainda poderia ser.

ANTIGUIDADES PÓS-MODERNAS:
PATIENCE (AFTER SEBALD)

Sight & Sound, *abril de 2011*

A primeira vez que assisti a *Stalker*, de Andrei Tarkovsky – transmitido pelo Canal 4 no início dos anos 1980 –, lembrei-me imediatamente das paisagens de Suffolk, onde eu passava férias quando criança. As caixas de comprimidos enormes, as torres de Martello, os sulcos enferrujados que se assemelhavam a lápides: tudo isso se somava a uma cena pronta de ficção científica. Em um momento do documentário *Patience (After Sebald)* [Paciência: depois de Sebald], de Grant Gee – um filme-ensaio inspirado no romance de W. G. Sebald *Os anéis de Saturno* –, a diretora de teatro Katie Williams faz a mesma conexão, quando compara as extensões das zonas desmilitarizadas da costa de Suffolk com Tarkovsky.

Quando li *Os anéis de Saturno* esperava que fosse uma exploração desses espaços assustadoramente transcendentais. No entanto, o que descobri foi algo bastante diferente: um livro que, pelo menos me pareceu, percorre vagarosamente os espaços de Suffolk sem realmente olhar para eles; que oferece um miserabilismo *mittel-brow*, um desdém comum, no qual os registros humanos são rotineiramente descartados como lixo e os espaços desumanos são opressivos. A paisagem no livro funciona como um conceito tênue, lugares que operam como gatilhos para uma divagação literária que se parece menos com um diário de viagens e mais com o devaneio apático de um bibliotecário. Em vez de se envolver com Suffolk em encontros literários anteriores – Henry James fez um passeio a pé pelo condado; seu homônimo M. R. James ambientou duas de suas histórias de fantasmas mais atmosféricas lá – Sebald tende a atrair gente como Borges. Meu ceticismo foi alimentado pelo culto solene que se instalou com uma velocidade suspeita em torno do autor e que parecia preparado demais para admirar aquelas frases bem elaboradas. Sebald oferecia uma *dificuldade bastante fácil*, um modelo anacrônico e antiquado de "boa literatura" que agia como se muitos dos desenvolvimentos na ficção experimental e na cultura popular do século XX nunca tivessem acontecido. Não é difícil entender por que um escritor alemão desejaria apagar metade do século XX, e muitos dos anacronismos formais em sua escrita – a estranha sensação de que este é o século XXI visto por meio de uma prosa contida, mas ornamentada, de um ensaísta do início do século XX. – talvez surjam desse desejo, da mesma forma como os próprios romances tratam dos estratagemas, conscientes e inconscientes e, em última análise fracassadas, que danificaram a psique para apagar traumas e construir novas identidades. O escritor Robert Macfarlane chamou Sebald de "antiquado pós-moderno", e o status indeterminado em *Os anéis de Saturno* – é uma autobiografia, um romance ou um diário de viagens? – aponta para uma certa brincadeira, mas isso nunca surge a nível de conteúdo na obra. Era necessário que Sebald permanecesse com a cara feia para que a "antiguidade" fosse bem-sucedida. Algumas das imagens de Gee em Suffolk se inspiram nas fotografias em preto e branco que ilustram o livro. Mas as fotos eram outro recurso: Sebald as fotocopiava muitas vezes até que atingissem a granulação necessária.

O filme de Gee estreou como parte de um simpósio soberbamente curado por Gareth Evans, da Art Events, chamado de *After Sebald: place and re-enchantment* [Depois de Sebald: lugar e reencantamento], no Snape Maltings, perto de Aldeburgh, em

Suffolk. No fim das contas, os romances de Sebald se encaixam em qualquer discussão sobre o lugar e o encantamento de maneira muito estranha: seu trabalho é mais sobre o deslocamento e o desencanto do que seus opostos. Em *Patience (after Sebald)*, a artista Tacita Dean observa que só as crianças conhecem um verdadeiro sentido de casa. Os adultos estão sempre cientes da precariedade e da transitoriedade de seus locais de moradia: e ninguém é mais ciente disso do que Sebald, um escritor alemão que passou a maior parte de sua vida em Norfolk, na Inglaterra.

Patience (After Sebald) sucede os documentários de Gee sobre o Radiohead e o Joy Division. Como dito por Gee a Macfarlane, a mudança do *rock* para a literatura foi algo natural para alguém cujas sensibilidades foram formadas pela cultura musical do Reino Unido dos anos 1970. Se Sebald estivesse escrevendo na década de 1970, Gee afirma, ele certamente teria sido mencionado na *New musical express* ao lado de outros luminares da literatura de vanguarda. O diretor começou a ler sua obra em 2004, por recomendação de seu amigo, o romancista Jeff Noon. O título um tanto gnômico do filme era uma relíquia de uma versão anterior que havia sido feita. Ele sugere a desaceleração do tempo que a paisagem de Suffolk impõe, uma liberação das urgências urbanas, mas na verdade é uma referência a uma passagem do romance *Austerlitz*, de Sebald: "[Jacques] Austerlitz me contou que, às vezes, ele ficava sentado aqui por horas, dispondo essas e outras fotos de sua coleção de cabeça para baixo, como se estivesse jogando paciência, e que então uma a uma, ele as virava, sempre com uma sensação de surpresa com o que via, as empurrando para frente e para trás, as organizando em uma ordem de acordo com suas familiaridades ou as retirando do jogo até que não houvesse mais nada além da mesa cinza, ou até que ele se sentisse exausto com o esforço constante de pensar e lembrar e quisesse descansar na poltrona".

Originalmente, o diretor tinha a intenção de fazer um filme sobre os não-lugares na obra de Sebald: os quartos de hotel ou salas de espera da estação ferroviária em que os personagens ruminam, conversam ou desabam (o próprio Austerlitz chega a uma revelação devastadora sobre sua própria identidade na sala de espera da estação Liverpool Street). No final, entretanto, Gee foi atraído para o livro que – pelo menos aparentemente – é mais focado em um único lugar.

Gee filmou tudo praticamente sozinho, usando uma câmera Bolex de 16mm adaptada. Ele queria algo que produzisse enquadramentos que fossem "mais autênticos do que o normal", disse, "como se fosse o ponto de vista de um único personagem". Gee vê *Patience (After Sebald)* como um ensaio, na tradição de Chris Petit e da trilogia *Robinson*, de Patrick Keiller. Mas quando eu lhe disse que faltava ao filme a voz única que define a ensaística de Petit ou Keiller, Gee me respondeu de forma autodepreciativa. O diretor havia tentado se inserir em seus próprios filmes, mas sempre ficou insatisfeito com os resultados: sua voz não soava bem; sua atuação não convencia; sua escrita não era forte o suficiente. Em *Patience*, assim como no documentário do Joy Division, a história é contada por outros: Macfarlane, Dean, Iain Sinclair, Petit, a crítica literária Marina Warner e o artista Jeremy Millar – que proporcionou uma das imagens mais estranhas do filme. Quando ele acende um rojão em homenagem a Sebald, a fumaça inesperadamente se formou de uma maneira que lembrava o rosto de Sebald, algo que Gee sublinha ao animar uma transição entre a fotografia de Millar e uma fotografia do romancista.

Mais de um dos palestrantes no simpósio reconheceu que eles mal se lembravam de *Os anéis de Saturno*. Há algo adequado nisso, é claro, dado que a duplicidade de memória pode ter sido o tema principal de Sebald; mas minha suspeita é que as más lembranças em diferentes formas contribuem para o culto ao livro; a narrativa induz seus leitores a alucinar um texto que não está lá, mas que atende aos seus desejos – por uma espécie de diário de viagem modernista, um romance que faria justiça à paisagem de Suffolk – melhor do que o romance de Sebald realmente faz. *Patience (After Sebald)* é em si uma má lembrança de *Os anéis de Saturno,* que não poderia deixar de reverter muitas das prioridades e ênfases do romance. No livro, Suffolk frequentemente (e frustrantemente) sai do foco, enquanto o autor segue suas próprias linhas de associação. Em contraste, a substância principal do filme consiste em imagens da paisagem de Suffolk – o lodaçal sobre o qual se pode caminhar por quilômetros sem ver uma alma, os penhascos em ruínas da cidade perdida de Dunwich, o enigma de Orford Ness e seus templos inescrutáveis presidindo silenciosamente os experimentos militares da Guerra Fria que permaneceram secretos. As reflexões de Sebald, narradas no documentário por Jonathan Pryce, ancoram essas imagens com muito menos segurança do que no romance. No Snape Maltings, aqueles que recriaram as andanças do romancista – incluindo o próprio Gee – confessaram que não conseguiram atingir seu humor lúgubre: a paisagem acabou sendo muito energizante, sua desolação sublime provou ser um terreno vazio para o psicológico sombrio interior. Em conversa com Robert Macfarlane após a exibição do filme, Gee disse que não era realmente necessário que Sebald tivesse feito o passeio. Ele quis dizer que não era importante se Sebald fez ou não de uma só vez a caminhada exatamente como descreve o narrador de *Os anéis de Saturno*: o romance poderia ter sido baseado em uma série de caminhadas diferentes que ocorreram durante um período maior de tempo. Mas não pude deixar de ouvir a observação de Gee de uma maneira distinta: que não era necessário que Sebald tivesse *feito* o passeio: que, longe de ser um confronto direto com o terreno de Suffolk, *Os anéis de Saturno* poderia ter sido escrito mesmo se Sebald nunca tivesse posto os pés em Suffolk.

Essa foi a opinião de Richard Mabey, escalado para duvidar do papel de Thomas no simpósio. Mabey – que escreve sobre a natureza há quarenta anos, e cujo último livro *Weeds* [Ervas daninhas] tem o glorioso subtítulo *Como as plantas vagabundas quebraram a civilização e mudaram a maneira como pensamos a natureza* – argumentou que Sebald era o culpado por essa falácia patética. Quando leu *Os anéis de Saturno*, disse que se sentiu como se um amigo muito próximo tivesse sido menosprezado; embora ele tenha caminhado pelo litoral de Suffolk inúmeras vezes, não conseguia reconhecê-lo a partir das descrições de Sebald. Mas talvez o problema com o autor seja que ele não era suficientemente culpado pela falácia patética, que ao invés de impregnar a paisagem com suas paixões, como Thomas Hardy fez com Wessex, ou os Brontë fizeram com Yorkshire, ou, mais recentemente, como o músico Richard Skelton fez com o lodaçal de Lancashire – Sebald usou Suffolk como uma espécie de mancha de Rorschach, um gatilho para processos associativos que voam pela paisagem sem criar raízes nela. Em qualquer caso, Mabey queria um confronto com a natureza em toda a sua exterioridade desumana. Ele soou como um filósofo deleuziano quando protestou sobre a "heterogeneidade aninhada" e a "poesia autônoma" de microecossistemas encontrados na pegada de uma vaca; de como era necessário "pensar como uma montanha", e cita a evocação de Virginia Woolf de uma "terra de sonhos e filosofias" para se afirmar. Fiquei impressionado com os paralelos entre o relato de Mabey sobre a natureza e a invocação de Patrick Keiller do líquen como "uma inteligência não humana" em *Robinson in ruins* [Robinson em ruínas]. Como seu exame do "país desconhecido próximo a nós", o filme de Robert Macfarlane para a BBC, *The wild places of Essex* [Os lugares selvagens de Essex], exibido no simpósio, também estava próximo da visão de Mabey de uma natureza prosperando em espaços abandonados por, ou inóspito para, humanos. (O filme de Macfarlane agora parece uma contraparte ao maravilhoso *Oil city confidential* [Cidade petrolífera confidencial], de Julien Temple, que enraizou o ritmo febril e o *blues* do Dr. Feelgood na paisagem lunar da Ilha Canvey em Essex). *Patience (After Sebald)* poderia atrair um cético sobre a obra de Sebald como eu porque – apesar do próprio Sebald – atinge os confins de Suffolk. Ao mesmo tempo, o filme poderosamente silencioso de Gee me fez duvidar do meu próprio ceticismo, me mandando de volta aos romances de Sebald, em busca do que outros enxergaram, mas até agora havia me escapado.

O INCONSCIENTE PERDIDO:
A ORIGEM, DE CHRISTOPHER NOLAN

Film Quarterly, *vol. 64, nº 3 (2011)*

No revolucionário *thriller* de Christopher Nolan sobre a perda de memória, *Amnésia*, Lenny, o protagonista traumatizado e supertatuado, tem uma conversa sugestiva com um detetive:

TEDDY: Olhe seu arquivo policial. Estava completo quando eu dei a você. Quem retirou as doze páginas?

LENNY: Você, provavelmente.

TEDDY: Não, você as tirou.

LENNY: Por que eu faria isso?

TEDDY: Para definir um quebra-cabeça que você nunca vai resolver.

Como Lenny, Christopher Nolan é um especialista em criar quebra-cabeças que não podem ser resolvidos. A duplicidade – tanto no sentido de engano quanto de duplicação – permeia sua obra. Mas não é somente o trabalho de Nolan que trata de duplicidade; ele mesmo é dúplice, atraindo o público para labirintos indeterminados.

Os filmes de Nolan têm uma qualidade friamente obsessiva, em que uma série de elementos que se repetem – um herói traumatizado e seu antagonista; uma mulher morta; um enredo que envolve manipulação e dissimulação –, são reorganizados. Esses tropos de filme *noir* são então ainda mais misturados a um certo tipo de *neo-noir*. Nolan reconhece *Coração satânico* (1987) e *Os suspeitos* (1995) como parâmetros (ele menciona ambos em uma entrevista incluída no DVD de *Amnésia*, destacando o filme de Parker como uma inspiração particular), mas também podemos ver em sua obra paralelos com as metaficções detetivescas de Robbe-Grillet e Paul Auster. Há uma mudança dos problemas epistemológicos colocados por narradores não confiáveis para uma indeterminação ontológica mais geral, em que a natureza de todo o mundo ficcional é posta em dúvida.

Amnésia permanece emblemático a esse respeito. À primeira vista, o enigma do filme se resolve de maneira relativamente simples. Lenny, que sofre de amnésia anterógrada, o que significa que ele não pode criar novas memórias, está "criando enigmas para si mesmo que não podem ser resolvidos" para que ele sempre possa perseguir o assassino de sua esposa, mesmo depois dele tê-lo matado. Depois de assistir o filme repetidas vezes, o crítico Andy Klein – em um artigo para o *Salon.com* sugestivamente intitulado "Tudo o que você queria saber sobre *Amnésia*" – admitiu que não foi capaz de chegar à "verdade" por detrás da ação do filme. Cada explicação parece envolver alguma violação das "regras" aparentes da condição de Leonard – não apenas das regras como ele as explica, mas das regras como as testemunhamos durante a maior parte do filme). As regras são cruciais para o método de Nolan. Se *Amnésia* é um tipo de objeto impossível, então sua impossibilidade é gerada não por meio de uma anarquia ontológica que vale tudo, mas por estabelecer as regras que ele viola de maneiras específicas – assim como o efeito das pinturas de Escher, que depende muito mais de perturbar as regras de perspectiva que ignorá-las.

Nolan, no entanto, afirma que por mais difíceis que seus filmes possam parecer, eles sempre são baseados em uma verdade definitiva que ele conhece, mas não revelará. Como ele disse sobre *A origem* em uma entrevista para a revista *Wired*, "Sempre acreditei que se você faz um filme ambíguo, ele precisa se basear em uma interpretação verdadeira. Se não for, ele se contradiz ou será de alguma forma insubstancial e acabará fazendo o público se sentir enganado. A ambiguidade tem que vir da incapacidade do personagem de saber – e do alinhamento do público com esse personagem". Quando Robert Capps, o entrevistador, diz a Nolan que pode haver várias explicações para o final do filme, que a "resposta correta" é impossível de ser encontrada, o diretor o contradiz categoricamente: "Não, não. Eu tenho uma resposta". Suas observações podem ser apenas mais um movimento de desorientação; e, se um século de teoria cultural nos ensinou alguma coisa, é que as supostas intenções de um autor só podem constituir um (para)texto suplementar, mas nunca uma palavra final. Afinal, sobre o que são os filmes de Nolan, senão sobre a instabilidade da posição de um mestre? Eles são repletos de momentos em que o manipulador – aquele que olha, escreve ou narra – passa a ser o manipulado, o objeto do olhar, o personagem de uma história escrita ou contada por outrem.

Em *A origem*, Cobb é um "extrator", um especialista em um tipo especial de espionagem industrial, que entra nos sonhos das pessoas e rouba seus segredos. Ele e sua equipe foram contratados pelo empresário hiper-rico Saito para se infiltrar nos sonhos de Robert Fischer, o herdeiro de um enorme conglomerado de energia. Dessa vez a equipe de Cobb não é obrigada a extrair informações, mas a fazer algo que o filme mostra ser muito mais difícil: eles têm a tarefa de implantar uma ideia na mente de Fischer. A eficácia de Cobb como ladrão de sonhos é comprometida pela projeção de sua esposa morta, Mal, a mancha patológica que ele agora traz consigo em qualquer travessia onírica. Mal morreu depois de sofrer um aparente surto psicótico. Ela e Cobb montaram para si um retiro para se amar no "espaço do sonho não construído", chamado de limbo pelos ladrões de sonho. Mas depois que ela se tornou muito apegada a esse ninho de amor virtual, Cobb "implantou" nela a ideia de que o mundo em que eles viviam não era real. Como o protagonista mordazmente observa, não há nada mais resistente do que uma ideia. Mesmo quando ela é restaurada ao que Cobb considera ser a realidade, Mal continua obcecada com a ideia de que o mundo ao seu redor não é real, então ela se joga da janela de um hotel para retornar ao que ela acredita ser o mundo real. O filme mostra como Cobb lida com esse evento traumático – para implantar a ideia em Fischer, Cobb primeiro deve descer ao limbo e derrotar Mal. Ele consegue isso simultaneamente aceitando sua parte na morte de Mal e repudiando sua projeção como uma cópia inadequada de sua esposa morta. Com a projeção de Mal vencida e o roubo de sonhos concluídos com sucesso, Cobb finalmente pode voltar para os filhos, de quem foi separado. No entanto, esse final tem mais do que uma sugestão de fantasia de realização de desejo sobre ele, e a suspeita de que Cobb possa estar abandonado em algum lugar de um labirinto onírico de várias camadas, um psicótico que confundiu sonhos com realidade, torna *A origem* profundamente ambíguo. Os comentários do próprio Nolan mantiveram cuidadosamente a ambiguidade. "Eu escolho acreditar que Cobb voltou para os filhos", disse o diretor a Robert Capps.

Os filmes de Nolan se preocupam, parafraseando Teddy, de *Amnésia*, com "as mentiras que dizemos a nós mesmos para continuarmos felizes". No entanto, a situação é ainda pior do que isso. Uma coisa é mentir para si mesmo, outra é nem mesmo saber se alguém está mentindo para si mesmo ou não. Esse pode ser o caso de Cobb em *A origem*, e é notável que, na entrevista para a revista *Wired*, Nolan tenha dito que "a coisa emocional mais importante sobre o pião girando no final é que Cobb não está olhando para ele. Ele não se importa". Não nos importarmos se estamos mentindo para nós mesmos, pode ser o preço da felicidade – ou pelo menos o preço que se paga para se livrar de uma angústia mental excruciante. Nesse aspecto, Dormer, do filme *Insônia* (2002) poderia ser o anti-Cobb. Sua incapacidade de dormir – o que naturalmente também significa sua incapacidade de sonhar – está correlacionada ao colapso de sua capacidade de contar a si mesmo uma história reconfortante sobre quem ele é. Após atirar em seu parceiro de trabalho, a identidade de Dormer desmorona em um vazio epistemológico aterrorizante, uma caixa-preta que não pode ser aberta. Ele simplesmente não sabe se pretendia ou não matar seu parceiro (assim como Borden em *O grande truque* não consegue se lembrar que nó ele amarrou na noite em que a esposa de Angier morreu em um desastrado ato ilusionista de escapismo). Mas nos mundos de Nolan, não só nos enganamos, mas estamos enganados quanto a possuir um eu. Não há separação entre a identidade e a ficção. Em *Amnésia*, Lenny literalmente escreve (sobre) a si mesmo, mas o próprio fato de que ele pode escrever um roteiro para versões futuras de si mesmo é uma demonstração terrível de sua falta de qualquer identidade coerente – uma revelação sobre o que sua busca sisifiana exemplifica e de que ela está em fuga. O início nos deixa com a possibilidade de que a busca de Cobb e a aparente redescoberta de seus filhos possam ser uma versão do mesmo tipo de *loop*: um purgatório para o inferno de *Amnésia*.

"O desejo de nos reescrever como ficções que parecem reais está presente em todos nós", escreve Christopher Priest em seu romance *The glamour* [O glamour]. Não é de todo surpreendente que Nolan tenha adaptado um romance de Priest, uma vez que existem paralelos notáveis entre os métodos e interesses dos dois. Os romances de Priest também são "quebra-cabeças que não podem ser resolvidos", nos quais escrita, biografia e psicose se misturam, levantando questões ontológicas preocupantes sobre a memória, a identidade e a ficção. A ideia de mentes como paisagens de dados que podem ser infiltradas coloca inevitavelmente em destaque a "alucinação consensual" do ciberespaço de Gibson, mas o conceito de compartilhamento de sonhos pode ser rastreado até Priest e seu romance extraordinário de 1977, *A dream of Wessex* [Um sonho de Wessex]. No romance, um grupo de voluntários-pesquisadores usa um "projetor de sonhos" para entrar em um sonho compartilhado de uma (então) futura Inglaterra. Como os viciados em sonhos que são brevemente vislumbrados em uma das cenas mais sugestivas de *A origem*, alguns dos personagens em *A dream of Wessex* preferem inevitavelmente o ambiente simulado ao mundo real e, ao contrário de Cobb, eles optam por ficar lá. As diferenças na forma como o conceito foi abordado em 1977 e em 2010 nos dizem muito sobre os contrastes entre a social-democracia e o neoliberalismo. Enquanto a tecnologia de compartilhamento de sonhos em *A origem* é – como a internet – uma invenção militar transformada em um aplicativo comercial, o projeto dos sonhos compartilhados de Priest é administrado pelo governo. O mundo dos sonhos de Wessex é lírico e lânguido, ainda parte do brilho nebuloso da psicodelia dos anos 1960. Está tudo muito longe do barulho e da fúria de *A origem*, a ideia da mente como uma zona militarizada.

A origem (não de forma inteiramente satisfatória) sintetiza os quebra-cabeças intelectuais e metafísicos de *Amnésia* e *O grande truque* (2006) com as explosões e o orçamento excessivo de *Batman begins* (2005) e *Batman: o cavaleiro das trevas* (2008). O problema são as prolongadas sequências de ação, que parecem, na melhor das hipóteses, superficiais. Em alguns momentos, é como se a conquista de *A origem* tivesse fornecido um incentivo barroco e sofisticado para algumas sequências de ação muito idiotas. Um espectador cruel pode pensar que toda a complexa estrutura ontológica de *A origem* foi construída para justificar esses clichês do cinema de ação – como a quantidade absurda de coisas que os personagens podem fazer no tempo que leva para uma van cair de uma ponte em um rio. O blogueiro Carl Neville reclama que *A origem* equivale a "três filmes de ação pouco envolventes sendo exibidos simultaneamente", "o que poderia ter sido uma viagem fascinantemente vertiginosa a mundos sucessivamente fantásticos e impossíveis, sem mencionar o limbo do inconsciente cru em que alguns dos personagens centrais mergulham", Neville argumenta,

> acaba parecendo totalmente com uma série de filmes de ação, um dentro do outro: a "realidade" parece um filme "globalizado", saltando de Tóquio a Paris, de Mombaça a Sydney, com uma equipe de técnicos gênios que são basicamente forçados a viver fora da lei, com muitas imagens de helicópteros de paisagens urbanas e cores locais exóticas. O nível um do sonho é basicamente *A identidade Bourne...* chuvoso, cinza, urbano. O nível dois é *Matrix*, brigas de gravidade zero em um hotel modernista; o nível três, deprimente, acaba sendo um filme de James Bond dos anos 1970, enquanto o *id* bruto é apenas uma paisagem urbana em colapso.

As cenas na neve do "nível três" pelo menos se assemelham a um dos filmes de James Bond mais visualmente impressionantes – *A serviço secreto de sua majestade*, de 1969 –, mas é difícil não compartilhar do senso de anticlímax de Neville. Em vez de acelerar e aumentar a complexidade metafísica, o filme avança em direção ao seu desfecho decepcionante. A configuração elaborada que envolve a "arquiteta dos sonhos" Ariadne é sumariamente abandonada, e ela deve esquecer o labirinto e "encontrar um caminho mais direto". Quando Ariadne e o filme atendem a essas exigências, é como se os imperativos do *thriller* de ação tivessem atravessado as complexidades da narrativa do quebra-cabeça de Nolan com toda a sutileza de um trem de carga que irrompe a paisagem urbana na cena anterior.

Neville está correto ao afirmar que *A origem* está muito longe de ser uma "viagem fascinantemente vertiginosa a mundos sucessivamente fantásticos e impossíveis", mas vale a pena pensar sobre por que Nolan mostrou tal contenção. (Sua parcimônia não poderia contrastar mais fortemente com as extravagâncias estilísticas de um filme como *Um olhar no paraíso* [2009], de Peter Jackson, que visa o fantástico e o impossível, mas acaba sendo um puro CGI-onanístico em vez de lirismo onírico.) Uma coisa inicialmente estranha sobre *A origem* é como os sonhos do filme não são semelhantes aos de um *sonho*. É tentador ver o Nolan de *A origem* como um Hitchcock reverso – onde Hitchcock pegou topografias oníricas semelhantes a De Chirico e as reviveu como espaços de suspense, Nolan pegou sequências de filmes de ação padrão e as embala como sonhos. Exceto em uma cena em que as paredes parecem se fechar em torno de Cobb quando ele está sendo perseguido – o que, curiosamente, ocorre na "realidade" aparente do filme – as distorções espaciais em *A origem* não se assemelham às maneiras pelas quais os sonhos se distendem ou colapsam no espaço. Não há nenhuma das adjacências ou distâncias bizarras que não diminuem o que vemos em *O processo* (1962), de Orson Welles, um filme que, talvez melhor do que qualquer outro, captura as topografias misteriosas dos sonhos ansiosos. Quando, em uma das cenas mais comentadas do filme, Ariadne faz com que o espaço da cidade de Paris se enrole em torno dela e de Cobb, ela está se comportando mais como uma engenheira de computação gráfica do que realmente criando uma cena qualquer de um sonhador. Esta é uma demonstração de destreza técnica, desprovida da carga de sobrenatural. As cenas do limbo, entretanto, são como uma versão invertida do "surrealismo sem o inconsciente" de Fredric Jameson: este é um inconsciente sem surrealismo. O mundo que Cobb e Mal "criam" a partir de suas memórias é como uma apresentação em PowerPoint de um caso de amor representado como uma simulação de caminhada: vagamente assombrada em sua própria falta de fascínio, silenciosamente horripilante em seu vazio solipsista. Onde estava o inconsciente, lá estará o CGI.

Em um blogue famoso, Devin Faraci argumenta que todo o filme é uma metáfora para a própria produção cinematográfica: Cobb é o diretor, Arthur o produtor, Ariadne a roteirista, Saito "o grande terno corporativo que se imagina como parte do jogo", e Fischer o público. "Cobb, como diretor, leva Fischer por uma jornada envolvente, estimulante e emocionante", Faraci escreve, "o que o leva a um entendimento sobre si mesmo. Cobb é o grande diretor de cinema... Quem traz a ação, quem traz o espetáculo, mas também quem traz o significado, a humanidade e a emoção". Na verdade, Cobb é um diretor medíocre (devemos concluir que ele é muito menos experimentado que Nolan), Neville argumenta que a "jornada" de Fischer o leva por uma série de cenários de ação padronizados, que são "envolventes, estimulantes e emocionantes" apenas de uma forma fracamente genérica. De forma significativa e sintomática, a hipérbole de Faraci soa aqui como se pudesse pertencer a um discurso de marketing para Cobb e sua equipe; quando Cobb e os outros elogiam a "criatividade" do processo de arquitetura dos sonhos – *você pode criar mundos que nunca existiram!* – soam como se estivessem recitando um texto publicitário ou o roteiro de um vídeo corporativo. As cenas em que a equipe se prepara para entrar no mundo de Fischer podem ter sido projetadas para trazer à tona o vazio deprimente do conceito de "indústria criativa". Eles atuam como as próprias fantasias de uma equipe de *marketing* sobre o que eles próprios estão fazendo: talvez com a visão de um competidor de *O aprendiz*. Em qualquer caso, *A origem* parece ser menos uma metameditação sobre o poder do cinema do que um reflexo de como as técnicas cinematográficas se tornaram imbricadas em um espetáculo banal que – fundindo machismo empresarial, protocolos de entretenimento e exageros de tirar o fôlego – goza de um domínio sem precedentes sobre nossas vidas profissionais e nossa mente sonhadora.

É, sem dúvida, esse senso de mediação penetrante, de simulação generalizada, o que leva Faraci a alegar que *A origem* é um sonho a ponto de até mesmo o material de compartilhamento de sonhos ser um sonho. Dom Cobb não é um extrator. Ele não pode entrar nos sonhos de outras pessoas. Ele não está fugindo da Cobol Corporation. A certa altura, ele diz isso a si mesmo, por meio da voz de Mal, que é uma projeção do seu próprio subconsciente. Ela pergunta o quão real ele pensa que seu mundo é, onde ele está sendo perseguido o tempo todo por capangas corporativos sem rosto. O momento em que Mal confronta Cobb com tudo isso lembra a cena de *O vingador do futuro* (1990), de Paul Verhoeven, quando um psiquiatra tenta convencer Quaid, interpretado por Arnold Schwarzenegger, de que ele está tendo um colapso psicótico. Mas enquanto *O vingador do futuro* nos apresenta uma forte distinção entre a identidade cotidiana de Quaid como trabalhador da construção civil e sua vida como agente secreto no centro de uma luta interplanetária – uma distinção que o filme rapidamente desmonta – *A origem* nos dá apenas Cobb, o herói genérico: bonito e elegante, mas problemático. Se, como Faraci acredita, Cobb não é um extrator e não está fugindo de capangas corporativos sem rosto, então quem é ele? O Cobb "real" seria então um X não representado, fora do labirinto da realidade do filme – a figura vazia que se identifica com (e como) Cobb e sua ficção comercialmente construída; nós mesmos, em outras palavras, na medida em que somos interpelados com sucesso pelo filme.

Isso leva a outra diferença entre *A origem* e seus precursores dos anos 1980 e 1990 inspirados em Philip K. Dick, como *O vingador do futuro*, *Videodrome: a síndrome do vídeo* (1983) e *Existenz* (1999). Há muito pouco do "sangramento de realidade", da confusão da hierarquia ontológica, que definem esse filmes: ao longo de *A origem*, é surpreendentemente fácil para o público e os personagens se lembrarem de onde estão na arquitetura ontológica do filme. Quando Ariadne está sendo treinada pelo parceiro de Cobb, Arthur, ela é levada a uma maquete virtual das impossíveis escadas de Penrose. De qualquer modo, o filme é notável por sua aparente falha em explorar qualquer topologia escheriana paradoxal. Os quatro níveis diferentes de realidade permanecem distintos, assim como a causalidade entre eles permanece bem formada. Mas essa hierarquia aparentemente estável pode ser violada pelo objeto em que grande parte da discussão sobre o final do filme se centrou: o pião, o *totem* que Cobb ostensivamente usa para determinar se ele está na realidade desperta ou não. Se girar sem cair, ele está sonhando. Se cair, ele não está. Muitos notaram a inadequação dessa suposta prova. Na melhor das hipóteses, ele só pode estabelecer que Cobb não está em seu "próprio" sonho, pois o que impede sua mente sonhadora de simular as propriedades do pião real? Além disso, na cronologia do filme, o pião – aquele símbolo ostensivo do real empírico – aparece em primeiro lugar como um objeto *virtual*, produzido por Mal dentro de uma casa de bonecas no limbo. E um totem, convém lembrar, é um objeto de fé (nota-se, de passagem, que há muitas referências à fé ao longo do filme).

A associação do pião com Mal – há debates *on-line* sobre se antes de tudo ele pertencia a Cobb ou Mal – é sugestiva. Tanto Mal quanto o pião representam versões concorrentes do real. Para Cobb, representa a descrição de uma tradição empirista anglo-saxônica do que é a realidade – algo sensível, tangível. Mal, ao contrário, representa um real psicanalítico – um trauma que interrompe qualquer tentativa de manter um senso estável de realidade; aquilo que o sujeito não pode deixar de trazer consigo, não importa aonde vá. (A persistência malévola e indestrutível de Mal lembra a triste resiliência das projeções que assombram os ocupantes da estação espacial em *Solaris* [1972], de Tarkovsky.) Não importa em que "nível de realidade" Cobb esteja, Mal e o pião estão sempre lá. Mas onde o pião supostamente "pertence" ao nível de realidade "mais alto", Mal "pertence" ao nível "mais baixo", o limbo do amor a que Cobb renunciou.

Mal combina dois papéis que anteriormente foram mantidos separados nos filmes de Nolan – o duplo antagonista e o objeto de luto. Na estreia de Nolan, *Seguindo* (1998), o duplo antagonista do protagonista não identificado é o ladrão que compartilha seu nome com o herói de *A origem*. Em nenhum lugar o tema do duplo antagonista é mais aparente do que nos remakes *Insônia* e *Batman: o cavaleiro das trevas*, filmes que em muitos aspectos tratam da proximidade entre o herói ostensivo e seu, para além do bem e do mal, rival. A adaptação de Nolan do romance de Christopher Priest, *O grande truque*, por sua vez, é na verdade um filme em que existe um antagonismo definidor, mas não um protagonista único: no final do filme, os ilusionistas Angier e Borden são duplicados de várias maneiras, assim como eles são definidos e destruídos por sua luta um contra o outro. Na maior parte dos casos, o luto é a fonte dessas duplicações antagônicas. O luto em si é um quebra-cabeça que não pode ser resolvido, e há uma certa prudência (psíquica) em se afundar no objeto de luto, uma vez que o trabalho do luto não é apenas lamentar o objeto perdido, mas também uma luta contra a recusa implacável em deixar o objeto ir. Ainda assim, há algo vazio sobre a dor de Cobb; em seus próprios termos, ela não demonstra nada além de um traço de caráter exigido pelo gênero. Isso para substituir outra coisa, outra tristeza – uma perda que o filme aponta, mas não consegue nomear.

Um aspecto dessa perda diz respeito ao próprio inconsciente, e aqui podemos interpretar o roteiro de Nolan literalmente. Para aqueles com inclinação psicanalítica, as referências repetidas do roteiro ao "subconsciente" – em oposição ao inconsciente – sem dúvida são irritantes, mas isso pode ter sido um deslize freudiano de um tipo particularmente revelador. O terreno que *A origem* apresenta não é mais o do inconsciente clássico, aquela fábrica impessoal que, segundo Jean-François Lyotard, a psicanálise descreveu "com a ajuda de imagens de cidades estrangeiras ou países como Roma ou Egito, assim como *Prisons* [Prisões], de Piranesi, ou *Other worlds* [Outros mundos], de Escher".[93] As galerias e corredores de hotel em *A origem* são, de fato, os de uma capital globalizada, cujo alcance se estende facilmente às antigas profundezas do que antes era o inconsciente. Não há nada estranho, não há nenhum *outro lugar* aqui, apenas um "subconsciente" repleto de imagens profundamente familiares extraídas de uma psicanálise *ersatz*.[94] Portanto, no lugar dos enigmas misteriosos do inconsciente, nos é oferecida uma cena edipiana leve representada por Robert Fischer e uma projeção de seu pai morto. A qualidade pré-mastigada sem sentido desse encontro é totalmente ausente de qualquer uma das estranhas idiossincrasias que dão aos estudos de caso de Freud seu poder de assombração. O freudianismo barato foi metabolizado por uma cultura de entretenimento publicitário que agora é onipresente, à medida que é difundida através da mídia de massas. É possível ler *A origem* como uma encenação dessa substituição da psicanálise, com a aparente vitória de Cobb sobre a projeção de Mal, ele conversa consigo mesmo para aceitar que ela é apenas uma substituta fantasmática para sua esposa morta, quase uma paródia do pragmatismo contundente da psicoterapia.

---

[93] Lyotard, Jean-François. *Libidinal economy*. Londres: Athlone, 1993, p. 164.

[94] N. da E.: *ersatz* é uma palavra alemã cujo significado literal é substituto ou sucedâneo. Embora seu uso em inglês seja o de adjetivo, em alemão *ersatz* só existe como substantivo próprio/direito ou em aglutinação com outras palavras, tais como *ersatzteile* ou *ersatzspieler*.

Saber se Cobb ainda está sonhando ou não no final do filme é, em última análise, muito simples. Visto que também há o problema de em *qual* sonho Cobb pode estar, se não o seu "próprio". O antigo paradigma freudiano também tornava isso um problema, é claro – mais aí a questão era o fato de que o ego não era o senhor em sua própria casa porque o sujeito era constitutivamente dividido pelo inconsciente. Em *A origem*, o ego ainda não é um senhor em sua própria casa, mas isso ocorre porque as forças dos negócios predatórios estão por toda parte. Os sonhos deixaram de ser os espaços em que psicopatologias privadas são trabalhadas e se tornaram os cenários em que interesses corporativos concorrentes atuam em suas lutas banais. O "subconsciente militarizado" do filme converte as urgências infernais e a postura lânguida do antigo inconsciente em perseguições pavorosas e uma familiaridade consoladora: você é perseguido no trabalho por atiradores de videogame, e mais tarde relaxa com as crianças construindo castelos de areia em uma praia. Esta é outra razão pela qual os sonhos em *A origem* parecem tão inimagináveis. Afinal, esses não são "sonhos" em nenhum sentido convencional. Os espaços virtuais dos sonhos no filme, com seus "níveis" aninhados, evidentemente se parecem mais com um videogame do que com sonhos. Na era do neuromarketing, somos presididos pelo que J. G. Ballard chamou de "ficções de todo o tipo", a literatura embutida em consultorias de marca, agências de publicidade e fabricantes de jogos. Tudo isso torna uma das premissas de *A origem* – que é difícil implantar uma ideia na mente de alguém – estranhamente pitoresca. Não é a "origem" da qual tanto trata o trabalho cognitivo no capitalismo tardio?

Para que a implantação funcione, Arthur e Cobb dizem a Saito no início do filme que o sujeito deve acreditar que a ideia seja sua. Os bordões de autoajuda psicoterápica – que Cobb afirma no final do filme – oferecem uma ajuda inestimável nessa operação ideológica. Como Eva Illouz argumenta, discutindo a própria conversão da psicanálise em autoajuda que o filme dramatiza, "se desejamos secretamente nossa miséria, então o eu pode ser diretamente responsável por aliviá-la... O legado freudiano contemporâneo é, ironicamente, que estamos em pleno domínio em nossa própria casa, mesmo quando, ou talvez especialmente quando, ela está em chamas".[95] No entanto, nossa miséria, como nossos sonhos, nossos carros e nossas geladeiras, é na verdade o trabalho de muitas mãos anônimas. Pode ser que o filme, em última análise, trate dessa miséria impessoal. O final ostensivamente otimista e toda a distração da ação do menino-objeto não podem dissipar esse *pathos* específico, mas generalizado, que paira sobre o filme. É uma tristeza que surge dos impasses de uma cultura em que os negócios acabaram com qualquer possibilidade exterior – uma situação que *A origem* exemplifica, em vez de comentar. Você anseia por lugares fora de tudo isso, mas para onde quer que se vá, tudo se parece com um cenário de um comercial; você quer se perder nos labirintos de Escher, mas acaba em intermináveis perseguições de carros.

---

[95] Illouz, Eva. *Cold intimacies: the making of emotional capitalism.* Cambridge: Polity, 2007, p. 47.

AS CANÇÕES DE HANDSWORTH E AS REVOLTAS INGLESAS

Site da Sight & Sound/BFI, *setembro de* 2011

"Tenho certeza de que um grupo de pessoas que foi capaz de colocar o estado britânico de joelhos pode se organizar". Esse é o argumento de John Akomfrah, diretor do documentário *As canções de Handsworth*, do Black Audio Film Collective, após uma exibição do filme no Museu Tate no mês passado. O filme foi lançado em 1986, um ano depois das rebeliões em Handsworth (Birmingham) e Tottenham. Sem surpresa, dado que o museu organizou o evento como consequência dos recentes levantes na Inglaterra, a questão das continuidades e descontinuidades entre os anos 1980 e o agora pairava sobre todo o encontro, dominando o debate que se seguiu à exibição.

Assistido – e escutado – agora, *As canções de Handsworth* parece assustadoramente (in)oportuno. Essa continuidade entre os anos 1980 e o agora se impõe ao espectador contemporâneo com uma força de tirar o fôlego: assim como nos levantes recentes, os acontecimentos de 1985 foram desencadeados pela violência policial; e as denúncias dos motins de 1985 como atos criminosos sem sentido poderiam ter sido feitas pelos mesmos políticos conservadores de agora. É por isso que é importante resistir à história causal de que as coisas "progrediram" em qualquer forma linear simples desde que *As canções de Handsworth* foi feito. Sim, o Black Audio Film Collective pode agora aparecer no Museu Tate na esteira de novas revoltas na Inglaterra, algo impensável em 1985; mas, como Rob White apontou durante o debate, há pouca chance do filme ou algo parecido ser exibido no Canal 4 atualmente, muito menos algo do gênero ser comissionado. A suposição de que a brutalidade policial e o racismo eram relíquias do passado fazia parte da narrativa reacionária sobre os levantes recentes: *sim, havia política e racismo naquela época, mas não agora, não mais...* A lição a ser lembrada – especialmente agora, que temos de defender o aborto e nos opor à pena de morte – é que as lutas nunca são definitivamente vencidas. Como apontou o acadêmico George Shire, muitas batalhas não foram perdidas, mas desviadas para o que ele chamou de "privatização da política", à medida que ex-ativistas foram contratados como "consultores". As observações de Shire ecoaram de forma impressionante os comentários recentes feitos por Paul Gilroy. "Quando você olha para as camadas de líderes políticos em nossas comunidades", observou Gilroy, "a geração que atingiu a maioridade há trinta anos, muitas dessas pessoas aceitaram a lógica da privatização. Eles privatizaram aquele movimento e venderam seus serviços como consultores, gerentes e especialistas em diversidade".[96] Isso aponta para uma grande descontinuidade entre o agora e vinte e cinco anos atrás. Em 1985, as coletividades políticas estavam em processo de violenta decomposição – esse foi também o ano em que a Greve dos Mineiros terminou em uma amarga derrota – quando o programa político neoliberal começou a impor a "privatização da mente" que agora está garantida em todos os espaços. A visão otimista de [John] Akomfrah sobre as revoltas atuais – que aqueles que se rebelam virão a se constituir como um agente coletivo – sugere que podemos estar vendo a reversão dessa privatização psíquica.

Uma das coisas mais impressionantes sobre *As canções de Handsworth* é a confiança serena de seu ensaio experimental.

---

[96] Ver http://dreamofsafety.blogspot.com/2011/08/paul-gilroy-speaks-on-riots-august-2011.html.

Em vez de uma didática fácil, o filme oferece um complexo palimpsesto composto por materiais de arquivo, designs de som anempáticos e cenas filmadas pelo Collective durante e após os levantes. Esses recursos assumiram de maneira admirável não apenas que "negro", "vanguarda" e "política" poderiam coexistir, mas que eles devem envolver um ao outro. Esses pressupostos, essa confiança, eram ainda mais notáveis pelo fato de terem sido conquistados com tanto esforço: Lina Gopaul, do Collective, lembrou que a ideia de uma vanguarda negra foi recebida com incompreensão quando o Black Audio Film Collective começou seu trabalho. Até mesmo a visão de jovens negros carregando câmeras causava espanto: *eles são reais*? Gopaul lembrou de policiais que fizeram essa mesma pergunta enquanto eles filmavam as revoltas em Handsworth e Broadwater Farm anos atrás.

Em um momento em que os reacionários mais uma vez se sentem capazes de fazer generalizações racistas sobre a "cultura negra" na mídia convencional, as ideias propostas pelo Collective sobre o que ser "negro" realmente significa continuam sendo um projeto urgente. No livro *The ghost of songs: the film art of the Black Audio Film Collective* [O fantasma das canções: arte cinematográfica do Coletivo Negro Audiovisual] – uma excelente pesquisa sobre o trabalho do Collective, editado por Kodwo Eshun e sua colega do Otolith Group, Anjalika Sagar – Eshun argumentou que, para o Collective, os "negros podem ser amplamente compreendidos... Como uma dimensão da potência". No debate no Museu Tate, mediado por Eshun, ele apontou para a escolha de Mark Stewart e a versão *dub*-refratada de "Jerusalem" do Maffia em *As canções de Handsworth*: a faixa aposta em uma certa cultura inglesa, da qual a "negritude", longe de ser algo que pode ser excluída, se torna a única realização possível da promessa milenar do poema revolucionário de William Blake. O uso da música de Stewart também traz o fato de que *As canções de Handsworth* pertencia ao pós-*punk*, que foi definido por abalar os conceitos de cultura "branca" e "negra". O surpreendente design de som de Trevor Mathison certamente se baseia no *dub*, mas seus *loops* de voz e eletrônica fervilhante são igualmente reminiscentes do trabalho do Test Department e do Cabaret Voltaire. Tanto o cinema quanto a televisão agora implantam o som como um bastão rude que fecha a polivalência das imagens. Os efeitos sonoros uivantes subordinam o público ao equivalente em áudio de um espetáculo, enquanto o uso redundante da música pop reforça um sentimentalismo terrorista. Por seu contraste forte e refrescante, o som de Mathison – que é sedutor e estranho – libera o lirismo da emoção personalizada e o potencial do áudio das restrições da "música". Subtraia totalmente as imagens, e *As canções de Handsworth* pode funcionar com um áudioensaio envolvente.

O equipamento de gravação de Mathison capturou um dos momentos mais extraordinários do filme, uma troca entre o gerente e o produtor da extinta série de documentários TV *Eye* durante a preparação para uma edição especial do programa que estava para ser filmado na frente de um público em Tottenham. A troca revela que não é possível separar com segurança as questões "meramente técnicas" das questões políticas. A ansiedade do produtor sobre a iluminação rapidamente se transforma em preocupação sobre a proporção de não-brancos entre o público. O tom prático das discussões torna esta espiada repentina na realidade do estúdio ainda mais perturbadora – e iluminadora.

A exibição e o debate no Museu Tate foram um lembrete de que a "grande mídia" não é um monólito, mas um terreno. Não foi por causa da generosidade das emissoras que a BBC e o Canal 4 se tornaram anfitriões do experimentalismo popular entre os anos 1960 e 1990. Não: isso só foi possível a partir de uma luta entre forças – que eram políticas e ao mesmo tempo culturais – que não se contentaram em ficar à margem nem em replicar uma forma existente convencional. *As canções de Handsworth* é um artefato glorioso dessa luta – e um chamado para retomá-la.

"VIBRAÇÕES DE UM FUTURO IMPERCEPTÍVEL": *ROBINSON IN RUINS*, DE PATRICK KEILLER

Sight & Sound, *novembro de 2010*

No conto de Ellis Sharp "The hay wain" [O carro de feno], em 1990, um insurgente contra o Poll Tax[97] se refugia na Galeria Nacional e "nota o que antes nunca havia notado em latas de biscoito ou calendários, ou bandejas de plástico nas paredes do apartamento de sua tia em Bradford, aquelas figuras minúsculas curvadas em um campo distante". A pintura supostamente atemporal da paisagem inglesa de John Constable deixa de ser uma espécie de protetor de tela pastoril e se torna o que sempre foi: uma fotografia instantânea do trabalho agrícola. Longe de ser um refúgio de conflitos políticos, a paisagem inglesa é o local de inúmeras lutas entre as forças do poder e do privilégio e aqueles que procuraram resistir a eles. Sharp substitui a imagem bucólica dominante do campo inglês, não por um realismo cotidiano esvaziado, mas por um tipo diferente de lirismo, colorido pela revolta: campos e fossos se tornam esconderijos ou campos de batalha; paisagens que na superfície parecem tranquilas ainda reverberam a raiva espectral não vingada de mártires assassinados da classe trabalhadora. Não é a tarde inglesa ensolarada

---

[97] N. da E.: Poll Tax foi o imposto proporcional instituído pelo governo de Margaret Thatcher em 1989 na Escócia, e em 1990 no restante do Reino Unido, o qual custearia os governos locais por meio de uma taxa única a ser cobrada por habitante, independentemente da sua renda ou capacidade econômica.

que é "atemporal", mas a capacidade dos agentes da reação de escapar da justiça. Quando o manifestante contra o Poll Tax é espancado pela polícia e seu sangue começa a manchar o emblema da nacionalidade inglesa de Constable, somos desconfortavelmente lembrados de episódios mais recentes. *"Ele estava resistindo à prisão, certo? Certo, companheiros? (Certo, Sargento.)... Usamos força mínima, certo?... Não percam a cabeça e veremos isso juntos, certo companheiros?... Todos vão estar do nosso lado, lembrem-se disso. O comissário. A Federação. Os jornais. E, se for o caso, o legista. Agora vá chamar uma ambulância".*

O último filme de Patrick Keiller, *Robinson in ruins*, a sequência há muito aguardada de seus dois filmes dos anos 1990, *London* (1994) e *Robinson in space* (1997), realiza uma politização semelhante à dos primeiros. Ou melhor, expõe o modo como a paisagem rural sempre foi intensamente politizada. "Eu embarquei na filmagem de paisagens em 1981, no início da era Thatcher, depois de encontrar uma tradição surrealista no Reino Unido e em outros lugares, de modo que a cinematografia envolvia a busca de uma transformação, radical ou não, da realidade cotidiana", escreveu Keiller em 2008, enquanto estava preparando *Robinson in ruins*. "Eu tinha esquecido que filmar paisagens é muitas vezes motivado por imperativos utópicos ou ideológicos, tanto como uma crítica do mundo quanto para demonstrar a possibilidade para criar um melhor". *London* foi um estudo melancólico e silencioso da cidade após treze anos de um governo conservador. Seu narrador sem nome, dublado por Paul Scofield, contou sobre as pesquisas obsessivas realizadas por Robinson, um teórico espertalhão – e ficcional – que pensava o "problema de Londres". Londres foi a capital do primeiro país capitalista, mas Keiller estava mais interessado na maneira como a cidade estava agora no coração de um novo capitalismo "pós-fordista", no qual a indústria manufatureira havia sido substituída pela leveza espectral da chamada economia de serviço. Robinson e seu amigo narrador pesquisaram amargamente esse admirável mundo novo com os olhos tristes de homens formados em uma era muito diferente: um mundo em que as emissoras de serviço público poderiam encomendar filmes dessa natureza.

London foi notável pela maneira única como combinou a ficção com a forma de filme-ensaio. O filme foi composto por uma série de imagens impressionantes captadas pela câmera estática de Keiller, que, sem piscar, registrou uma cidade desprotegida em momentos epifânicos. *Robinson in space* manteve a mesma metodologia, mas ampliou o foco de Londres para o resto da Inglaterra. Paisagens rurais são apresentadas no filme, mas como uma captura da câmera de Keiller em vez de um olhar. Nos dois primeiros filmes, o interesse de Robinson estava nas cidades onde o capitalismo foi construído pela primeira vez, e nos não-lugares onde agora ele se espalha silenciosamente: os centros de distribuição e portos de contêineres que não são visitados por praticamente ninguém, exceto Robinson e seu narrador-companheiro, mas que alçam a Grã-Bretanha ao mercado global. Keiller viu que, diferente de certas narrativas dominantes, a economia britânica não estava "em declínio". Ao contrário, essa economia pós-industrial estava prosperando, e essa era a base de seu poder opressor e profundamente desigual.

London e *Robinson in space* foram feitos no espaço entre dois não-eventos políticos, as eleições gerais de 1992 e 1997. Em 1992 a mudança deveria vir – o fim do governo conservador era amplamente aguardado, principalmente pelo próprio Partido Conservador, mas John Major foi eleito. A tão esperada mudança finalmente chegou em 1997, mas acabou não mudando nada. Longe de acabar com a cultura neoliberal que Keiller anatomiza, o governo de Tony Blair na realidade ia consolidá-la. *Robinson in space*, montado em grande parte nos últimos dias desse governo, foi feito muito cedo para registrar isso corretamente. No entanto, seu foco na infraestrutura banal e ballardiana do capitalismo pós-fordista britânico o tornou um filme profundamente poético. A Inglaterra de *Robinson in space* ainda era presidida por Gordon Brown uma década mais tarde.

O evento traumático que reverbera por *Robinson in ruins* é a crise financeira de 2008. Ainda é muito cedo para avaliar adequadamente as implicações dessa crise, mas *Robinson in ruins* compartilha com *Content*, de Chris Petit – um filme com o qual ele tem muitas preocupações em comum –, a sensação provisória de que uma sequência histórica que começou em 1979 terminou em 2008. As "ruínas" pelas quais Robinson caminha são em parte as novas ruínas de uma cultura neoliberal que ainda não aceitou sua própria morte e que, por enquanto, continua com os mesmos velhos gestos de um zumbi que não sabe que está morto. Citando a observação de Fredric Jameson em *As sementes do tempo*, "parece ser mais fácil para nós hoje imaginar a completa deterioração da Terra e da natureza do que o colapso do capitalismo tardio; talvez devido a alguma fraqueza em nossa imaginação", Robinson, ainda assim, ousa ter esperança de que a chamada crise de crédito seja algo mais do que uma das crises pelas quais o capitalismo se renova periodicamente.

Estranhamente, é a "deterioração total da Terra e da natureza" que parece dar a Robinson algumas razões para ter esperança, e a diferença mais evidente entre *Robinson in ruins* e os filmes anteriores é o surgimento de uma perspectiva radical ecológica. Em parte, a virada de Keiller para os temas ecológicos reflete mudanças na cultura política dominante. Na época dos dois filmes anteriores, a política verde ainda podia parecer uma preocupação secundária. Na última década, porém, a ansiedade sobre o aquecimento global chegou ao centro da cultura. Agora, qualquer empresa, não importa o quão exploradora, é obrigada a se apresentar como "verde". O surgimento de preocupações ecológicas dá ao tratamento do filme de Keiller um equilíbrio adequadamente dialético. Na oposição entre capital e ecologia, confrontamos o que são, na verdade, duas totalidades. Keiller mostra que o capitalismo – pelo menos em princípio – satura tudo (especialmente na Inglaterra, um país claustrofóbico que há muito tempo cercava a maior parte de suas terras comuns, onde não há paisagem fora da política); não há nada intrinsecamente resistente ao impulso do capital para a mercantilização, certamente não no "mundo natural". Keiller demonstra isso com uma longa digressão sobre como o índice de preço ponderado aumentou logo após a crise de 2008. Ainda assim, da perspectiva não-humana de uma ecologia radical, o capital, por mais que possa queimar o meio ambiente humano e levar consigo grandes porções do mundo não humano, ainda é um episódio meramente local.

A catástrofe ambiental oferece o que um inconsciente político totalmente colonizado pelo neoliberalismo não pode oferecer: uma imagem da vida após o capitalismo. De qualquer forma, essa vida pode não ser uma vida humana, e há a sensação de que, como o pai do narrador no romance friamente visionário de Margaret Atwood *O lago sagrado*, Robinson pode ter se encaminhado para algum tipo de comunhão obscura deleuziana com a natureza. Tal como acontece no livro, *Robinson in ruins* começa com um desaparecimento: o próprio Robinson. Com a morte de Paul Scofield em 2010, a narração não é mais feita pelo amigo de Robinson, mas por Vanessa Redgrave, interpretando a chefe de um grupo que busca reconstruir o pensamento de Robinson a partir de notas e filmes recuperados do trailer onde ele havia morado em seus últimos anos. Se a narração de Redgrave fica meio estranha, é em parte porque há uma sensação de que Keiller se cansou um pouco da ficção de Robinson, deixou de ser uma função importante para ele. Pelo que parece ser uma grande parte do filme, o enquadramento da narrativa de Robinson desaparece de vista, a ponto de ser um choque quando ele é mencionado novamente. Na falta da despreocupação irônica de Paul Scofield, a narrativa de Redgrave é estranhamente hesitante, sua ênfase não alcançou o tom que Scofield deu ao texto de Keiller.

Ao acompanhar o desenvolvimento histórico do capitalismo na Inglaterra e seus locais de enfrentamentos e lutas, *Robinson in ruins* mostra uma sensibilidade para a forma como a paisagem registra silenciosamente (e engendra) a política que ecoa as preocupações de Danièle Huillet e Jean-Marie Straub. Como nos filmes de Huillet-Straub, *Robinson in ruins* retorna ao lugar onde o antagonismo e o martírio aconteceram: Greenham Commom, a floresta onde o professor David Kelly cometeu suicídio.

A decisão de Keiller de manter o filme em vez de mudar para um meio digital carrega mais carga agora do que quando ele usou uma câmera de cinema para *London* e *Robinson in space*. De muitas maneiras, mesmo em 1997, ainda tínhamos que realmente entrar no reino digital; agora, com o ciberespaço disponível em cada aparelho celular, nunca estamos fora dele. O retorno ao cinema o fez apreciar a materialidade do meio de uma nova forma. "Comparado com a fita de vídeo", escreveu Keiller, "o estoque do filme é caro para comprar e processar, e o compartimento da câmera possui um estoque de apenas 122 mm, cerca de quatro minutos em 25 FPS [quadros por segundo]. Portanto o filme tende a envolver um comprometimento maior com a imagem antes de começar a ser rodado na câmera, e há pressão para parar o mais rápido possível, tanto para limitar despesas quanto para evitar que o filme se esgote. Os resultados só são visíveis após o processamento, que, nesse caso, costumava ocorrer vários dias depois, altura em que algumas cenas já não estavam mais disponíveis e outras já haviam sido alteradas, impossibilitando uma regravação. Comecei a me perguntar por que nunca havia notado essas dificuldades antes ou se simplesmente as havia esquecido. Outro problema é que, com a edição no computador, não é mais comum fazer uma impressão do filme para a edição. Em vez disso, os rolos da câmera são transferidos para o vídeo após o processamento, para que a filmagem nunca seja vista no seu melhor até o final do processo de produção. Esse hibridismo da mídia fotográfica e digital enfatiza o valor do material, as características minerais do filme que começa a reimaginar a cinematografia como uma variação de esculturas em pedra".

Quando ouvimos no início do filme que Robinson fez contato com uma série de "inteligências não-humanas", suspeitamos a princípio que ele finalmente sucumbiu à loucura. No entanto, as "inteligências não-humanas" acabam não sendo os extraterrestres de uma psicose floreada inspirada na ficção científica, mas as formas de vida intraterrestres que a consciência ecológica revela, crescendo com uma teimosia silenciosa que corresponde à tenacidade bruta do capitalismo. Em uma das muitas espirais lentas que tipificam a abordagem de Keiller em *Robinson in ruins*, o líquen que sua câmera registra na abertura, aparentemente para causar um efeito meramente pitoresco, vai acabar por ocupar o centro do palco na narrativa do filme. O líquen, Robinson percebe, já é uma forma de vida dominante em grandes áreas do planeta. Inspirado pelo trabalho da bióloga estadunidense Lynn Margulis, Robinson confessa um sentimento crescente de "biofilia", que Keiller parece compartilhar. Enquanto sua câmera sobrevoa delicadamente sob as flores silvestres, a narrativa verbal do filme é suspensa, nos projetando por alguns longos momentos neste mundo sem humanos. Esses momentos, essas pesquisas de não narrativização de uma paisagem não humana, são como a versão de Keiller para o famoso "plano straubiano".[98] Robinson é atraído por Margu-

---

[98] N. da E.: o plano straubiano pode ser definido como um plano de

lis porque ela rejeita as analogias entre capitalismo e fatores biológicos frequentemente usadas para naturalizar as relações econômicas capitalistas. Ao contrário da competição implacável que os darwinistas sociais encontram na natureza, Margulis descobre organismos engajados em estratégias cooperativas. Quando Keiller vira sua câmera para essas "inteligências não humanas", esses arautos mudos de um futuro sem humanidade, me lembro das orquídeas pretas na série *Edge of darkness* [No limite das trevas], de Troy Kennedy Martin, prenúncio de uma ecologia que se prepara para se vingar de uma humanidade que irrefletidamente a desprezou. A inspiração de Kennedy Martin foi a ecologia anti-humanista de James Lovelock, e a mensagem apocalíptica de Lovelock parece também assombrar *Robinson in ruins*. Keiller encontra a extinção iminente em todos os lugares – espécies morrendo de forma muito mais acelerada do que os cientistas pensaram ser possível apenas alguns anos atrás. A ênfase na extinção significa que as preocupações de *Robinson in ruins* rimam com as preocupações que surgiram na filosofia realista especulativa, que se concentrou nos espaços anteriores, além e depois da vida humana. Em alguns aspectos, o trabalho de filósofos como Ray Brassier e Tim Morton reconstituem o antigo confronto entre a finitude humana e o sublime que foi o primeiro tema de um certo tipo de arte paisagística. Mas onde o sublime mais antigo se concentrava em fenômenos naturais locais, como o oceano ou erupções vulcânicas que poderiam subjugar e destruir o organismo individual ou cidades inteiras, o realismo especulativo contempla a extinção, não apenas do mundo humano, mas da vida e, de fato, da própria maté-

---

acompanhamento de uma paisagem com duração de vários minutos. Embora essas tomadas tenham contribuído muito para a noção dos filmes de Jean-Marie Straub como chatos e inatingíveis, eles são cruciais para o projeto "pedagógico" de Straub-Danièle Huillet de "ensinar as pessoas a ver e ouvir".

ria. A perspectiva de uma catástrofe ecológica significa que a disjunção entre o tempo vivido pela experiência humana e as durações mais longas agora não é apenas uma questão de contemplação metafísica, mas uma questão urgente de preocupação política. Sobre um dos pontos-chave de *Robinson*, Fredric Jameson escreve em seu ensaio "Actually existing marxism" [O marxismo que realmente existe] que "como organismos de um período de vida particular",

> estamos mal posicionados como indivíduos biológicos para testemunhar a dinâmica mais fundamental da história, vislumbrando este ou aquele momento incompleto, que nos apressamos para traduzir em termos totalmente humanos de sucesso ou fracasso. Mas nem a sabedoria estoica nem o lembrete de uma visão a longo prazo são respostas realmente satisfatórias a esse dilema existencial e epistemológico peculiar, comparável ao dilema da ficção científica de seres que habitam um cosmos e que não têm órgãos para perceber ou identificar. Talvez apenas o reconhecimento dessa incomensurabilidade radical entre a existência humana e a dinâmica da história e da produção coletiva seja capaz de gerar novos tipos de atitudes políticas; novos tipos de percepções políticas, paciência política e novos métodos para decodificar esta era e ler suas vibrações imperceptíveis de um futuro inconcebível.[99]

Em seu réquiem para uma Inglaterra neoliberal, *Robinson in ruins* nos dá algumas sugestões dessas vibrações imperceptíveis e futuros inconcebíveis.

---

[99] Jameson, Fredric. *Valences of the dialectic*. Londres: Verso, 2010, p. 369-370.

GLOSSÁRIO DE TERMOS MUSICAIS:

ACID HOUSE

Surgido em meados da década de 1980, o *acid house* é um estilo de música eletrônica derivado do *house*, misturado com um som pesado e graves fundos da *drum machine* [ou máquina de ritmos] Roland TR-808. O termo deriva da utilização do sintetizador de baixo da Roland TB-303 que, com seus efeitos de filtros, produzem no som um efeito lisérgico – referência à dietilamida do ácido lisérgico, ou LSD.

ART POP/ART ROCK

Tanto *art pop* quanto *art rock* são gêneros de música popular cujo significado é bastante elástico e que costuma variar em sua definição de crítico para crítico. Costuma-se indicar a raiz "artística" do pop anglófono em artistas que começaram a incluir elementos da música de concerto europeia em seu som, como Phil Spector, Brian Wilson (dos Beach Boys) e os próprios Beatles. Os termos *art pop* e *art rock* começaram a ser usados mais amplamente na imprensa musical britânica da década de 1970 para diferenciar artistas com sensibilidade voltada às artes contemporâneas do *rock* sinfônico virtuoso chamado de "progressivo", de artistas como Emerson, Lake & Palmer e Yes – o que permitiu inclusive que grupos de *rock* progressivo com elementos mais teatrais, como o Genesis, fossem incorporados sob o guarda-chuva do *art rock*. Entre os artistas celebrados como nomes do *art pop/art rock* estão o lado mais "elegante" do *glam rock* (David Bowie, Roxy Music, Brian Eno em início de carreira), o pop melódico com elementos operísticos de Kate Bush e artistas que flertavam com as vanguardas do *jazz*, da música atonal e do minimalismo, como Robert Wyatt e Peter Hammill.

BRITPOP

Mais que um gênero musical, o *britpop* se refere a um momento da música britânica: o *rock* produzido na ilha durante o miolo dos anos 1990. Como uma resposta ao *shoegaze* da virada da década e aos "Verões do amor" do *rave* (1988-89 e 1991-92), o *britpop* era caracterizado pela retomada de elementos musicais considerados mais "autênticos" das décadas de 1960 e 1970 – um *rock* centrado numa experiência masculina que celebrava tanto a ironia "esperta" do Blur quanto a cultura alcóolica do Oasis (misturando partes iguais de Beatles do *glam* de arena do Slade) e a *new wave* com consciência de classe do Pulp, se tornando um dos símbolos da Inglaterra "*cool*" do Novo Trabalhismo do governo Tony Blair.

DANCE MUSIC/DANCE

É um termo genérico usado para se referir à música eletrônica de pista criada no mundo anglófono (mas não só nele, com muitos artistas desse tipo surgidos na Alemanha, na Itália e na França) a partir dos anos 1980, podendo se referir a artistas tão díspares quanto Burial e Corona.

DARKSIDE JUNGLE/DARKCORE

Ambos os termos se referem a derivados "sombrios" de gêneros de música eletrônica específicos da Grã-Bretanha em meados dos anos 1990. O *darkside jungle* é um subgênero do *jungle* que enfatiza sons sintetizados sombrios, *samples* de filmes de terror e outros elementos mais "claustrofóbicos" em busca de um clima menos celebratório, da mesma maneira que o *darkcore* o faz com o *hardcore rave*.

DISCO

Desenvolvida a partir de diferentes seleções musicais em Nova York em meados da década de 1970, a *disco* é um dos primeiros gêneros de música popular criado quase exclusivamente por DJS/seletores. Com influência do som luxuoso cheio de cordas e o bumbo 4x4 do *soul* da Filadélfia (artistas como MFSB, da gravadora Philadelphia International Records), DJS de festas gays *underground* frequentadas por latinos, negros e italianos, como David Mancuso, incorporaram diferentes estilos musicais aos seus sets, sempre voltados à energia da pista e à dança individual, sem pares. Depois de ser reempacotado pela indústria musical, com a reinvenção dos Bee Gees e o filme *Embalos de sábado à noite* (1977), a *disco* se tornou um dos maiores fenômenos de vendas nos Estados Unidos e fora dele, com um mercado que ficou tão sobreaquecido que levou a um *crash* no interesse pela *disco* no final da década de 1970 e início dos anos 1980. Apesar disso, o gênero teve influência profunda na concepção de estilos como *house*, *techno* e o *garage* estadunidense, além de ser alvo de *revivals* da cultura pop afora desde os anos 2000.

DUB

"*Dub*", literalmente, se refere em inglês ao ato de transferir sons gravados de um meio a outro. No contexto da música jamaicana, era o nome que se dava ao lado B instrumental dos *singles* (discos de vinil de sete polegadas com apenas uma canção), o que começou a partir de um acidente, quando um produtor prensou um disco sem os vocais que se tornou um *hit* em bailes, com o DJ (que na Jamaica equivale ao que chamamos de MC) cantando, rimando e brincando em cima do instrumental. Ao serem encomendadas essas versões instrumentais, ou *"dubs"*, a partir do final dos anos 1960, King Tubby, produtor do Studio One, passou a remixar essas faixas com os mais diversos efeitos – retirando e colocando vocais e instrumentos, alongando sua duração, inserindo ecos e outros efeitos. A partir de gigantes como Lee "Scratch" Perry, chegando a contemporâneos como Mad Professor, o *dub* subverteu a maneira como se imagina música popular ao utilizar o estúdio como "instrumento musical", e se tornou um dos gêneros mais influentes da música pop, com contribuições que vão do *punk* ao *trap*.

DUBSTEP

Entre os ritmos mais sincopados do 2-*step* e linhas de subgrave *dub* importadas do *jungle/drum'n'bass* ocupando todo o espectro mais baixo da audição humana (e também mexendo na composição dos órgãos internos dos ouvintes), o *dubstep* foi o último passo do *hardcore continuum* de Simon Reynolds. Com harmonias em tons menores e mesmo, por vezes dissonantes, o gênero costuma ter associações mais sombrias, influenciando artistas de *techno* ao longo dos anos 2000, chegando ao auge da popularidade na virada para a década de 2010 com *hits* como "On a mission" de Katy B e gerando o gênero estadunidense *brostep*, associado ao produtor Skrillex.

GRIME

Surgido na Inglaterra no início da década de 2000, e desenvolvido principalmente a partir do UK *garage*, o *grime* é um gênero de música eletrônica que se caracteriza por usar batidas 2-*step* ou *breakbeats* em torno de 140 bpm, linhas de baixo semelhantes às do *jungle* e do *dubstep*, mas que, diferente da eletrônica tradicional, é mais centrado artisticamente em torno do MC do que do produtor, como é o caso do *rap* nos Estados Unidos.

HARDCORE CONTINUUM

Tese definida pelo crítico musical Simon Reynolds, que considera que há um contínuo musical em diferentes gêneros da música eletrônica britânica centrados no *breakbeat*. Elemento central ao *hip hop*, o *drum break* (paradinha da bateria) de uma música era um momento de um *funk* ou *soul* em que os outros instrumentos saíam de cena e o baterista tocava um curto solo, geralmente sincopando a estrutura rítmica central da faixa. Ao perceber que certos frequentadores de suas festas (os *break boys*, ou *b-boys*) no South Bronx em meados dos anos 1970 guardavam seus melhores passos de dança para a hora do *break* de faixas específicas, o DJ Kool Herc resolveu emendar, usando duas picapes, um trecho de *break* no outro, criando a base do que hoje chamamos de hip hop. Reynolds aponta que essas batidas quebradas (*breakbeats*) foram incorporadas à música eletrônica britânica a partir do *hardcore rave*, formando um contínuo de influências que segue pelo *jungle/drum'n'bass*, UK/*2-step garage* e desaguando no *grime* e no *dubstep*, com seu ritmo sincopado apresentando uma clara diferença em relação ao 4x4 disciplinado do *house* e do *techno*, herdado da *disco*.

HARDCORE RAVE/BREAKBEAT HARDCORE

Na medida em que a cena *rave* britânica avançava no final da década de 1980, a *acid house* começou a se diferenciar internamente, com artistas como Altern8 e Acen incorporando *breakbeats* do *hip hop* na estrutura musical, mas mantendo os *riffs* de piano e vocais animados do *house* e os efeitos eletrônicos do *acid*, tomando as pistas das *raves* no "Segundo verão do amor parte 2" britânico (1991-92) – após isso, o gênero ia se fragmentar mais, dando origem ao *jungle* e a outras formas musicais e fundando a base do *hardcore continuum*.

HOUSE/HOUSE POP

Como alguns dos gêneros aqui compilados, o nome *house* vem de um lugar/festa: o Warehouse, um clube de Chicago onde, na virada dos anos 1970 para os 1980, o DJ Frankie Knuckles começou a tocar uma espécie de *disco* sintetizada produzida por ele e por outros colegas locais. A partir de Chicago, o *house* ganhou o mundo, com seus acordes sintetizados, melodias fáceis e ritmo constante do bumbo eletrônico 4x4, se tornando por vezes sinônimo de *dance music*. *House pop* é uma maneira de se definir artistas e faixas mais "palatáveis" do *house*, com menos apelo *underground* (que, em parte, poderia ser referido como "farofa" em algumas partes do Brasil).

JUNGLE

Derivado do *breakbeat hardcore* ou *hardcore rave*, o *jungle* se desenvolveu na Inglaterra no início dos anos 1990 como parte da cena *rave* do Reino Unido. O estilo é caracterizado por batidas de 150 a 200 bpm, uso de *breakbeats*, influências de *dub* (especialmente nas linhas de baixo), *loops* percussivos fortemente sincopados, *samples* e efeitos sintetizados. Mais tarde o *jungle* seria "sanitizado" para uma versão considerada mais palatável, com influências mais finas do *jazz*, e rebatizado como *drum'n'bass*.

MÚSICA AMBIENTE/AMBIENT MUSIC

Gênero musical nascido dos experimentos de Brian Eno em meados dos anos 1970. Substancialmente focado nas características timbrais dos sons, geralmente organizados ou executados com o intuito de se denotar ou estimular a criação de uma "paisagem sonora" ou "atmosfera", ou para apenas soar como um "discreto complemento" a uma ambiência.

R&B

O termo *rythm & blues* foi criado originalmente para substituir o termo racista *race music* (música da raça) utilizado nas paradas de sucesso popular dos Estados Unidos até o fim dos anos 1940. Inicialmente, se referia ao *blues* eletrificado e ao proto-*rock and roll*, e nos anos 1960 foi utilizado como sinônimo do *soul* de batidas bem marcadas da Motown e também do gênero que viria a ser consolidado como *rock*. A partir da década de 1980, incorporando elementos do *hip hop*, como os *breakbeats* e o uso de samples, além dos novos sintetizadores, o R&B passou a denotar uma música melódica e *pop*, produzida sempre a partir da ótica da experiência afro-estadunidense (em alguns aspectos, o que faz uma música ser um R&B e não um *rap* é que no primeiro a palavra é cantada e no segundo, rimada/falada – pense na diferença entre Aaliyah e Missy Elliott). Nas últimas décadas, o R&B é um dos gêneros mais criativos e bem-sucedidos da música pop, legando ao mundo estrelas que vão de Prince a Beyoncé.

SYNTH-POP/SYNTHPOP

Abreviação de *synthesizer pop* (ou *pop* de sintetizador), é um gênero relacionado ao pós-*punk*/*new wave*, surgido no início dos anos 1980 na Grã-Bretanha sob inspiração do faça-você-mesmo do *punk* e de novos artistas de música eletrônica, incluindo os alemães do Kraftwerk e os japoneses do Yellow Magic Orchestra. Subvertendo a lógica do *rock*, no *synthpop* a estrela do grupo é o teclado sintetizador e seus sons eletrônicos, e vai de sons mais austeros (como Gary Numan no início da carreira) a músicas mais dançantes, com influência da *disco* (caso do Depeche Mode), mas também incluindo baladas de rádio FM, como o Spandau Ballet. Como a *disco*, o *synthpop* têm influenciado novos artistas desde os anos 2000, aparecendo em diferentes *revivals*.

UK GARAGE/1 SPEED GARAGE/2-STEP GARAGE

Nascido do *garage house* estadunidense (que ganhou seu nome a partir do clube Paradise Garage, onde foi desenvolvido pelo DJ Larry Levin), que temperava o *house* de Chicago com influências mais melódicas do R&B dos anos 1980 e do *gospel*, trazendo de volta elementos da *disco*, o UK *garage* é um gênero de música eletrônica que se desenvolveu nas beiradas do *jungle* a partir da segunda metade dos anos 1990, se acelerando, incorporando MCS com influências do *reggae* e linhas de baixo subgraves. Com o tempo, foram introduzidas batidas mais sincopadas, próximas do *breakbeat* do que o bumbo 4x4 do house, de onde nasce o subgênero *2-step garage*, que teve profunda influência no nascimento de gêneros como o *grime* e o *dubstep*.

WEIRD FOLK

Por *weird folk* (*folk* "estranho"), Mark Fisher deve certamente estar se referindo ao revival de aspectos menos "congruentes" da chamada *folk music* anglófona dos anos 1960 (em si também promovida como um *revival* da música "folclórica" criada nas

Ilhas Britânicas e Estados Unidos até o início do século xx e o início do processo de gravação). O *revival*, que ganhou o nome de *new weird america* da revista *The Wire* (e também chamado de *freak folk* por outros), trazia artistas contemporâneos como Animal Collective, Joanna Newsom e Devendra Banhart incorporando influências de artistas mais experimentais do *folk* da virada dos anos 1960 para os 1970, como Vashti Bunyan e Comus.

FONTES: MINION PRO E EVOGRIA